做个赚钱的股东

稳健高收益的股市投资法则

汪茂稳 著

中国铁道出版社有限公司
CHINA RAILWAY PUBLISHING HOUSE CO., LTD.

内容简介

本书是作者结合自身多年的投资学习和教学体会，为了帮普通投资者达到较高阶的投资水平而写。力图让读者建立起正确的投资理念，同时掌握具体可行的投资方法，在稳健的前提下获得较高的投资收益。

为给投资者提供完备、系统的投资知识，本书首先让投资者建立正确的投资理念，以保证正确的投资方向，其次总结、归纳了获取投资高收益的具体方法和步骤，最后通过对投资人生的进一步讨论与学习，让读者加深和巩固正确的投资理念，最终获得超额收益。

图书在版编目（CIP）数据

做个赚钱的股东：稳健高收益的股市投资法则/汪茂稳著. —北京：中国铁道出版社有限公司, 2020.9
ISBN 978-7-113-27036-0

Ⅰ.①做… Ⅱ.①汪… Ⅲ.①股票投资-基本知识-中国 Ⅳ.①F832.51

中国版本图书馆CIP数据核字(2020)第115180号

书　　名：做个赚钱的股东：稳健高收益的股市投资法则
作　　者：汪茂稳

责任编辑：张亚慧　　　　**读者热线**：（010）63560056
责任印制：赵星辰　　　　**封面设计**：宿　萌
责任校对：王　杰

出版发行：中国铁道出版社有限公司（100054，北京市西城区右安门西街 8 号）
印　　刷：中煤（北京）印务有限公司
版　　次：2020 年 9 月第 1 版　2020 年 9 月第 1 次印刷
开　　本：700 mm×1 000 mm 1/16　**印张**：16.75　**字数**：272 千
书　　号：ISBN 978-7-113-27036-0
定　　价：59.00 元

前　言

有些书在投资理念上讲得很好，但是缺乏具体的操作方法，以致难以落地到投资实践中。有些书倒是很具体地教了怎么买卖股票，但是盈利逻辑不严密，甚至有些主旨思想是错误的。本书在力求给大家传输正确的投资理念的同时，用较大的篇幅介绍具体的投资方法。读者如果能照着本书的投资思想和具体的方法实践下去，那么可以从初学者变成一个能在股市中有所收获的人，甚至可能通过投资股票改写人生。

我曾经念过工学博士，博士阶段研究和学习的过程让我学到了很多，其中有些让我终身受用。我很轻松地拿下了硕士学位，但是博士学位却让我吃尽了苦头。也正是因为学校对博士研究生的高要求，让我学会了严谨，让我学会了如何科学地分析和研究问题，让我懂得了结论不能靠拍脑袋得出来，必须要深入地做功课，才有可能接近真理。

本书中的推理分析有严密的逻辑，有数据佐证，得出的结论也经受了历史数据和自身投资实践的检验。本书中收集整理了很多有价值的数据，这些数据可以帮助大家量化投资分析过程。通过这本书，我们不仅知道什么样的公司好，还能知道好到什么程度；不仅知道股票是否可以买卖，还能知道具体的买点和卖点在哪里；不仅知道能赚钱，还能知道哪只股票可以让自己赚得更多。这些内容也是一般的投资书中所没有的。

作为一名大学老师，我在大学课堂里教过多年的股市投资课程，也经常被请去校外做一些分享，但从来没有想过今生要写一本关于股市投资的书。可是，慢慢地，我觉得我必须要写一本书。这么多年的投资实践过来，看过很多书，也听过很多人的课，有的让我受益匪浅，但也有一些错误的观点让我走了弯路。目前关于投资的书和培训课程良莠不齐，有些错误的观点仍在大行其道，有劣币驱逐良币之势。

记得有一次我在校外做投资分享的时候，我的课堂来听课的人数很少，稀稀拉拉的几十个人，但是旁边声称能通过手机号码预测和改变人生的课程，却是挤得水泄不通。也清晰地记得在 2007 年股市 5000 点的时候，有一个声称股市马上要破万点的“大师”站在讲台上分享着他的 K 线炒股秘籍，而台下却是黑压压的一片，估计有上千人。还有很多动不动就要 5 万甚至 10 万元学费的炒股课堂，也常常爆满，这些学员交了巨额学费不说，还可能学到的尽是一些错误的理论和方法。于是，我觉得我应该做点什么。

本书从酝酿到写成，差不多花了我两年的时间。算是我人生当中到目前为止，除了考研，做过得最辛苦的一件事情。本书可能会存在纰漏，也可能会有不完善的地方。希望各位读者多提宝贵意见，我会将它一步步地完善。

这本书是写给别人看的，也是写给我自己看的。在写作过程中，为了能阐述明白一些理论，我做了深入学习与思考，这也让我将以前一些模糊的认识变得清晰，将零散不系统的认识通过不断总结归纳变得系统和精炼。

股市投资给了我不一样的人生。曾经我的心情也常常会跟随股价的涨跌而兴奋或低落。而今，我对股市涨跌早已习以为常，内心早已沉稳。不以物喜，不以己悲，物质财富不是一个人一生追求的全部。作为一名大学老师和投资人，我有很多自由的时间，有了投资带来的物质保证，我想我的未来可以为自己、为社会做更多的事情。这本书算是其中之一。

股市投资必将伴随我一生，我也会在投资之路上不断成长。生命不息，奋斗不止。写到这里，是这本书写作的终点，但也是另一个起点。路漫漫其修远兮，吾将上下而求索。

股市有风险，投资需谨慎。

编　者

2020 年 6 月

目录

前篇

股市认识与投资理念

第 1 章

为什么可以投资股市

作为股市的投资人，我可以很负责任地说，股市是可以用来赚钱的，股票是收益率最高的大类资产。过去是，现在是，未来也会是。这不是信口开河，有充足的历史数据可以证明我这个观点。当你进行过深入地学习，有了足够的认知之后，或许就会认同这个观点。

股市的投资收益高于房产，是收益率最高的投资品

重庆市前市长、全国人大财经委副主任黄奇帆于 2018 年 5 月在清华大学五道口金融论坛上说过这么一句话："国际资本市场的经验表明，如果从 50 年到 100 年的时间跨度来看，股票、房地产、国债、黄金四方面的投资收益最高的首先是股票，第二是房产，第三是债券，最后是黄金。"

从长期来看，股票是收益率最高的投资品种，对于这一点很多人会怀疑。但是，如果看过以下事实，或许我们就不用再怀疑了。

最近这十几年的房价上涨，让人认为房产才是在中国最好的投资品种，但是表 1–1 中的数据，或许会颠覆我们过去的认知。表 1–1 中将深圳海富花园的房价和上证指数做了对比。1990 年，深圳海富花园的房价是 4500 元，2019 年的价格是 4 万元，29 年时间，上涨了 7.9 倍，年均涨幅 7.8%。2019 年海富花园价值 280 万元的房子月租金约为 5000 元，对应年租金回报为 2.1%。而同一时期，上证指数从 100 点上涨到了 3000 点，上涨了 29 倍，年化上涨 12.5%，远高于深圳房价的涨幅。同时，上证指数的股息分红为 2%~3%，不会比房租收益低。

表 1–1　国内房产与股票收益

投资品种	1990 年	2019 年	涨幅	年化上涨	其他收益
深圳海富花园	4500 元	40000 元	7.9 倍	7.8%	房租 2.1%
上证指数	100 点	3000 点	29 倍	12.5%	股息 2%~3%

深圳是国内最年轻、最有活力的城市，它的房价都大幅跑输了股票。放眼全国其他城市，应该会输得更多，可见买房最赚钱是一个伪命题。虽然最近这十多年股票跑输了房子，但是，其原因不是股票投资属性发生了改变，而是由于之前的股票涨得太多了，2000 年上证指数就突破了 2200 点，1990 年到 2000 年，这十年时间上涨了 22 倍，透支了未来 20 年的涨幅。

上述只是国内的情况，那么国外的情况又是如何呢？下面我们来看看美国的情况。

美国的房价在过去的 100 多年中的年平均增长率约为 3%，略高于美国的通胀率（2.8%），扣除通胀后增长率为 0.25%。从表 1–2 中可以看出，代表美国整体股市的道琼斯指数年化增长率为 8.1%，也远高于房价 3% 的增长，以科技股为主的纳斯达克指数达到 11.5% 的年增长。

表 1–2　美国股票指数运行情况

指数	起始点（日期）	2019 年 8 月	上涨倍数	年化增长率
道琼斯	3000（1991.4）	26362	7.8	8.1%
纳斯达克	342（1990.9）	7973	78.7	11.5%
上证指数	100（1990.12）	2904	28	12.4%

上述是大市的情况，接下来看看具体个股的情况。关于股市黑马我们可能不会知道，但是我们肯定都知道那些知名的公司。表 1–3 中列出的 4 家公司都是大家所熟知的公司，只需要从它上市时开始买入，并一直持有到现在，其他什么都不需要做，就可以轻松地获得至少年化 18% 的收益。像上述这些高收益的公司，在股票市场上还有很多，每个人身边都会有，每个人都碰到过。这时我们还能说投资股票赚不到钱吗？

表 1–3　知名公司上市以来的股价表现

公　　司	上市时股价	2019 年 3 月复权后股价	上涨倍数	总上市时间	年化收益率
格力电器	17.5 元	6780 元	386 倍	23 年	29.5%
贵州茅台	37 元	5500 元	147 倍	18 年	32%
东阿阿胶	9.5 元	450 元	46 倍	23 年	18.3%
涪陵榨菜	15.5 元	140 元	8 倍	9 年	28%

股市投资具备其他品种不可比拟的优势

通过上述论证，我们可以得出一个很明确的结论：长期来说，股票是收益率最高的投资品种。同时，相比起其他投资品种，股票具有以下优势。

（1）具有较高的流动性。股票变现相对容易，如果金额不大，那么可以近似于实时变现。

（2）买入、持有、卖出都非常容易且成本低廉。现在股票买卖都可以实行网上交易，交易手续费也低至万分之五左右。持有期间不需要缴纳任何费用，近乎零成本。

（3）对资金来说，门槛低且无上限。有几百元就可以参与股市，上万亿元的资金也可以消化。

（4）可以全球化和多样化配置资产。通过股票市场，可以很轻松地将资金配置在不同行业和不同的国家和地区的公司里。

（5）较高的投资收益。长期而言，投资股票可以轻松地达到 10% 左右的投资收益率，且是收益率最高的大类投资品种。

为什么会对股市产生错误的认识

认知不同，得出的结论往往会大相径庭。一道数学题，拿给一群似懂非懂的人去做，可能会得出各种不同的答案，在权威答案没有公布之前，还可能谁也不服谁。对股市了解不多的人，其对股市的理解和那些似懂非懂的人答数学题没有什么区别。就像有句话说的那样，一千个人，就有一千个哈姆雷特。曾经在股市中亏过钱的人会说，珍爱生命，远离股市。曾经在股市中赚到过钱，后来又亏了的人会说，利用股票赚的钱是纸上财富，没有离开股市就永远不要说股市能赚钱。曾经热衷于利用技术、各种 K 线和各种图形炒股的人，会抱怨这些法则好像变得不那么灵验了。从来没有买过股票的人，会暗自庆幸，因为在自己的圈子里只有自己没有在股市中亏过钱。

造成上述片面认识的根本原因就是这些人没有对股市有一个全面深入地理解。股市看似简单，但实则变幻莫测，机会和风险往往存在于无形之中。大多数人，在进入股市时，都没有经过专门的学习，对股市投资的知识储备又很少，所以对股市的认识是十分浅薄的。

另外，在股市中投资不光是买股票做股东这么简单，它还存在人与人的博弈，这就难免会有“大鱼吃小鱼，老手吃新手”的情况出现。不能因为有多数人在股市中亏钱就否定股票是收益率最高的投资品。自己赚不到股市的钱，不等于在股市中就赚不到钱。毕竟那些历史收益数据摆在那里。

投资股票没有投资实业赚钱吗

有人觉得投资股票是虚的，投资实业心里才踏实，投资实业才赚钱快。这是一个错误的认识。

腾讯公司这么多年的高速发展和优秀经营，赚钱最多的不是以马化腾为代表的创始人，而是南非的一家名叫 Naspers 的公司。腾讯在创业初期将 40% 的股权以 220 万美元卖给了 IDG 和李泽楷，而后来李泽楷以 1260 万美元将其持有的 20% 股票卖给了南非的一家叫 Naspers 的传媒集团，再后来 IDG 和腾讯管理层还卖了一些股票给南非的这家公司，到目前为止，Naspers 公司通过投资腾讯获利超过了 1300 亿美元。这个收益远远超过马化腾等腾讯的创始人。

阿里巴巴的优秀大家有目共睹，但是从阿里巴巴赚钱最多的不是马云，而是投资了该公司的投资人软银公司和雅虎公司。软银先后出资共 8000 万美元投资阿里巴巴，雅虎以 10 亿美元及雅虎中国投资阿里巴巴，至 2005 年 8 月，两家公司分别占股 29% 和 39%，同时雅虎公司成为阿里巴巴的第一大股东。2012 年，阿里巴巴以 71 亿美元回购雅虎手中 20% 的股权，此时雅虎公司已经获利十分丰厚。2014 年，阿里巴巴在纽交所上市，市值达 2300 亿美元。软银和雅虎赚得盆满钵满。

对于此类例子，不胜枚举。这时，有人会说，软银和雅虎投资的是非上市公司，所以才会赚这么多的钱，如果是买上市公司的股票就不一定了。如果仔细往下想，或许就会改变这种想法。

投资实业是做股东，投资上市的股票也是做股东，区别是一个是做非上市公司的股东，一个是做上市公司的股东。公司上市需要经过严格的筛选，一般只有经营稳定、管理规范、制度健全、未来发展前景好的公司才有可能上市。这一点就说明，上市公司一般情况下比非上市公司优秀。有更好的公司不投，为何非要投相对不那么好的公司呢？

参股未上市的公司，其复杂程度和投入的精力要远远大于参股上市公司。投资非上市公司股权，需要面对股东之间的磨合，需要参与公司的经营决策，需要紧盯着公司的钱，更让人头痛的是，还需要面对公司可能亏损的情况。当筋疲力尽、想退出来的时候，还要想方设法地去找到人接手你的股份。而投资上市公司，你只需要花几分钟时间在网络上进行买入操作，然后关注一下公司的经营情况就可以。财务报表会定期地公布，以备你查看，分红会自动打入你的账户中。你可以什么都不为公司做，但是公司赚了钱，依然会有你的一份。当你觉得公司未来前景不好，或者发现有更优秀的公司，同样也只需要花几分钟时间进行卖出操作，你的股份就变成了现金躺在你的账户中。

为什么大部分人在股市中亏了钱

明明说股市投资最赚钱，但是有很多人长期投资股市，最终还是赔了钱，这是为什么呢？其实，原因很简单，是他们不懂股市就莽撞地进入了；是没有花时间认真研究透公司基本情况就莽撞地买入了；是明明知道市盈率为 100 多倍而未来又没什么增长的公司，换句话说，是明明知道自己的投资要 100 多年才能收回成本却依然对它趋之若鹜，慌不择路地挤进去要当它的股东；是觉得靠做股东赚钱太慢，而把股票作为筹码来和别人赌涨跌，于是投资变成了赌博。

对普通人来说，不投资不会亏钱，不懂投资还非要去投资才会亏钱。亏损是错误行为的代价。

人们买一件衣服会货比三家，还会为了还价和店家不停地磨嘴皮，但是对买入几十万元甚至上百万元的股票却很随意，只知道代码，看一下股价 K 线就可以下单买入，也不管这只股票是不是值这个价。买入股票后，听见有人在旁边说公司不行，或者只是单纯地看到股价下跌，就慌忙地把股票卖出，也不去认真地做分析判断。人们通常都知道要低价买进，才有可能高价卖出，但如果买进时已经是高价了，还期望更高价卖出，这就是自欺欺人，往往自己成了接盘侠。而在股价低迷时，明明是买入的好时机，却偏偏以斩断亏损的名义卖出。这种行为，注定了要被人“割韭菜”。

还有的人，每天都在不停地交易，一年下来，光手续费就花去了本金的百分之几十，这个交易费用的支出就是实际的亏损，长此以往，必定亏损无疑。

社会的发展，导致各行各业都需要专业化的人才。股市投资虽然进入的门槛很低，但是它对投资人的专业知识要求并不会因此而降低。不懂而去做，就意味着风险。一个完全不懂如何经营餐馆的人，突然开餐馆，那么餐馆倒闭的可能性极高。顾客不会因为老板是刚进入者而降低自身对美食的要求，行业竞争者也不会因为老板是一个新人者而不与其竞争。股市投资者，既要懂得挑选优秀的公司，让优秀的公司替自己赚钱，又要和其他投资者博弈，实现低价买入、高价卖出，才能真正地在股市中获得收益。而股市的新投资者往往既没有识别优秀公司的能力，又没有和人博弈的能力，而且有可能急功近利，抱着在股市中快速致富的心态。结果误入歧途，把股市当成了赌场，把股票当成了股票的筹码，而自己就成了赌徒，这才是许多投资者亏损的根源。

股市的风险很大吗

有人会觉得在股市中投资的风险很大，在股市中的资产指不定哪天就“灰飞烟灭”了。这是一个非常严重的偏见。股票对应的是公司的所有权，你买了股票后，你就是公司的股东。公司不倒闭，你的股份价值就一直会在。一家运行良好的公司会突然间倒闭吗？一个路边的小餐馆都不会轻易地倒闭，何况一个经历过时间考验、业绩相对优秀的上市公司呢？所以，你持有的股票资产是实打实的资产，不是虚无缥缈的符号，也不会突然间消失不见。

还有人会说，利用股票赚的钱，总觉得很虚，迟早是要亏回去的。其实，这也不对。做股东赚的钱是实打实的。贵州茅台公司赚了那么多钱，这个赚的钱会亏回去吗？银行赚了那么多钱，这个钱会亏回去吗？作为贵州茅台的股东，作为涪陵榨菜的股东以及作为银行的股东，公司替股东赚的钱，会亏回去吗？显然不会。对于这些稳健的大公司赚的钱，根本就不用担心明年是否出现亏损，唯一需要操心的就是赚的钱是多了一点还是少了一点。

当然，有一种钱，赚了迟早是要还的。将股票当成赌场的筹码，意图通过各种投机取巧来获取暴利的人，这些人赚到的钱，迟早是要还回去的。因为以个人的财力和整个股市赌博，输光的概率趋近于100%。这个100%的输光概率不是想象出来的，而是通过严格的数学计算得出来的。该计算结果来源于这样一个数学模型：两个人赌博，一个人钱多，一个人钱少，假设两个人输赢的概率都是一样的，赌到其中一个人输光为止。通过计算会发现，钱少的人输光的概率会大于钱多的人，而且钱的数量差距越大，钱少的人输光的概率越大。一个人的财富，放在整个股票市场中，那就是毛毛雨，所以说其输光的概率趋近于100%。

抛弃了急功近利的念头，不冒无谓的风险，不定不切实际的目标，安定下心来做一个投资者，风险就降下来了。股市投资者的风险，不是股市本身决定的，而是投资人自己决定的。投资人采取高风险策略，那么他的风险就大，采取低风险策略，其风险就低。

人无优秀公司股权不富

我曾经是一个很努力的人，为了赚钱可以取消自己的任何假期，可以没日没夜地工作，可以任劳任怨。创业时，为了节省成本，自己什么事情都愿意做，各种办法都会想尽。辛辛苦苦五六年下来，也就赚了200万元左右。现在学会了做股市投资，行情好的话，要不了多长时间就可以赚到200万元，而且可以每天睡到自然醒，可以在任何时间去任何地点度假。这就是股市投资给我带来的美好生活。

在这里总结一下，不是股市投资赚不到钱，是不懂装懂的人赚不到钱；不是买股票就是赌博，是不知道股份的价值而傻傻地买入，并期望以更高价卖出去的人在赌博，是玩博傻游戏的人在赌博，真正的投资人是不会闷头去赌博的。另外，也不是在国内的投资就赚不到钱，而是在中国股市疯狂时，你要进去，而在股市低迷时，却吓破了胆不敢买入甚至要卖出，这样才赚不到钱；是随波逐流，没有坚持正确的投资理念才赚不到钱。

投资股市赚的钱不是纸上财富，不会突然“灰飞烟灭”，它和你开公司做实业赚到的钱没有什么两样，是赚到口袋里的钱。只有那些股市的投机客，不顾风险的豪赌，才会使钱财来得快去得也快。

在股市中赚钱很难吗

在股市中赚钱，其实并不困难。在现阶段，买入国内银行股、保险股等其他低估值的蓝筹股，持有 10 年，年化收益率 15% 是很轻松可以达到的。如果你有 50 万元的资本，以 15% 的投资收益率算，那么你每年可以获得 7.5 万元的收益，这 7.5 万元相当于大部分人一年的工资了，也就是说你有 50 万元资本，你就可以不工作而收入却在普通人之上了。如果每年连本带利，继续用于投资，那么 5 年后你的 50 万元就变成了 100 万元，十年后就变成了 200 万元。十年很轻松地就赚了 150 万元，普通人靠自己的工资收入十年能赚到 150 万元的不多。那得加多长时间的班才行啊？

还有一种更简单的策略，那就是在大盘指数平均市盈率低于 15 倍时买入大盘指数基金，然后持有较长时间，年化收益率 7%~10% 也是稳稳的。

人类社会给我们创造了一个这么好的东西——股票，如果不能尽其所用，就是对资源的浪费。从现在起，跟我一起学习股市投资的本领，充分发挥股市投资的优越性，让财富得到增值，让资本为我们赚钱，让自己走上财富自由之路。

小结

以 50 年到 100 年的大周期看，股票是收益率最高的大类投资品种。即使是在房价一路上行的这 30 年，股市的总体涨幅也超过了房市。

股市投资具备其他品种不可比拟的优势。股票具有较高的流动性，买入、持有、卖出都非常容易且成本低廉。投资股市的门槛低，有几百元就可以参与股市，上万亿元的资金也可以消化。另外，也可以通过股市全球化和多样化配置资产。

人们对股票的错误认识源于认识得不够深刻和全面。有的人炒股亏了，就说股票不能炒，有的人炒股赚了，就说股票是用来炒的。这些都是不对的。

投资股票和投资实业一样，都是对应地获得公司股权。投资优秀的公司就能够获得较好的回报。不要觉得上市公司股票是虚的，而非上市公司股权就看得见、摸得着。通常而言，上市公司会优于非上市公司，因此投资上市公司股票比投资非上市公司股权划算。

股市的风险不是必然会发生在每一个投资人身上，风险是由投资人自己决定的。投资人采取高风险策略，那么他的风险就大，采取低风险策略，其风险就低。

人无优秀公司股权不富。让优秀公司替自己赚钱，让资本替自己赚钱，这样赚的钱会远远多过仅仅靠自己的劳动力赚的。

在股市中赚钱，其实并不困难。发现股市正确的投资规则，坚持这些规则，就可以轻松地实现较高收益。

第 2 章

股市投资的学习路径与常用工具

有人觉得股市投资很简单，不屑于花很多时间去学习，有人想学，但是不知道如何下手。要避免亏损，做好股市投资，就必须经过系统地学习。在学习的过程中，若全部靠自己慢慢摸索，则容易走弯路。在此跟读者分享我在投资学习过程中的一些心得体会。

为什么需要学习

随着社会分工的不断加强，各个工种对专业知识的要求越来越高。要做好任何一件事情，都必须要有充分的相关知识储备。要想成为一个泥水匠就需要作为一名学徒经过长时间的练习才能正式上岗，要想摆好地摊也需要去深入地学习摆摊的各种知识，要想成为一名软件工程师就需要经过多年地系统学习。若是鲁莽地上，必定会损工费料，并有可能为此付出代价。股市投资者如果没有经过系统学习，就大举入市，那么等待他的可能不是丰硕的收益，而是亏损，严重者甚至倾家荡产。

股票市场从创立到现在已经有几百年的历史，国内的股票市场也发展了三十余年，市场越来越成熟，也越来越复杂，这就对股市的投资者提出了更加专业的要求。股市看似简单，普通人几分钟就可以学会买卖股票，但是，也正是由于股市投资简单容易上手，很多初入股市者不知道股市中蕴藏着各种风险，如初生牛犊不怕虎，看到老虎也不跑，还去好奇地试探一下，结果葬送了自己的生命。股市中会有很多看似是盈利的机会，实际上是亏损的陷阱。这种诱惑很容易将初阶的投资者引入亏损的泥潭，不能自拔。没有较好的知识储备是做不好股市投资的。

在股市中投资不是简单地买入股票就能赚钱。股市投资既考验投资人的商业判断能力，又考验投资人的博弈能力。这是因为股票的买卖是在跟对手进行交易，你买必须要有人卖，你卖必须要有人买。这个交易的过程就是和其他投资人博弈的过程。在博弈中要想取得胜利，就必须要比对手多懂一些，比对手更专业一些，否则就会成为别人收割的对象。这也是在股市中会有大机构吃小散户，老股民吃新股民的原因。

做好股市投资需要两个方面的能力：一个是识别好公司并能让自己成为好公司的股东，让好公司为自己创造财富的能力，另一个是能够低价买入高价卖出，与交易对手博弈的能力。对于这两个能力投资者必须要至少具备一个，具备第一个能力可以做一个长期股东，在合理的价格买入股票后一直持有，不在市场上做交易，仅仅靠公司的经营为自己创造财富。具备第二个能力的人，可以在交易的过程中，不断地低买高卖，“收割”其他投资人的利润。如果两个能力都具备，就可以在股市中获得超额收益。

本书将从提高这两个方面的能力出发，教投资者如何获得超额收益。

跟什么人学

各种投资理论，有正确、有用的知识，也有不少歪理邪说。各路投资“大师”层出不穷，普通人难以区分真假，这容易让人盲从。如果花了大力气，学到的却是一些错误的理论和方法，那么代价是巨大的。我本人也曾经在投资学习上走过弯路，刚开始学习时并没有想过跟谁学的问题，而是整天沉浸在各种论坛、股吧等地方学习，看谁说得精彩就跟谁学，而没有考虑他说的是不是真理，是不是正确的。以那时的水平，也没有判断是非的能力。

社会上充斥着形形色色的人，有真正的高手，也有“半桶水先生”。网上流传的文章，往往是靠“语不惊人死不休”的方式来博人眼球，而对于逻辑是否严密，结论是否正确反倒没的多少人在意。一些投机取巧的文章，不是靠传授正确的知识取胜，而是利用人性的弱点，通过引起读者内心的共鸣而让读者认同。这些“水文”，许多本来就是错误的。这就造成了不严谨或不正确的观点广为流传，而严谨的观点并不被人知晓的局面。

另外，市面上也有很多怂恿人做短线搏杀的书和文章，说每次只要盈利 1~2 个百分点，经过多次的复利累计，就会有一个庞大的数字。这种说法看似很吸引人，实际上忽略了一个前提，即短线搏杀要能赢得了别人才行。试想，一个普通人怎么就能赢得了别人呢？对手也不傻吧？一群人玩博傻游戏，难道只有自己聪明，别人就傻？

其实，投资者在判断任何结论的对错时，不能简单地看这个结论是否符合自己的心愿，而是要科学地分析其结论的推理过程是否具有逻辑性，逻辑是否严密，有没有漏洞，这样才不至于成为盲从者。

在投资中要避免跟错了人，防止走弯路，就应该首先选对学习的对象。形形色色的理论各说各有理，但实践是检验真理的唯一标准，谁能够在股市中获利，谁能够长久地获利，谁能够在股市投资中最终取得巨大的成就，那么就应该跟谁学。因为在股市中长久取得巨大成就的人，其理论正确的可能性最高，跟他学习才最有可能接近真理。

在股市投资中取得巨大成就的是那些以巴菲特为首的，以价值分析为基础的投资派，而其他投资派别，虽然可能各领风骚三五年，但是长期挣到大钱的人没有几个，甚至可以说没有。因为以巴菲特为首的价值投资派盈利最多，所以我们就应该向以巴菲特为代表的投资派别学习。

学习的途径

要想学到系统的知识，最好从书本或权威期刊的学术论文开始。书本或权威期刊论文相对于网络文章来说，更严谨，经历的检验更多一些，而且其阐述的理论也会更系统和详尽。

要做好股市投资，需要掌握以下几个方面的知识：

（1）经济学知识，其中包括宏观经济学和微观经济学知识。

（2）金融学知识，要懂得货币、利率、股票、债券等相关知识。

（3）会计学知识，要能看得懂公司财务报表，并能通过财务报表的蛛丝马迹识别企业潜在风险和预判企业未来。

（4）企业经营管理知识，要能识别什么是好的商业模式，怎样的企业才是好企业，怎样的管理层才是好的管理层。

（5）股市投资知识，要有一个正确的投资理念，有系统的投资方法，并且要对股票投资市场有深刻的认识。

下面根据我的学习经验，为大家推荐一些学习书目。

股市投资类

（1）巴菲特写的《巴菲特致股东的信》，该书收集、整理了巴菲特在历年伯克希尔公司股东大会上的言论，很好地体现了巴菲特的投资理论，讲述了一些巴菲特在投资过程中的典型案例。

（2）彼得·林奇写的《彼得·林奇的成功投资》，彼得·林奇是一个基金经理，该书是他为培训基金经理所写的教材，既有理论，又有实践，是很不错的股市投资书籍。

（3）本杰明·格雷厄姆写的《证券分析》，格雷厄姆是巴菲特的老师，这本书也通常被当成证券投资专业学生的教科书。

交易技巧类

（1）利弗莫尔写的《股票作手回忆录》，该书是利弗莫尔的自传，讲述了他在股市“投机”的过程中一些值得借鉴的案例，同时他的数次破产也值得警醒。

（2）一些介绍技术分析及跟庄技巧的数据。读这些书的目的是让自己了解股票市场交易的技巧，在交易时能够战胜对手。

经济、金融学知识类

（1）曼昆写的《经济学原理》，有宏观和微观分册，是经济学类专业的教科书，值得细读。

（2）陈志武写的《陈志武金融通识课》，该书根据古今中外各种事例，归纳总结其中的金融知识，独辟蹊径。

（3）罗伯特·希勒写的《非理性繁荣》，该书阐述了股票、债券以及房地产市场的历史，分析了投资市场繁荣与危机的原因，从行为经济学角度分析经济现象。

投资理念类

罗伯特·L. 清崎写的《富爸爸·穷爸爸》，该书中有一个很好的投资理念，指出了一个普通人获得财富自由的路径，对比了穷爸爸和富爸爸的不同思维模式，教人怎样成为一个“富爸爸”。

会计学知识类

因为我学过 3 年的会计，所以在后来的投资学习中没有花费太多精力，看过几本关于读财报的书，但是觉得内容一般，所以在这里不作推荐，请读者自行寻找。

小结

虽然股市投资的进入门槛很低，但是要想盈利必须要有很强的专业知识背景。如果在大举投资之前，没有做好系统地学习，那么很容易给自己造成重大亏损。

在学习的过程中，要跟对人。不要看谁受欢迎就觉得谁是对的。看问题，也要客观、理智地判断，不可凭主观意愿行事。只有真正经历过长期股市风雨考验，并取得不俗成绩的投资人才能称为投资大师。在股市投资学习过程中，首先要跟真正的投资大师学习，这些投资大师是以巴菲特为代表的投资派。

学好投资，要博采众家之长，并要学会使用各种现代手段和工具。要多读投资经典书籍，把投资真理弄明白，学透彻，并达到知行合一的程度。要会使用一些工具和网站，这些辅助工具能给自己的投资带来便利。

第 3 章

正确地分析经济与股市问题

我们做的每一次投资决策都是分析判断的结果。如果分析是正确的，那么我们才有可能做出好的投资决策。如果分析本身就不准确甚至是错误的，就有可能导致错误决策，甚至有可能造成严重后果。

为什么会出现错误

很多时候，我们在谈论和分析问题时往往带有主观因素，会把公平正义等当成事实，而不是客观事实本身。

比如最近这些年一直吵得很凶的房价问题，为什么过去十几、二十年中“房价崩溃论”一直有市场？那些房价崩溃论学者为什么还会有那么多拥护者呢？这其中的道理值得深思。或许，我们看看房价崩溃论学者的研究逻辑就会找到答案。

房价崩溃论学者，大多数采用以下几点逻辑：

（1）房子是必需品，价格贵了大家住不起，所以会下跌。

（2）房价不断上涨有失社会公平，助长了不劳而获，加剧了贫富分化，所以会下跌。

（3）房价过高，推升了全社会的成本，所以会下跌。

（4）房价过高使得社会不稳定因素增加，所以会下跌。

（5）房价收入比过高，甚至超过了发达国家水平，所以会下跌。

这些逻辑看似合情合理，似乎很有说服力，但是它们构成逻辑因果关系吗？价格高了就会下跌？茅台一直涨价，普通人都喝不起，茅台价格跌过吗？茅台的价格高，也满足上述一些因素，为什么没有人以此来得出茅台价格会下跌的结论呢？

很显然，通过上述逻辑得出房价会下跌的结论，肯定站不住脚。但这样一些错误的论断，依然有很多人认同，并坚信这些论断是正确的，这是因为什么呢？仔细往下看，或许会有答案。

对于第 1 点逻辑，那些买不起房的人，其内心获得了共鸣。他们特别希望房价下跌甚至崩溃，好让自己尽快买上房子。

对于第 2 点逻辑，希望努力劳动者获得回报多而不是炒房者赚钱多的人，其内心产生了共鸣。

对于第 3 点逻辑，每月付着高额房租的人产生了共鸣。这些人群更广泛，包括所有租房住的人和租办公室、厂房的人，他们特别希望房价能降下来，从而自己的租金能少交点。

对于第 4 点逻辑，大多数人产生了共鸣。

对于第 5 点逻辑，用了科学统计且进行了量化比较，会得到更多人的认同。

有这么多人产生共鸣，这些共鸣者就会支持这些理论，从而使其具有更广泛的市场。

这些理论的错误在于逻辑错误，前因和后果没有本质的逻辑关系。任何商品的价格决定因素只有两个，一个是价值，另一个是供求关系。讨论房价，围绕这两个关键因素来进行才会正确。用其他的因素来推导价格，必然会导致错误的结果。

一些半桶水的“专家”总是认为高房价造成了社会的不公，房子不应该卖那么贵，认为有了不公平就会对经济造成坏的影响，所以按其“社会越公平社会经济才会越发展”的理论来分析，得出的结果必定是房价下跌。这实际上是一种道德绑架，而不是科学地分析问题。

认为房价上涨为什么会遭骂

房价问题属于价格范畴。如果分析房价用的是价值和供求关系这两个决定房价的客观指标，就不会错。这些指标包括政府在房子上的税收、土地的卖价、土地的供应量、商品房的库存消化周期以及房子的供应量和需求量等。这样的分析才是抓住了问题的根本，得出的结论才会正确。所以，在过去，真正的学者一定会得出房价必定会上涨的结论。

然而对于想低价买到房子的人来说，他们更愿意听到房价下跌的信息，房价上涨的话，违背了他们的心愿，所以会遭人怨恨。

我们总是倾向于听自己喜欢听的东西，在真实与喜爱之间，很多人会站在喜爱一边。正所谓“忠言逆耳”。

类似的问题还有很多。48 元买入中国石油，并一直持有到现在的人，你若跟他说中石油的内在价值不足 10 元，他肯定也听不进去，但是假如你跟他论证说中石油会涨到 100 元的价格，他或许会非常认同。

自己所处的立场不同，其分析结果往往也不同

一只股票从 5 元涨到 10 元，普通人会觉得涨得蛮多，但是对于 15 元买入的人来说，10 元钱的价格还没有到他的成本价，因此会觉得涨得不够多。同样，对于房价上涨，开发商会觉得是好事，而想买房的人会觉得是坏事。对于股价上涨，持股的人会认为是好事，想买但没买到该股的人会认为是坏事。其实单纯地站在自己的角度和立场来分析，主观立场上是没有错，但是，主观立场往往会给自己带来偏见。

主观感觉的误差

自然界有一种怪坡现象，看起来是下坡的路，实际上是上坡，看起来是上坡的路，实际上是下坡。这就是主观感觉和实际情况的不一致。

很多人经常会感叹一代不如一代，也有很多人会说一年不如一年。其实，通常情况下，是一代比一代强，一年比一年好。我自己在创业的时候，也经常会有这样的感受，总觉得今年不如去年，今年没有去年赚钱容易。但是到年终结算的时候，将今年的盈利数字和去年的进行比较，才知道原来今年的收成也不差，甚至还比往年好不少。这时才发现，原来之前的感受是有很大误差的。

在做投资的时候，在认真计算之前，对公司未来业绩的估计有时候会过于乐观，有时候又会过于悲观。只有当自己用各类数据做推演的时候，才会知道，拍脑袋的估计很不靠谱。

对比问题，在行为经济学上也称为参照依赖

科学实验表明，如果在一块白色旁边放一块黑色，那么人们会觉得白色比以前更白了。这就是参照依赖或对比问题，人们倾向于通过对比来分辨大小或多少。

如果你的年薪是 5 万元，而身边人都是 3 万元，你就会觉得你的收入很高。但如果你身边人的收入是 7 万元，你可能就高兴不起来了。一只股票价格是 10 元，你可能会对它没什么感觉，但如果它是从 1 元钱涨到了现在的 10 元，或许你就会觉得太贵了，会赶紧做空。相反，如果价格是从 100 元跌到 10 元，那么你会

觉得很便宜，可以抄底了。但是这只股票的内在价值与它之前的涨跌没有关系，如果它内在价值是 50 元，那么从 1 元钱往上涨了 10 倍到 10 元，这时还是很便宜。如果它内在价值是 5 元，即使是之前从 100 元跌了 90% 变成 10 元，也依然很贵。人们在衡量股票价格高低的时候，往往都喜欢与以前的价格做对比。有了这样的对比，就很容易使人们的价值判断出现错误。

操纵股市的庄家喜欢利用人们的这一弱点。假设现在股价是 10 元，庄家想在 10 元出货，如果庄家直接在 10 元卖出，那么由于卖出量大肯定会导致股价大跌，以致不能在 10 元卖出。聪明的庄家会先故意把股价拉到 20 元，然后在下跌过程中逐步卖出。许多投资者，看到股价从 20 元跌到 15 元了，觉得已经跌了蛮多了，于是会接盘买入。当股价跌到 10 元时，从之前的高点 20 元已经跌了 50% 了，这时投资者会认为股价非常便宜，再加上之前被套想尽快回本的心理，便在 10 元时大量补仓。这时，现金到了庄家手里，股票到了投资者手里，庄家出货大功告捷。

如何避免出现错误

避免主观因素参与客观分析

人们在进行判断时，常常面对主观和客观两个世界。主观世界是人们内心的想法、愿望、构想等自己想象或希望的东西。客观世界是独立存在于人的主观之外的东西，客观世界的运行规则不随主观的变化而变化。

未来股价上涨与否，有其自身的客观规律，不随大多数人的主观意愿而定，不会因为你想高价卖它就会涨，也不会因为你想低价买它就会跌。

在做投资分析的时候，我们要避免带有主观因素地去分析问题，实事求是关键。

经济问题是一个客观问题，但政治问题是一个主观问题，所以不要混为一谈。如果带有鲜明的政治立场去谈论经济问题，那么很有可能就会错得离谱。科学是科学，政治是政治，要严格地区分开来。

要用数据量化分析

判断一个人的体重，仅凭眼看是不够的，有的人看起来瘦，但是体重却很重，有的人看起来胖，但是体重却轻。要准确地衡量一个人的体重，只有称量过才行。对一只股票的估值，仅仅凭感觉去判断误差会很大，要用数据算一算才会比较准确。只有用准确的数据，才能知道公司的股票到底值多少钱；只有用数据比较，才能知道哪一家公司更好。在投资过程中，将我们想要投资的标的进行优劣排序，这样就可以将有限的资金用到刀刃上，从而有更好地获得投资收益。

用数据量化分析，也能避免主观感受上的误差。有时候，我们会觉得科技公司最赚钱。但是当我们用大数据分析后发现，通常科技公司盈利能力并不是最强的，反倒是没有什么技术含量的食品饮料行业中的公司盈利能力更强一些。

要做适当的对比

只凭单独的一个数据，是无法判断它是好还是坏的。好歹、多少都是靠比较得出来的。

在股市投资中，成长股的投资往往能带来惊人的回报。衡量公司的成长性，就是通过对比做到的。公司当年的营业额和去年对比，这个季度和上个季度对比，通过对比，才能知道未来趋势是向好还是向坏。如果发现一年比一年好，一季比一季好，这就是成长股，就值得关注。

在进行对比分析时，要注意，不能光对比股票的价格。很多人只是喜欢用过去的股价和现在做对比来做出买卖决策。觉得过去股价曾是 10 元，现在才 5 元就很便宜，这容易落入别人的“圈套”。一个公司股价便宜还是贵，不是拿股价和过去做对比得出的，而是与其内在价值做对比得出的。

考虑经济问题要和社会问题独立开来

我们在谈论问题时往往带有主观因素。在不考虑经济质量的情况下，衡量经济的主要指标不是公平与合理，而是全社会劳动的量。

有些人发表经济评论时，并不是一个经济学家，而更多地像一个政客，或者说是一个社会活动家，所以他们在分析经济问题时往往依据公平、正义等因素，以为没有公平、正义就会造成经济下滑。所以，他们认为，要想让经济繁荣，首先要有公平、正义。这是人们通常会有的错误认识。当人类社会从原始社会进入奴隶社会后，可想而知，奴隶社会没有公平与正义可言，但是相对于原始社会，社会是进步的，经济是增长的。奴隶社会的经济由于奴隶主的压迫使得大多数变成奴隶的人拼命地干活，从而奴隶社会的生产力较之原始社会有了很大的提高。

在判断一个国家经济是否发展，生产力是否提高时，一定要抛弃自身的政治立场和自己的主观情绪，只有这样才能够客观地分析经济问题。

高房价对于经济来说，有其消极的一面，也有其积极的一面。消极的方面上文列举过，这里再看看高房价给中国经济带来的积极一面。这也是不容易被人谈及的一面。一位网友的 QQ 签名上有这样一句话：“每天早上起来第一件事情就是看福布斯财富排名上有没有自己的名字，如果有自己的名字，那么我就不去上班了，否则我还是要努力工作。”高房价给社会带来不公的同时，也逼迫“房奴”们或想成为“房奴”的人们努力地工作。试想，每个人都去努力地工作，经济能不繁荣吗？倘若一个人有房、有车，没有其他的任何的经济压力，他拼命工作的动力是不是会少很多？赚钱是不是就不再是他的第一要务了？另外，由于卖地、税收等，给政府带来了大量的财政收入，政府将资金投入基建、教育、民生等领域，就促进了社会的发展。

人是有惰性的，需要有一定的压力才能激发出动力，安逸的环境有时候会让人懒惰和没有斗志，恶劣的环境反倒能让人不断地努力。

除了科技进步，推动社会经济增长的还有社会总劳动量的增加和劳动效率的提高。

社会总劳动量的增加是指人们的工作时间更长了，休息时间更少了。劳动效率的提高是指生产关系得到了改善，生产流程得到了优化。原来一个工人每小时可以生产 1 件衣服，现在可以生产 2 件衣服了，这样劳动效率就提高了一倍。

有不少人会对未来经济过分悲观，总觉得明天就是世界末日。其实现实经济会比自己想象的更有韧性。科技一直都在进步，从这个方面保证了经济增长。全社会劳动总量提高有困难，甚至会不断下降，但是劳动效率可以不断地得到优化。因此，未来总是会更加美好。

如果你对未来经济没有信心，可以尝试着从以下几个方面来分析：

（1）未来全社会的总工作量是增加还是减少？总工作量不会减少，则经济有望继续增长，否则衰退。

（2）生产效率有没有提高，有没有能提高生产效率的科学技术革新发生？有则经济增长。

（3）保证人们工作量的政策、法律、行政、社会等因素有没有发生改变？若制度不变，则全社会的总工作量和效率没有下降的基础。

行为经济学理论

传统经济学的假设是建立在人们经济决策过程都是理性的基础上的，认为人们都会为了经济利益最大化而做决策。实际上，除了经济利益，人还会有其他诉求，所以不可能都是以经济利益最大化来决策的。人会有情绪，会有如幸福感、安全感等更多的要求，这些因素会参与决策之中。行为经济学就是为了研究这些问题而形成的一门经济学科。

投资者在股市投资的每一笔交易既是自己对经济问题的一个决策判断，也是与交易对手的博弈。人的心理行为会影响投资决策。所以，投资者要做好股市投资，既要懂得经济运行的规律，又要懂得心理学。

行为经济学就是将行为分析理论与经济运行规律、心理学与经济科学有机结合起来的一门实用的经济学。学好了行为经济学，对股市投资是有很大帮助的。人有理性的一面，也有非理性的一面，行为经济学修正了主流经济学中关于人的理性、自利、完全信息、效用最大化及偏好一致的基本假设的不足。在股市投资中，投资者如果懂得一些行为经济学的理论，那么既可以克服自己的非理性弱点，又可以将博弈对手的弱点加以利用。

行为经济学主要包括以下几大理论：前景理论、后悔理论、过度反应理论和过度自信理论。

前景理论

前景理论认为，通常人们在考虑金钱问题时，不是从财富的多少来考虑的，而是从输赢的角度来考虑。这一理论可以总结为如下两点①：

（1）人们在面临获得时，往往小心翼翼，不愿意冒风险，而在面对损失时，往往都成了冒险家。这在股市投资中表现为多数人倾向于卖出已经获利的股票，而死守着亏损的股票。很多人都买到过好股票，但大多数是赚了一点钱之后就想着要卖出，以落袋为安，结果失去了大牛股。而在股票出现亏损时，多数人是不愿意卖出的。这样导致的结果往往是“拔掉鲜花，浇灌杂草”，手里的好股票都卖光了，留下的都是不好的股票。

（2）人们对损失和获得的敏感程度是不一样的，损失带来的痛苦要远大于获得带来的快乐。盈利的 100 元所带来的快乐，难以抵消亏损 100 元所带来的痛苦。股票的价格有涨有跌，其上涨的快乐不能弥补下跌的痛苦，很多人为了不再忍受这种痛苦，会放弃本来可以获利的投资。

我们前面讨论过，股票是收益率最高的资产。但是，股票的价格始终是有波动的，有涨有跌。虽然长期来说是赚钱的，但是如果赚钱的快乐小于亏钱的痛苦，人们就会选择远离股市。相反，钱存在银行，数量会一直增加。有很多人宁愿选择存银行这样收益率很低的理财手段也不愿意去投资收益率更高的资产，因为这些收益率高的资产，其价格会有较大的波动。

后悔理论

后悔理论也称为遗憾理论。人们对错误的决策会有遗憾。后悔理论认为，对于损失同样多的金钱，不同的决策产生的遗憾程度是不一样的。有两次投资，一次是买贵州茅台亏损了 1 万元，一次是买其他不知名公司的股票亏损了 1 万元，同样都是亏损了 1 万元，人们会感觉买贵州茅台亏损的遗憾程度会小于买其他不知名的公司，这种情形就导致了大众的从众心理。由于买热门股导致亏损的痛苦程度会小于买冷门股，所以在股市中会出现越是热门的股票越会受到追捧，越是

注：① 赌客信条：你不可不知的行为经济学，孙惟微，电子工业出版社，2010 年 3 月。

冷门的股票越没有人愿意碰的现象。

过度反应理论

过度反应理论是指由于一系列的情绪及认知的心理因素，市场会出现过度的反应。股市上涨的赚钱效应会促使人们更多地买入股票，从而推动股价进一步升高，以至于高到一个令人难以置信的程度。同样，股市下跌时的亏钱效应，也会让更多人远离股市，从而使得股价进一步下跌，以至于股价会低到一个白菜价。越是不成熟的市场，越容易大起大落。A 股过去的表现就是很明显的例子。这是人们非理性的地方，但又是事实存在的。

对大多数股票来说，每年的股价最高点和最低点相差非常大，最高点的价格通常比最低点价格贵上一倍甚至更多。毫无疑问，大多数公司的经营状况和其内在价值不可能会在一年中出现如此剧烈的变化，所以，股价的这种大幅变动就是过度反应。

在面对这种现象时，一方面，要控制好投资杠杆以免出现爆仓；另一方面，也可以利用这种现象，等到股价被过度低估时买入，在股价被过度高估时卖出。这样，便可以获得超额利润了。巴菲特之所以能获得长期的高额回报，就是采用这样的策略。

过度自信理论

过度自信理论认为多数人的直觉感受与实际情况会有偏差。人们会从直觉上放大这些小概率事件发生的概率，而对于一些中等较高概率事件的发生会有比较低的感知，但对于 90% 以上概率性事件，认为一定会发生。

过度自信在股市投资中的一个表现是频繁交易。因为，人们在交易时，肯定是认为自己能够在交易中获利才去做的。但是，有学者做过统计发现，男性投资者的年交易总量高于女性投资者 20%，但是男性投资者的收益却略低于女性。这说明男性做投资时过于自信。同时，通过抽样也发现，年交易量越高的投资者，实际的投资收益率越低。过度自信的交易者，更喜欢冒更大的投资风险，并且容易忽略交易成本，这是其收益率低的原因。

如何科学地分析股市问题

切回到股市分析，同样需要有一个科学的思维，用科学的方法、严密的逻辑推理、准确的数据，才能得出一个准确的分析。股市分析可以从两个方向进行，一个是逻辑推理，另一个是统计分析。

逻辑推理

股市是上市公司股票交易的市场。股票是公司所有权的一部分。股票的价格是买卖双方达成的交易价格。决定股票价格的因素有价值和供求关系两个方面。股票交易是由人完成的。上述是股市分析的逻辑基础。

股市是上市公司股票交易的市场。那么这个市场就会与政策，上市公司质量和数量，股市投资者的资金和情绪息息相关。要分析研究股市，就应该从这几个方面进行深入分析。

股票是公司所有权的一部分。所以，股票就和公司息息相关，那么要分析股票就应该先分析公司本身，脱离了公司基本面来分析股票是不科学的。公司经营得好，股票的价值就高，否则价值就低。很多人把股票与公司脱离开来，仅仅把股票当作交易的筹码，忘记了股票的本源，这就会走偏。

股票的价格是买卖双方达成的交易价格。别人的成交价格，不代表自己的成交价格。别人贱卖股票，看起来是股价下跌了，但那是别人的成交价，你只要不在这个价格买卖，市场的极端交易价格就不会对你造成实质性的影响。有的投资者，看到股价涨了，就认为自己赚钱了，看到股价跌了，就认为自己赔钱了。股票的价格和其内在价值，并不会完全保持同步，甚至有时候还会出现背离，这就是价值需要坚守的原因。

决定股票价格的因素有价值和供求关系两个方面。这个价值是公司的内在价值，供求关系是由买卖双方的力量决定的。于是，在分析股票价格时，既要分析公司的内在价值，又要分析股票买卖双方的各种因素。优秀公司的内在价值会不断提升，这是推动股市不断上涨的根本动力。股市投资者的资金和情绪，往往会使得股票买卖双方的博弈失去平衡。情绪高涨时，买入者变多，就会推动股价上涨。情绪低落时，卖出者变多，即使公司发展依然向好，也会造成股价大幅下跌。要认清这些逻辑关系，才能对股价有一个很好的判断。

股票交易是由人完成的。人会有情绪。情绪高涨时，看什么都是机会，股价会被推升到意想不到的高度；情绪低落时，看什么都是风险，股票会到处贱卖。所以，投资者在看到股价被高估或低估时，不能陷在大众的情绪里跟随追涨杀跌，而是要利用这种不理性，低位买入，高位卖出。

善用统计分析

统计分析是利用过去股市运行所产生的数据进行归纳、分析、总结，从而得出有价值的信息。有句话叫“历史总是会惊人的相似”。我们都知道要低买高卖，买的时候希望价格越低越好，卖的时候希望价格越高越好。但是，市场交易是由双方决定的，在市场上能买到什么样的低价，能卖到什么样的高价，很难靠逻辑推演出来，这时统计分析就很有帮助。通过分析过去股价在低迷的时候能到什么样的水平，然后以此来推演未来在多低的价位能买到该股票，相对是比较有效的。同样，要想知道在多高的价格能卖出，就可以把它过去股价的高峰拉出来看看，这样就可以将卖出价定在一个合理的区间，要不然很可能就会是一厢情愿。

用统计学的方法预测未来事件，并不能确保其一定会发生，因为未来的一切都是不确定的。但是，未来某个事件发生的概率大致是不变的，我们通过统计分析找出来的就是这个概率。我们分析的数据量越大，这个概率就越准确。

小结

要做好投资就需要对经济问题有一个准确的判断。在做判断时，人们通常容易受到一些误导。容易添加进主观因素，忽视客观事物本身。这具有很大的迷惑性。

另外，人们所处的立场也会对其认识事物带来一些偏见。股票多头，通常倾向于赞同股价向好的言论。相反，股票空头，也倾向于赞同股价走低的言论。

人的主观感觉和实际情况往往会有所偏差，并且通过进行不同的对比，也会让人的主观感受不同。这些都是导致分析、判断失误的原因。

在投资过程中，要尽量避免这类错误的发生。在研究过程中，要学会采用自然科学的研究手段，做到逻辑缜密，且要用数据进行量化比较。通过正反论证，多角度思考，可以使投资分析更加客观、准确。

在投资的过程中，人的决策不是完全为了金钱数量的最大化，还会有更多的因素参与其中。所以在投资过程中要能够深刻认识到这些事实，一来可以让自己尽量避免一些人性因素带来的投资损失；二来可以将这些经济的非理性因素加以利用，从而获得超额投资回报。

通过严密的逻辑推理，以及善用统计分析，可以让我们的投资分析做得更好。在做股市投资分析时逻辑要清晰严密，要注重因果关系，不能想当然地得出结论。

统计分析是一个很好的分析手段。以史为鉴，可以避免犯错误。通过历史来预测未来，并以此来为自己的投资决策提供依据。

第 4 章

股市搏杀盈利法则

在股市搏杀的过程中，有两种盈利策略：一种是投资策略；另一种是投机策略。投资是指用资金参与价值创造，利用新创造的价值作为投资收益的一种行为。投机是指利用市场价格的波动，进行低买高卖，通过交易获取利润的一种行为。在股市中，既有纯粹的投机者，又有纯粹的投资者，还有投资和投机两种策略同时都用的人。

投资和投机既有共同点，又有不同点。共同点是都可以通过低买高卖来实现盈利；不同点是投资者赚得是公司价值成长的钱，可以实现大家都赚钱，而投机者着重考虑的是如何赢得交易对手，投机是零和游戏，有人赚钱就有人亏钱。

单纯从赚钱的角度讲，投资和投机没有优劣之分。当然，从社会价值的角度讲，投资是比投机更有意义的。投资是价值创造过程，投资者通过投资的公司为社会创造价值，而自己从公司的盈利中分享到一部分价值，这是对社会和个人都有利的事情。而投机是一个零和游戏，一个人赚的钱就是另一个人亏的钱，耗费了大量的精力，不会创造新的价值，只是做了一个价值搬移。

投资与投机，其实都是可以赚钱的。但是投资者一定要悟透其内在的根本特性，才可以真正地为自己所用，才能真正挣到钱。

投资者以巴菲特为代表，投机者以索罗斯为代表。

投资策略如何盈利

做股东，让公司替自己赚钱，这是投资策略的核心。

在证券市场上流通的股票对应的是上市公司所有权的一部分。一般而言，上市公司是所有公司中经营管理更加规范和盈利能力更强的公司。投资者买了上市公司的股票就成为上市公司的股东。上市公司的盈利和价值增值能为公司股东带来回报。投资者买入股票，享受公司的盈利和价值增值，这就是投资策略的盈利来源。

买入股票的价格是投资成本，公司的盈利是投资收益，投资者要考虑成本投入和收益回报的关系。作为理性的人应该考虑投入成本越低越好，收益回报越高越好，即以较低的价格买入好公司的股票。

投资收益主要通过股票分红和股价增长这两种方式来实现。

分红收益率

上证综合指数的年分红收益率在 2.5% 左右。上证综合指数的成分股在整个 A 股市场中是分红率较高的。所以，全市场的平均分红收益率会小于上证综指的。也就是说，A 股的年平均分红收益率是会小于 2.5% 的。恒生指数和道琼斯指数的分红收益率也是在 1% 到 5% 之间。所以，从这一点可以看出，要想单单通过分红来实现好的投资回报是做不到的。

股价增长

要实现好的投资收益主要靠股价的增长。我们先看看推动股价增长的因素有哪些。

关于价格，前文提到过，价格由价值和供求关系两个因素决定。股票的价值是由公司的资产和盈利能力决定的，也可以称为内在价值。股票的供求关系由参与股票买卖的双方决定。

公司的内在价值是公司未来存续期间产生现金的折现值。通常情况下，公司的盈利不会全部给股东，而是会留一部分用于公司扩大经营，这会推动公司盈利能力增强。公司利润的积累加上公司盈利能力的增强，意味着公司内在价值在不断提升，这为股价的上涨提供了一个前提条件。

内在价值每年能增值多少呢？通过一个统计数据，大概可以对其做个估算。国内上市公司的净资产收益率 80% 以上集中在 0% 到 10% 之间，这里的 0% 到 10% 对应的就是公司内在价值的年增长率。也就是说，80% 以上的上市公司内在价值年增长率为 0% 到 10% 之间。

公司内在价值上升，股价不一定会上升。股价上升还要看供求关系。如果买的人多，卖的人少，买的人为了能让自己股票卖得出去，就会以较低的价格卖出，价格自然就被压低了。买股票的人多，卖股票的人少，价格自然就会被抬高。

要理解供求关系对价格的作用，我们先来看看收藏品市场。对于邮票，它不能产生现金流，内在价值近乎为 0，甚至现在都没有人使用邮票了，使用价值也基本为 0，但是 1980 年面值 8 分的猴票现在价格已经超过 1.2 万元。这是因为这套猴票的发行量稀少，只有 400 万枚。由于当时寄信时的大量消耗，所以现在存世的数量非常有限。但是，由于增值效益，需求的人并没有因此减少，反倒有可能在增加，所以猴票的价格会高到令人咋亏的地步。

我国的股票市场在前 20 年供应量是受到严格控制的，这造成了供应量的不足，所以也造成了国内股票价格明显高于国际市场的现象。

再看需求端。买股票不是刚性需求，人们买股票都是冲着盈利去的，有钱赚买的人就多，没钱赚买的人自然就少。由于国内股票缺乏做空机制，普通人基本只能靠股票上涨来赚钱，所以股价上涨，赚钱的人就多，股价下跌，赚钱的人就少。这就容易形成一种自激现象，即股价上涨了，赚钱的人多，就会有更多的人买股票，这会导致股价进一步上涨，股价进一步上涨会让更多的人有钱赚，赚钱效应进一步反馈让更多的人买入股票……这就造成了“疯牛”股。对于下跌，也同样如此。这就是国内股票价格大幅波动的根源。

股价是波动的，既会向上波动，也会向下波动。股价在高位时，向下波动的可能性大；股价在低位时，向上波动的可能性大。从低价到高价的过程就是股价增长的过程。股价围绕内在价值做上下波动。内在价值上涨长期来看会带动股价的上涨。所以，基于上述两点，**股价处在低位，且内在价值快速成长的股票未来**

上涨的可能性最大。这是能否享受股价快速成长的关键。

投机策略如何盈利

低买高卖赚差价，这就是投机的盈利逻辑。股市投机者往往不考虑股票内在价值，仅把股票当作交易的筹码。

先看看投机赚钱的方法。投机赚钱玩的是概率游戏。始终押到大概率事件上去，次数久了肯定会赢。假设，你每次赢的可能性是 51%，输的可能性是 49%，如果你能押够 1 万次，那么可以说，你几乎百分百地赢钱。如果你每次押 1 元，那么你大概能赚到 200 元。如果你每次押 100 元，那么押 1 万次后估计能赚到 2 万元。通过数学期望可以算出上述答案。每次押 1 元，下 1 万次，赢钱的数学期望 =（51%−49%）×1×10 000=200 元。

这时有人会问："既然赢的概率是 51%，我何必那么费事去下 1 万次，一次性下 1 万，不是也能有 200 元的盈利期望吗？"确实是盈利期望都是 200 元，但是每次 1 元，下 1 万次，输光的概率近似为 0；如果本金只有 1 万元，那么每次下 1 万元，则只有一次下注机会，输光的概率为 49%。很明显，虽然两种策略的收益期望相等，但面临的风险是完全不一样的。这是投机过程中容易被人忽视的地方。很多投机者急功近利，喜欢下重注，这虽然有可能让自己快速盈利，但是也将自己暴露在巨大的风险之中。

下面继续深入往下讨论，看看如何实践。

假设本金有 10 万元，让你用投机的方法在股市上赚 10 万元回来，我们来探讨一下，怎么样才能把这 10 万元赚回来，且用最低的风险把这 10 万元赚回来。

情况 1：新股民 A 拿到了这 10 万元本金，什么都不懂，随便就买了一只股票，快进快出，结果总共买卖了 100 次股票，其中 40 次赚钱了，60 次亏钱了，亏损再加上手续费算下来本金玩得差不多了，失败结束。

释疑：我们看看为什么会出现这种情况。原因很简单，新股民不会选股，容易受到情绪的干扰，也容易进庄家设置好的圈套，从而使每次博弈的胜率低，失败率高。如果胜率低过败率，则玩的次数越多，赔钱越多。

情况 2：有点经验的股民 B 拿到这 10 万元后，他不会急着买股票，他会先分析一下，看看基本面，看看 K 线图，看看消息面。买卖了 100 次，结果还算不错，其中 55 次赚了，45 次赔了，但是算上交易手续费后，没赚到一分钱，失败结束。

释疑：虽然股民 B 还是有不错的判断预测能力，但是他的交易获利还不足以弥补其付出的成本，所以以失败告终。另外，除了交易手续费，还有投资者的时间成本和机会成本，这个成本会更大。高频交易者，是要花很多时间在股票买卖上面的，如果赚的钱还不够付自己的时薪，那么做这些交易就是失败的。

情况 3：股民 C 比股民 B 在分析预测上更胜一筹，炒股赚多亏少，不过嫌赚得有些慢，半年才赚 30% 不过瘾。于是拿着 10 万元，另外还融资了 50 万元，总共拿 60 万元进去炒股。虽然他每次交易有 60% 的胜率，但是，他最近运气背，在前 50 次交易的时候，做对了 20 次，错了 30 次，结果到第 51 次的时候已经被迫平仓了，本钱亏光了，失败结束。

释疑：前面讨论过，虽然股民 C 有 60% 的胜率，但是亏光前能交易的次数不同对应的风险是不一样的。可交易的次数越少，风险越大。如果不使用融资，股民 C 交易 50 次错了 30 次的时候不至于亏光，他在接下来的时间里还有机会赢回来，他就有可能最终赚到钱。但是，采用了融资后，稍微出现一些较差的运气，就可能会导致爆仓，即使未来运气好转了，由于没有了本金，也会以失败告终。

所以，投机交易要取得成功，需要把握两点：（1）提高每次交易的胜率；（2）减少每次交易占总资金的比例。胜率的提高是为了增加盈利；减少每次交易占总资金的比例，是为了防范运气的不均衡风险。

建立自己的策略系统

有些人可能在股市中摸爬滚打多年，没有建立一个明晰的系统，或者系统没有理论化。在股市中，如果是蒙头蒙脑赚的钱，就会蒙头蒙脑地亏回去。因为运气不可能始终垂青于某个人。要想在股市中获得好的回报，就需要建立一个能盈利的系统。如果不能很好地说出自己的盈利逻辑，不管过去有没有盈利，都说明其策略系统还不够成熟。

建立一个从逻辑推理上能盈利的策略系统，并坚持这个策略系统，就能保证自己在股市中有所收获。建立好一个策略系统后，要对该系统有清晰地认识，才可以对该系统进行检查和维护，也才能在碰到暂时困难时不会轻易地改变策略系统，从而很好地贯彻执行该策略系统。

“不忘初心，方得始终。”如果你是一个投资者，就要时刻坚持自己的操守，不能因看到别人赚钱而去做自己不擅长的事情。

如果你是一个擅长投机的人，那么你可以专注你投机的思路，股价的大幅涨跌，正是投机的最好时刻。

如果你两者都擅长，那么可以兼而有之，既可以赚公司的钱，又可以赚其他股民的钱，这是赚取股市超额回报的精髓。

任何一个成功的投资系统，都要有始有终。不要因一时挫折而气馁。做自己擅长的事情，必定会比做自己不擅长的事情收益高。但是在现实中，经常会有这种事情发生：当股民遭受挫折后，由投机者变成了投资者，投资者受到诱惑也很容易变成投机者。投机者变成投资者，即炒股炒成了股东。

2008 年以 48 元高价买入中石油的那些疯狂的买入者，在买入时，毫无疑问，他们就是抱着投机的目的买的，想着赚个股价的波动，涨一把就跑。结果买入后股价没涨反而下跌，大跌 50% 套牢之后，股民开始反省，觉得不该投机，应该作为一个投资者，要去做一个股东，幻想着长期持有一个好公司，自己肯定能赚到钱。但是，股民在产生这种思想转换时，并没有想过，以一个投资的思路，中石油股价跌 50% 到 24 元时依然是很贵的，依然是不值得投资的。由于他们之前没有做过投资，并不知道投资不光是要长期持有，还要有一个估值的系统。这就是匆忙转换带来的后果：既没有做成一个投机者，及时掉头止损，又没有做成一个投资者，低于内在价值买入，高于内在价值卖出。

同样的道理，投资者变成投机者也很容易栽跟斗。当股市大涨之时，看到那些投机分子大赚而自己的股票没怎么涨，有些投资者就按捺不住了，觉得投资的思路赚钱太慢，应该转换成投机的思路，去赚快钱，结果往往在高价时被套，把老本赔进去了。

股票市场盈利精髓

经营优秀的公司内在价值增长快，这可以拉动股价长期上涨。另外，由于大部分上市公司是盈利的，所以做空是以时间为敌。因此，不管是投资还是投机，股民都应该选择经营优秀的好公司，并且采取做多策略。

另外，不管是投资策略还是投机策略，都包含一点，即低价买入，高价卖出。对于衡量高低价格，投资者以内在价值为参考，投机者一般以平均价格为参考。这里的平均价格可以是过去一个月股票的平均价格，也可以是过去一年股票的平均价格，还可以是过去 3 年到 5 年的平均价格，具体要依情况而定。如果股票的价格既低于内在价值，又低于平均价格，那么就是双重的低价。这时，既可以做投资用，甚至买来压箱底，也可以做投机用，等价格涨上去就走人。

股票价格越高，持有的风险就越高。要避免高风险，就应该尽量避免持有高价格的股票。这里说的价格不是指绝对价格，而是指相对价格，即价格高于内在价值，或高于过去的平均价格，称为高价格。

买卖股票无非就是如下 7 种策略：低价买高价卖；低价买平价卖；平价买高价卖；高价买更高价卖；高价买平价卖；平价买低价卖；高价买低价卖。

前 4 种策略都能获得盈利，后 3 种策略会导致亏损。最佳的避险策略是既回避价格高于内在价值的股票，又回避价格高于过去平均价格的股票。最佳的收益策略是第 1 种，低价买高价卖。

策略 1，低价买高价卖：吃到了从低价到高价的整个涨幅，其盈利最多。由于买入价格低，所以亏本风险较小。不过，在股价从平价到高价的过程中，也增加了一定的风险。这属于中风险高收益。

策略 2，低价买平价卖：只吃到了从低价到平价的涨幅，盈利反倒其次，但是这种策略承担的风险最小，属于低风险中收益。

后面第 4、5、6、7 种策略都承担了较高的投资风险，但是投资收益微薄，甚至亏损。

策略 7，高价买低价卖：承担了最大的投资风险，并且承担了最大的投资亏损，属于高风险低收益。

很多人抱有高风险、高收益的错误思路，觉得只要冒了高风险，就一定会有高收益，所以往往会选择第 4、5、6、7 种策略。结果可想而知，回报的并不是高收益，而可能是高亏损。

理性的选择是低风险中收益，或者中风险高收益，即低价买平价卖，或低价买高价卖。

所以，对于股票市场，最佳的盈利策略是，只在好公司上做多，低价买平价卖，或低价买高价卖。

小结

在股市中搏杀，要想取得好的收益，需要讲究策略。要制定一个盈利的策略，就需要事先对股市有一个深刻地认识。要知道股价为什么会上涨，要知道股价为什么会波动，要知道什么样的价格是低价，要知道什么样的价格是高价，要知道什么样的投资有风险。只有有了正确而清晰地认识，才能制定一个很好的盈利策略。

投资者通常将持有股票作为拥有公司的一部分，做股东，让公司替自己赚钱。投资者要考虑公司的盈利能力和自己的投资成本。买入股票的价格是投资成本，公司的盈利是投资收益，投资者要考虑成本投入和收益回报的关系。理性人希望投入成本低，收益回报高，即以较低的价格买入好公司的股票。

投资者的投资收益主要通过股票分红和股价增长这两个方式来实现。所以，要对这两者有较深的认识。全市场平均股票分红收益率低于 2.5%，这远不能满足投资者高收益的要求，所以更多地要从价值增长和股价波动上获取利润。

投机者低买高卖，赚差价。投机者往往不考虑股票内在价值，仅把股票当作交易的筹码。所以，投机交易要取得成功，需要把握如下两点：

（1）提高每次交易的胜率。

（2）减少每次交易占总资金的比例。

胜率的提高是为了增加盈利；减少每次交易占总资金的比例是为了防范风险。

把握股市搏杀盈利的精髓，才能获得很好的收益。经营优秀的公司内在价值增长快，可以拉动股价长期上涨。另外，由于大部分上市公司是盈利的，所以做空是与时间为敌。因此，不管是投资还是投机，股民都应该选择经营优秀的好公司，并且采取做多策略。

同时，不同的买卖策略对应的风险和收益是不同的。低价买平价卖，或低价买高价卖，对应的选择是低风险中收益，或者中风险高收益。这是理性的选择。

总而言之，要想在股市中获得超额投资收益，最佳的策略是，只在好公司做多，低价买平价卖，或低价买高价卖。

第 5 章

价值投资的认识与误区

价值投资有广义和狭义之分。狭义的价值投资是指以低于净资产的价格买入股票的投资方法。由于以低于净资产的价格很难买到股票，且这样的投资方式收益并不是最佳，所以这种投资方法被逐渐地修正，演变成广义的价值投资。广义的价值投资即认为所有的投资都应该是有价值的，否则就是投机。本文所述的价值投资就是指广义的价值投资。

什么是价值投资

价值投资是以格雷厄姆、巴菲特等为代表提出的一种投资理念。价值投资者认为公司股票有其内在价值，买卖股票的依据是该内在价值。当价格低于内在价值时买入；当价格高于内在价值时卖出。对于价值投资者，衡量公司股价贵贱的那杆秤始终是公司的内在价值。

曾经有人这样形容内在价值和股价的关系，说它们就像一个人牵着一条狗往前走，内在价值就是那个牵着狗绳的人，股价就是那条狗。人通常都是不停地往一个方向走，而那条狗总是不停地来回跑，一会儿在人前，一会儿在人后。在成熟资本市场，狗绳会短一些，即价格偏离内在价值程度会小一些。而在不成熟的资本市场，这条狗绳可能会很长，还可能伴有大雾，有时候会让人怀疑人和狗之间是否还有一条绳子牵着。所以人们会觉得，在美股做价值投资容易一些，在 A 股做价值投资难。

内在价值的定义：一家企业在其余下的寿命之中可以产生现金的折现值。从获取利润的角度来说，企业是用来为股东赚钱的，未来能为股东赚钱多，该企业就值钱，未来为股东赚钱少，该企业就不值钱。另外，由于有利息和通胀的存在，未来若干年的 100 元和现在的 100 元并不等价，所以公司未来赚的钱要用贴现的方法折算成现在的价值，这样才可以与现在的股价进行比较。假设我们将 10 年后的 100 元以 7% 的年贴现率折算到现在是 51 元，那么现在的 51 元就和 10 年后的 100 元等值。

对公司内在价值影响最大的毫无疑问是公司本身。公司的盈利如何？公司的资产如何？公司的管理如何？这些因素与公司内在价值有直接和重大的影响，所以这些是价值投资者最主要的关注要素。我们在研究时应该将 80% 或者更多的精力放在公司内部，将剩余不到 20% 的精力分配到譬如利率等宏观政策的影响因素上去。抓住事物的主要矛盾，是成功的关键。在任何情况下，价值投资者核心关注的因素是公司的盈利，以及由此为普通股东带来的收益。

内在价值的定义有些难以理解，计算起来也比较复杂，所以在日常估值过程中往往采用其他简单指标来衡量，比如市盈率、市净率、成长性等指标。用这些指标来替代现金的折现值，实际上并没有脱离折现值，而是现金折现值的简单近似计算。

内在价值的自由现金流测算方法

用现金流折现法计算公司内在价值，计算过程复杂，并需要假设多个参数，这些参数选择的不同，计算结果也大相径庭。譬如贴现率的数值选取、公司未来的增长率等，都有较大的主观随意性。这些数值的变化，会导致计算结果的巨大差异。所以，在实际投资估值过程中，其并不适用，我本人也从未用过该方法。后面章节会专门讲到实用的公司估值方法。下面对自由现金流估值法进行简单介绍。

假设：A 企业在未来 10 年期限中，每股每年能产生 1 元的自由现金，由于金钱有时间价值，1 年后的 1 元钱不能和现在的 1 元钱相等，假定折现率为 10%，则 1 年后的 1 元折算到现在为 1 ÷（1+10%）≈ 0.91 元，即 1 年后的 1 元和现在的 0.91 元相等。其折现值的计算如表 5-1 所示。

表 5-1　现金流折现计算

时间	第 1 年	第 2 年	第 3 年	第 4 年	第 5 年	第 6 年	第 7 年	第 8 年	第 9 年	第 10 年	合计
自由现金流	1	1	1	1	1	1	1	1	1	1	10
折现值	0.91	0.83	0.75	0.68	0.62	0.56	0.51	0.47	0.42	0.39	6.14

折现率为 10%，第 n 年的折现值 = 第 n 年内自由现金流 ÷（1+10%）n

在 10 年之后，由于年代久远，受各种不确定性影响，估算不准确，那么我们可以把 A 公司当成一个债券，称之为永续年金，其计算公式如下：

永续年金价值 = 第 10 年的自由现金流 ×（1+ 未来现金增长率）÷（折现率 − 未来现金增长率）

假设 A 公司未来现金增长率为零，按 10% 的折现率来算，则：

A 公司 10 年后的永续年金价值 =1 ×（1+0）÷（10%−0）=10 元

永续年金折现值 =10 ÷（1+10%）^{10}=3.9 元

A 公司股票每股内在价值 = 未来 10 年现金流折现值 + 永续年金折现值 = 6.14+3.9=10.04 元

安全边际

安全边际实际上是指风险收益和风险成本之间的差额。安全边际高是指收益高而又风险低的机会。

买入的股票足够便宜，才不至于亏钱，若能等个好行情卖，则可以大赚一笔。其实投资的风险是要靠自己把控的。投资的机会有 4 种，分别为：风险小收益小；风险小收益大；风险大收益大；风险大收益小。最佳的投资机会是第 2 种，其次是第 1 种，然后是第 3 种，最差是第 4 种机会。

很多人会被“风险越高收益越大”这句话误导，于是一味地去冒大风险，而根本不考虑收益是多少，以为只要冒了大风险就一定有大收益。人们冒了大风险，往往获得的是上文提到的第 4 种投资机会，即最糟糕的投资机会。其实，换一个信条才会更好点，那就是“只有给了更高收益，我才可以冒大一点风险”。风险是需要成本的。人们之所以会产生“风险越高收益越大”这种错误的想法，是因为只算了进的钱，而忘了算出的钱。银行放贷款的时候，对于风险低的客户，会给其一个比较低的利息，而对于风险高的客户，会收一个比较高的利息。其原因是，银行贷款给风险高的客户，坏账比例会很高，这就是风险成本。银行贷款给风险高的客户，看似收了较高利息，但是扣除坏账，实际上可能还不如贷款给风险低的客户。所以，这也是银行对风险低的优质客户会趋之若鹜，对风险高的客户会避而远之的原因。

价值投资者要把握的 3 个精髓

在做投资计划和决策时要考虑一个较长的时间周期

价值投资有一个基本假设：从较长的时间周期（至少 5~10 年）来看，股票的价格围绕着内在价值上下波动。要特别注意的是，股价和内在价值只是均值上近似相等，若只考虑一个较短期限，则股价和内在价值的相关性并不明显，甚至可能会出现背离。

另外，内在价值的测算本身就是要考虑未来至少 10 年的情况，如果只是考虑公司未来 1 年到 2 年的情况，那么毫无疑问这个测算结果会很不准确。投资计划和决策的长期性是为了准确地衡量企业的内在价值，企业未来多年的盈利所带来的现金是构成企业内在价值的基础。

巴菲特定义的长期是 10 年以上（不能持有一只股票 10 年，就不要持有它 10 分钟）。对于长期投资的认同，是衡量一个价值投资者的标尺，同时也是衡量投资水平高低的标尺。妄图抓住每一个微小价格波动的短线搏杀，最终会被证明都是徒劳。

当然，这个投资的长期性，很容易让人进入一个误区，认为持有一只股票一定要有 5 年到 10 年的期限才行，这种认识是片面和机械的。如果股价在较短的时间内大幅上涨，远高于企业内在价值，并透支了未来 5~10 年企业内在价值增长的收益，投资者就可以提前获利了结，而不必傻傻地拿着股票不放。

另外，股价的大幅变动，也往往需要较长的时间。前文讨论过，股票投资者的主要的投资收益来自买入和卖出时的价差。价差越大，收益越高。我们通常都希望买入时的价格极端低，而卖出的价格要相对高。从极低的价格到相对较高的价格，往往需要很长的时间，有时候需要跨越 3 年、5 年，甚至更长的时间。投资者如果在投资时没有做好长期作战的准备，就可能会在一个不好的价格匆匆卖出了。

以股价是否低于或高于内在价值作为买卖股票的唯一依据

市场价格低于内在价值是买入依据，高于内在价值则是卖出依据。这个决策依据是充分且唯一的，任何时候都不能动摇。很多人会把股价的前后变化关系当成决策依据，这就脱离了价值投资的本源。初学者往往会犯这个错误。在股市为牛市时，即使通过测算发现股票价格已经高于其内在价格了，也依然会去买入，认为在牛市中就应该买股价高一些的，等过一段时间价格再高一些就卖出去，同样可以获利。

实际上，仔细一想就知道，以高于内在价值的价格买入，已经是买贵了，这时还期望以更贵的价格卖出去，就和赌红了眼的赌徒没有什么区别。同样，在股市低迷时期，很多股票价格已经低于或严重低于其内在价值，这本是大量买入的好时候，不坚定的价值投资者往往会把熊市的因素考虑进去，认为在熊市中股价就应该低于内在价值，所以即使看到满地便宜货也依然不敢买入，甚至会将手头持有的股票廉价卖出，意图等到熊市过后再开始买入。

这样的做法往往事与愿违，因为我们根本就不知道熊市什么时候会过去。当熊市真正过去，股价已经涨上来了，股价可能已经追平或超过了内在价值，投资者就错过了大好的买入时机。

亏损往往是在这种情况下发生的：在股价上涨的强大驱动面前，盈利会给做多者正向刺激，从而更多地买入；在面对股价下跌时，市值的不断降低又会给人带来看似亏损的痛苦，所以投资者会慌不择路地要尽快卖出本已低估的股票，以图终结亏损。其结果想必大家已经知道，这些不坚定的价值投资者就成了“韭菜”，同时还会成为一个宣扬价投无用论的“韭菜”。

预期的投资收益率是由买入时的价格决定的，而不是由未来股价的涨跌决定的

价值投资收益来自两个方面：一个是估值的提升；另一个是内在价值的成长。预期收益就是基于这两个方面所做的预测。买入时的价格大幅低于内在价值，内在价值成长得快，预期的投资收益率就高。在股价高于内在价值时买入，内在价值成长慢或不断减少，预期收益率就低甚至要面临亏损。

分析预测企业未来长期的经营情况，通过市盈率、市净率和成长性这几个指标可以测算出买入该股票未来的年回报率是多少，该预期回报率的变化只会随着企业经营状况的变化而变化，不会随着未来股价的变化而变化。

我们要坚信价格围绕价值上下波动这个前提。在公司基本面未变的情况下，股价涨得快了，是预期收益提前实现了，就可以获利了结。这时不能死守着长期持股的教条，持股不是目的，盈利才是目的。始终要记住，持股并不能带来好的收益，股价上涨才是主要收益的来源。买入后股价涨得慢或者下跌了，是预期收益推后实现，相比起之前的买入价，以下跌后的股价买入会有更高的预期收益率，

在公司内在价值未变的情况下，买入的价格越低，预期收益率会越高。这时可以更多地买入，并要有长期持股的信念和坚持。一只股票从价值被低估到价值被高估可能要花费 3 年到 5 年的时间，甚至更长。如果中途放弃了，就等于将赚钱的宝贝拱手让给别人了，从此江湖上又多了一个“韭菜”的故事。

很多人没能做好价值投资，可能或多或少跟没有悟透这几个要领有关。要利用知识创造价值，就必须真正地把它悟透才行。对事物认识只是一知半解，有时不仅不能帮到自己，还有可能会害了自己。投资是一个系统复杂的工程，必须要多思考，多学习，反复磨炼自己的心智才会取得成功。

价值投资者常犯的 6 个错误

错误 1：意图通过不断的短线操作（做 T）来摊薄长期投资成本

在投资者交流会上，经常会听到有人问，为什么在股价下跌的过程中不把股票卖掉等股价跌了一段时间后再买回来，以降低持仓的成本？为什么在持仓过程中不做些高抛低吸以摊低持仓成本呢？在听到这些问题的时候，有些人会被问懵了，不知如何回答，甚至还会怀疑自己是不是做错了什么。其实，这是投资者最容易掉入的陷阱。

意图通过短线交易来摊薄持仓成本，这隐含了一个前提，那就是做短线交易一定会盈利。如果短线交易一定能盈利，那么何必去做中长线的价值投资呢？交易是有对手的，想低买就一定要有人贱卖，想高卖就一定要有人贵买。对手就一定比你傻吗？你能时刻战胜对方吗？

在上文中提到过，对于价值投资者，买入时的价格就是低于内在价值的。买入后股价下跌，则是更加低估了，以更低估的价格买入会有更高的预期收益。毫无疑问，股价下跌是买入的信号，怎么能卖出呢？有卖出想法的人，是把自己当成了预测帝，认为跌了一段时间后，股价还不是底部，此时卖出后，还会有更低的价格让他买入。这是一个自相矛盾的事情，如果能事先预测到未来还可以买到更低的价格，那么为何之前就要买入呢？直接等到最低价格再买不是更好吗？

陷入这种误区的还会有另外一种情况，那就是自己期望的投资收益率随着股价的变动而不断地变动。这一点比较难以理解，不妨举个例子。

我们都知道，买入价格越低，预期收益率就会越高。假如买入股票 A，在股价为 10 元的时候买入，预期收益率是年化 15%；在股价为 8 元的时候买入，预期收益率是年化 19%；在股价为 5 元的时候买入，预期收益率是年化 30%。如果你在股价为 10 元的时候已经买入了，那么表示自己能接受 15% 的预期收益率。当股价跌到 8 元时，要么你坦然地看着别人买入享受 19% 的年化收益率，要么自己再买一些也享受更高的收益率，而不是在股价跌到 8 元的时候着急卖掉，意图等到股价为 5 元的时候买入来享受 30% 的年化收益率。如果你希望有年化 30% 的投资收益率，那么在股价为 10 元的时候就不能买，因为没有达到你的收益预期。你一开始就应该设定不到 30% 的收益率不买的原则，而不是看着股价跌了，自己的收益预期却要跟着股价变化而变化。试想如果 8 元卖掉了，5 元就一定能买得回来吗？如果你 8 元卖掉了，股价没有跌，反而涨到 10 元了，那么你该怎么办？对于自己设定的投资策略，要贯彻到底，其他人比自己赚得多，不必羡慕。如果在股价为 10 元、预期收益率为 15% 的时候买入了，那么面对未来的涨跌，成熟投资者的正确姿势是要么安心享受 15% 的年化收益率，要么越跌越买，从而获得更高的预期收益。

错误 2：认为趋势投资和价值投资相结合的投资收益会大于价值投资

趋势投资是当股价运行出现一定趋势时，再进行买卖的投资方法。当股价持续上涨一定时间后，就形成了上涨趋势；当股价持续下跌一定时间后，就形成了下跌趋势。在上涨趋势中做多，在下跌趋势中做空，这是趋势投资者的方略。有很多人标榜自己使用的是价值投资和趋势投资相结合的投资者，并且自信地认为此收益会高过纯价值投资。表面上看起来，这种投资方法结合了两个方法的优点，这好像很不错。实际上，这往往是非常危险的，容易高买低卖，使得收益减少而不是增加。

首先，趋势的形成需要持续地上涨或下跌一段时间，如果想要等到上涨趋势确立之后买入，就失去了最低价买入的机会。同样，要等到下跌趋势后卖出，也会失去高价卖出的机会。

其次，在牛市中，涨得越久，上涨趋势越明显。趋势分析会给出一个非常明确的买入信号。但是，在股价上涨过程中不断买入，预期投资收益率是不断下降的。这两种信号会明显相左。如果用趋势加价值相结合的方法做投资，就自相矛盾了。

最后，在上涨趋势信号强烈的情况下，很容易让投资者不再坚持内在价值是唯一衡量标尺这一理念，从而抛弃了价值投资理念，转向了高风险的投机行为。在自己以较高价买入的时候，还期望未来会有人以更高的价格接手他手上的股票，或者虽然是以低价买入的，但是却期望以一个不切实际的高价卖出去，结果往往不是高价卖出去了，而是将股票烂在了自己手里。喜欢参与“博傻游戏”的人，其实自己就是一个傻瓜。

错误 3：认为国内市场不适合做价值投资，只有美国等发达市场才能做价值投资

真理是放之四海而皆准的正确道理，否则就不能称为真理。价值投资理论被认为是投资真理，这就说明放在哪里都适用。价值投资理论如果放到美国就赚钱，放到中国就不灵了，那么它就不算是一个正确的投资理论。在中国做价值投资赚不到钱，其实问题不是出在价投理论，而是投资者没有真正地领悟价投理论。

过去很长一段时间，中国的股价是被高估的，用价值投资理念根本买不到股票，作为价值投资者应该离场观望。但是，没买股票，好像就不是股市投资者了，所以很多人就放弃了低估才买入的基本原则，不管是否高估，都会参与，生怕错过股价上涨的机会。

以过高估值买入，是中国股市投资者过去 20 年没有赚到钱的真正原因。1999 年的 1600 点，上证 A 股的平均市盈率是 63 倍，是远远高估了，2000 年更是最高冲到了 2200 点。以远高于内在价值的价格买入股票，必定赚不到钱，这也恰恰证明了价值投资理论是正确的。

股价高了，就不要买。相反，要将手上持有的股票卖掉。不要放弃自己的选择权，没人强迫你一定要买股票，估值高时，不买就行了。当市场上所有的股票价格都过高时，价值投资者应该做的是等待，等待股价回归到合理价格的时候再买入，而不是抛弃价值投资，在泡沫中搏杀。

其实，历史数据证明，中国股市的收益率是高于美国的。上证指数从 1990

年的 100 点到 2017 年的 3260 点涨了 32 倍，年化为 11.3%；道琼斯指数年化上涨 7%。指数是多只股票的加权平均值，上证指数涨得最快，说明国内的指数成分股也涨得最快。最近这 20 年没赚到钱，是因为头十年涨得太疯狂了，透支了未来很多年的收益。

错误 4：认为资本金多才值得做价值投资，资本金少就应该靠短线搏杀来获得高额回报

其实，人们选择做价值投资，不是资本金多少的原因，而是用价值投资的方法可以获得更多的盈利。笔者身边有很多朋友，拿几万元做投资，觉得价值投资赚钱太慢了，实现不了一年 50% 以上甚至翻几番的投资收益期望，所以他们不屑于做价值投资。让他们耐心做投资的时候，他们根本就听不进去。事实是大钱没赚到，反倒把老本赔进去了，而且是大幅亏损。投资收益率的高低是由个人的投资能力和整体股市的行情决定的，而不是由投资本金的数量决定的。

巴菲特是一个科班出身的投资家，师从大名鼎鼎的投资大师格雷厄姆，家庭背景深厚，且一生致力于投资这一件事，他的投资收益年化也就比 20% 多一点。一个知识水平不如人家，花的时间不如人家多的人，而且本金也没他多的人，凭什么能让自己的投资收益率超过他呢？经济理论中有一个术语叫马太效应，就是资本有一个规模效应，越大越赚钱。钱少还要求比人家钱多的赚得快，这本身就违反经济规律。

错误 5：认为投机炒作赚钱多，价值投资赚钱少

投资是一场没有终点的马拉松。靠赌涨跌、靠运气好赚来的钱长不了。运气时好时坏，长期而言，每个人的运气都差不多。不能看到那些疯狂的赌客一秒钟就可以使资金翻倍，就说他们的投资收益率高。要搞清楚一些投机分子到底是凭本事赚的钱还是凭运气赚的钱。如果是凭运气赚的钱，那么一定长不了，一个人不可能长期有那么多的好运气。如果投机炒作者真有长期高额收益的本事，那么投资大师就应该是他，而不是巴菲特。但是，这么多年下来，为什么巴菲特没有靠边站过呢？投机者的收益曲线或许就像心电图，看起来有很多高点，却是一个均值为零的波动。何况，频繁交易的交易成本以及概率事件发生的不平均性，很

容易让高频交易者倾家荡产。

错误 6：重宏观，轻微观

很多投资者每天看新闻，花大量时间看各类财经新闻，分析研究国家的各类政策，却很少花时间去深入研究企业本身，甚至连一份完整的财务报告都懒得去看。这就是重宏观、轻微观的表现。一般而言，除非直接相关，宏观政策的些许变化对企业的影响甚微。抓住事物的主要矛盾才不会本末倒置，才不会捡了芝麻丢了西瓜。凡是没有依据企业未来盈利情况（内在价值）来买卖股票的行为，都应该称为炒作。炒作就是和赌徒为伍。有关雄安新区的消息一出，各种雄安概念股层出不穷。一带一路规划一出，沿线的所有公司联结上涨，这就是一种概念炒作，这种上涨迟早是要跌回去的。事实也已经证明，风头一过，留下的是一地鸡毛。

企业内在价值的发现，要靠认真、仔细地研究企业本身。先把公司最近 5 年的财报读完，再来分析宏观经济对它的影响不迟。宏观环境是影响公司内在价值的因素之一，但这是弱相关，巴菲特曾说过，“即使美联储官员偷偷告诉我未来的利率政策，我也不会改变投资决策”。在信息爆炸的年代，懂得筛选有价值的信息很重要。任何对宏观经济政策的研究都应该落实到对公司的盈利影响上来，否则就是做无用的分析。

小结

价值投资就是以内在价值作为衡量股票价格贵贱的标准，以此为依据买卖股票的一种投资策略。内在价值是企业未来所创造的现金流的折现值。股价低于内在价值，则可以买入，否则就卖出。

在买卖过程中，为了降低风险，就需要给自己的投资设定一个安全边际，即不是股价低于内在价值就买入，而是股价大幅度低于内在价值才买入。我们在投资过程中要努力寻求风险小、收益高的投资机会，安全边际越高，盈利的概率和数额才会越高，并非冒了大风险就会有高收益。在股市投资中，有低风险且高收益的机会，我们应该努力寻找这种机会。

在价值投资过程中要把握以下 3 个精髓：

（1）在做投资计划和决策时要考虑一个未来较长的时间周期。

（2）以股价是否低于或高于内在价值作为买卖股票的唯一依据。

（3）预期的投资收益率是由买入时的价格决定的，而不是由未来股价的涨跌决定的。

价值投资者也往往容易犯以下 6 个错误：

（1）意图通过不断的短线操作（做 T）来降低持股成本。

（2）认为趋势投资和价值投资相结合的投资收益会大于价值投资。

（3）认为国内市场不适合做价值投资，只有美国等发达市场才能做价值投资。

（4）认为资本金多才值得做价值投资，资本金少就应该靠短线搏杀来获得高额回报。

（5）认为投机炒作赚钱多，价值投资赚钱少。

（6）重宏观，轻微观。

要做好投资，必须要牢牢把握上述 3 个投资精髓，并时刻避免犯上述 6 种思路错误。

中篇

投资的具体方法与技巧

第 6 章

股票的估值指标与方法

前面的内容都是从宏观层面讲投资股市，弄懂了那些并不能真正地进入股市。要真正地进入股市，并能实现盈利，必须要知道和熟悉每个股市投资的具体步骤。下面就从估值开始讨论。

为什么要会估值

假设，市面上有一家餐馆要转让，接手这家餐馆有两种赚钱的策略：一种是以合理的价格把餐馆盘下来，自己好好经营，餐馆赚钱了，自己就赚钱了；另一种是以一定的价格把餐馆盘下来之后，不是想着靠餐馆经营赚钱，而是想着加价把它再转给别人。毫无疑问，不管采取哪种策略，把餐馆盘下来之前，都应该对餐馆的价值进行评估，不然就会砸在自己手里。

对应到股市，同样，盈利有两个来源：一个是做股东买入并持有，让公司替自己赚钱；另一个是低买高卖，赚其他投资人的钱。可以只赚其中一个来源的钱，也可以两个钱一起赚，获取超额收益。

若以做股东的心态买入股票，就需要考虑公司能不能替自己赚钱的问题。公司未来收入的多少，是由公司本身决定的，作为一个二级市场的中小股东一般不能左右公司的运营，但是可以决定自己的投资成本。在公司盈利收益不变的情况下，投资成本越低，回报就会越高。这个投资的成本就是由买入时的股票价格决定的。投资者在做股票买卖之前，首先要知道股票到底应该值多少钱，这就需要估值。

若以低买高卖的交易策略，赚其他投资人的钱，则需要知道股价的什么价位是便宜，什么价位是贵。只有自己内心清楚什么价格是低，什么价格是高，才能真正做到低买高卖。否则，就会反其道而行之，高买低买，被别人收割。在股价低迷时，如果自己知道股价已经被极度低估了，就不会卖股票，还会调配更多的资金买入，从而实现低买；在股价高涨时，如果自己知道股价已经是高位了，就会卖出股票，更不会买入股票，从而实现高卖。所以，即使是炒股，做交易，也需要会评估股价的高低。因此，这里也需要估值。

投资者对股票有一个清晰的估值，内心也会从容淡定很多。股价的高低起伏，带来的是一次次获利的机会，一买一卖之间，一次次盈利落袋。日积月累，就会是一大笔财富。

基本的估值指标

市盈率（PE，Price/Earning，价格 / 盈利）

定义：每股市价和每股年盈利的比值。根据盈利的计算方法不同，有静态市盈率、动态市盈率和滚动市盈率（TTM 市盈率）之分。静态市盈率是指每股市价与最近年度财报中公布的每股盈利的比值；动态市盈率为每股市价与通过季报数据或半年报数据推算出来的每股年盈利的比值；滚动市盈率（TTM）是指每股市价与过去 4 个季度每股盈利之和的比值。

静态市盈率每股盈利的数据更新周期为一年，对于高速增长的公司，该数据反映公司的估值状况准确度较低；动态市盈率采用的是推测出来的整年盈利，如果采用的预测参数不同，那么其数值会有不同。

另外，公司的盈利会有季节波动，上半年的盈利并不一定能代表下半年，所以动态市盈率作为盈利的估值指标往往不太准确；滚动市盈率更新周期为一个季度，这会比静态市盈率更能准确地反映公司当下的价值状况。

算例：假设 A 公司过去最近一期年报中每股盈利为 2.83 元，最近半年报每股盈利为 1.5 元，预计年盈利增长 20%，最近 4 个季度每股盈利和为 3.3 元，A 公司每股市价为 30 元，则：

静态市盈率 = 每股市价 ÷ 年报每股盈利 =30 ÷ 2.83 ≈ 10.6

动态市盈率 = 每股市价 ÷（半年报每股盈利 ×（1+1+ 盈利增长系数 ÷2））=30 ÷（1.5 ×（1+1+0.1））≈ 8.6

滚动市盈率（TTM）= 每股市价 ÷ 最近 4 个季度盈利和 =30 ÷ 3.3 ≈ 9.1

市盈率可以简单理解为以市价买入收回投资成本所需要的年份数，也可简单理解为市盈率越低，投资回报越高。

在股票市场中，有时候短期股票的变化和市盈率高低会产生背离，市盈率低的涨得少，市盈率高的反倒涨得多。因此，在投资实践中，很多人会不认同或者放弃低市盈率策略。短期看起来，该策略好像是失效的，但实际上，验证一个策略是否有效，要给它一个足够长的周期，需要足够多的样本，否则很容易以偏概全。

图 6-1 所示为执行不同市盈率买入策略对应的收益曲线，该图中列出的是在 1957 年以 1 美元按市盈率的高低标准买入股票，每年根据市盈率的变化调整一次持仓，以此策略持续到 2012 年。买入最低市盈率的股票从 1 美元变成了 800 美元，而买入最高市盈率的股票从 1 美元只变成了 64 美元，两者收益相差 13 倍。这个事实告诉我们，买入时的市盈率越低，投资收益率就会越高。

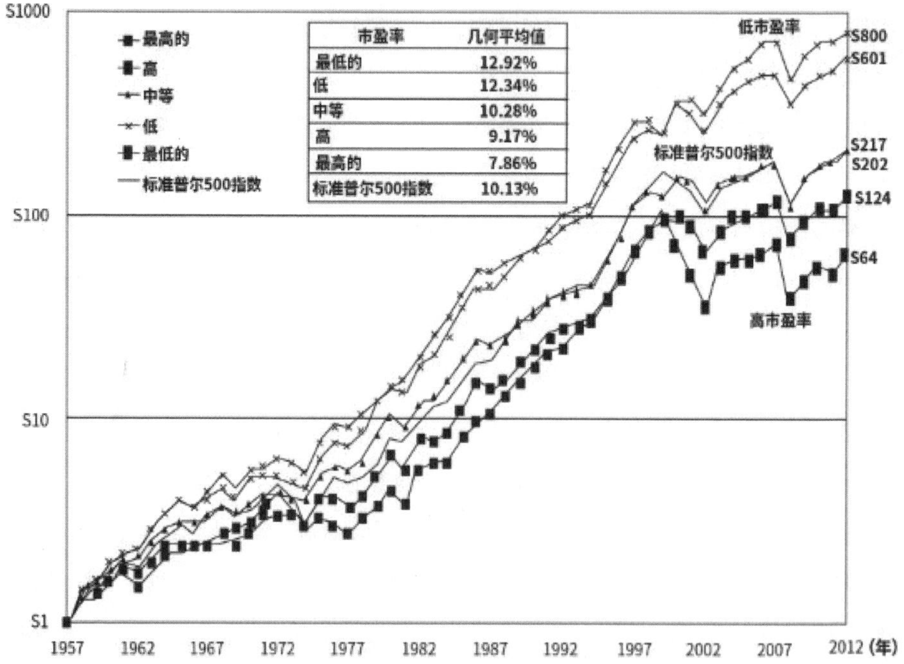

● 图 6-1　标准普尔 500 指数成分股按市盈率不同标准时买入的投资收益

市盈率参考标准：市盈率为多少是合理，多少是低，多少是高呢？这就需要有一个参考标准。下面根据历史经验，列出一个参考标准。

假设：无风险利率为 3.5%，股市投资是有风险的，股市投资收益要两倍于无风险利率才好，所以至少取 7% 才算比较合理。通过计算，可以近似认为一个不增长的公司股票以 15 倍市盈率买入可以获得年化 7% 的回报。同时，15 倍市盈率也是全球股市长期估值的平均数。当然对该 15 倍市盈率不能机械地使用，对于不同增速的公司，要做相应的调整。盈利每年有增长的公司，则市盈率可以大于 15，若盈利负增长则市盈率要小于 15。

我们可以把无风险利率当成股市收益率的一个锚，以此来衡量股市的估值是贵还是便宜。根据这个锚定，可以知道，当无风险利率上升时，股市的估值水平对应应该下降，这样才能让股市的收益率达到无风险利率的两倍，这通常会表现为股市整体下跌。反之，当利率下降时，估值水平会提高。若股市估值水平提高，则会表现出股价的普遍上涨。这也是央行通过调整利率来影响股市的基本逻辑。

市净率（PB，Price/Book，市价 / 净资产）

定义：每股市价与每股净资产的比值。

算例：假设 A 公司每股市价为 30 元，每股净资产为 9.5 元，则

市净率 = 每股市价 ÷ 每股净资产 =30 元 ÷9.5 元≈ 3.2

市净率指标可以简单地理解为以 30 元的股价买入，买到的净资产为 9.5 元。在买入时，我们希望买到的净资产越多越好，这样可以给我们一个安全垫，即当股价低于净资产时，可以考虑出售公司资产的方式，来换回一些投资成本。但是，在实际上，除非公司破产清算，一般情况下公司是不可能会将资产全部拿出去卖钱的。买入公司的逻辑不是为了资产变现，而是为了将现金变成一个赚钱的资产，让这个资产生出更多的现金来，从而实现资产的保值和增值。所以，一个资产净值是多少不重要，重要的是这个资产的盈利能力。

看个例子，或许会让我们理解得更透彻一些。假设 A 公司是一个没什么竞争优势的加工厂，厂房设备除去折旧后值 100 万元，A 公司每年能赚 5 万元利润；B 公司是一个游戏公司，账面净资产为 10 万元，B 公司每年能赚 20 万元；如果以同样 100 万元的价格出售，A 公司市净率（PB）为 1，B 公司市净率为 10，那么你会选择买哪家公司呢?

很显然，买入 B 公司更划算。因为 B 公司每年可以为自己赚 20 万元，而 A 公司只能赚 5 万元，B 公司盈利能力明显强于 A 公司。一般情况下，我们买公司是用来赚钱的，而不是为了把它拆散了卖的。另外，一个净资产为 100 万元的工厂，如果把它拆散了卖，并不一定能卖到 100 万元，甚至可能连 50 万元都卖不出。

所以，在做公司价值评估的时候，一定要对公司的资产价值有一个正确的认识。

对于相同行业的不同公司，对市净率进行比较是有意义的，但是，不同行业的公司之间比市净率就没有什么价值。另外，市净率有一个很好的用途，那就是对一个周期性行业来说，用该指标来衡量公司的高低会比较好用。因为一个周期性行业的盈利值会由于周期的变化而产生巨大变化，用盈利来估值，很容易产生巨大偏差。相反，一个公司的净资产不会产生太大的变化，用其作为估值的参考标准会比较好用。通过观察多个景气周期的市净率变化，可以知道多少市净率是公司估值的低点，多少市净率是估值的高点，从而很好地以此来确定买入价格和卖出价格。

以格雷厄姆为代表的狭义价值投资者就是主要以市净率作为估值指标来进行投资的。他们以低于或大幅低于净资产的价格买入股票，当股价回到净资产附近时再卖出。巴菲特早期也常使用此类方法，不过后来这种估值方法被巴菲特逐渐抛弃。

股息收益率

定义：股息与股价的比值。

算例：假设 A 公司每股市价为 30 元，每股派息 0.9 元，则：

股息收益率 = 每股派息 ÷ 每股市价 ×100%=0.9 元 ÷30 元 ×100%=3%

公司派息是回报股东的最直接方式，若留在公司的现金不能获得一个比较高的收益，则将它派发给股东不愧是一个明智的选择，因为股东可以将派息的钱投资到更高收益的地方。

另外，要注意的是，派息也有不好的一面。公司在派息的时候，是要缴税的，如果不派息，那么这个钱百分百还在公司账上，还可以百分百为公司所用，但是如果选择派息，那么有一部分是要上交给税局的，公司的 100 元现金派到股东手里就可能变成 80 元，可支配现金直接减少了 20%。巴菲特所管理的伯克希尔哈撒韦公司就从未派过息，这其实是对股东来说最好的选择，因为不派息可以不缴股息税，且让巴菲特来管理钱比让股东自己管理收益会高很多。所以股息率这个指标需要综合来考虑，不能简单地认为派息多就好，派息少就不好。

公司盈利增长率（成长性）

定义：公司本期盈利与上期的比值关系。增长率有同比和环比之分，同比是指不同年份的同一时期的比值；环比是指本期与上一期的比值，按月环比是指本月与上月的比值，按季度环比是指本季度与上季度的比值。

算例：假设 A 公司 2018 年每股盈利是 2.83 元，2017 年每股盈利是 2.5 元，2019 年一季度每股盈利为 0.6 元，2018 年四季度每股盈利为 0.55 元，则：

年度盈利同比增长率＝（当年每股盈利－上年每股盈利）÷ 上年每股盈利 × 100% ＝（2.83 元－ 2.5 元）÷2.5 元 ×100% ≈ 13%

盈利按季度环比增长率＝（本季度每股盈利－上季度每股盈利）÷ 上季度每股盈利 ×100% ＝（0.6 元－ 0.55 元）÷0.55 元 ×100% ≈ 9%

盈利增长是推动股价上涨的关键因素之一。如果估值保持不变，盈利增长多少，对应股价就会上涨多少。如果盈利加速增长，则还有可能会引起估值的提升，两者叠加，股价会大幅度上升，这被称为戴维斯双击。相反，如果盈利下跌，同时导致了估值的下跌，股价大幅度下跌，这就是戴维斯双杀。所以盈利的变化有可能会造成股价的巨大变化，在估值过程中要注意对盈利的预测，对盈利的估计越准确，才可以保证对未来股价的运行区间的预测越准确。高成长性股票，可以带来高投资回报，同时也蕴藏着巨大的风险，因为业绩增速出现下滑有可能会带来股价大幅下跌。

市盈率与成长率的比值（PEG，PE/Growth）

定义：市盈率与每股盈利增长的比值。

算例：如果 A 公司市盈率为 10，公司当年的盈利增长率为 15%，公司盈利未来 3 年的复合增长率为 10%，则：

市盈率与成长率的比值（PEG）= 市盈率 ÷ 未来 3~5 年盈利的复合增长率 × 100=10 ÷ 10% × 100=1

这里一定要选取未来 3~5 年的复合增长率才可以，因为公司一年的业绩增长不能代表未来长期的业绩增长。PEG 指标中包含了未来长期的复合增长率。增长率高的公司，可以给出的估值水平高一些，增长率低的公司估值水平应该低一些。

所以，我们通常认为 PEG 等于 1 时是合理的价格，高于 1 时是高估，低于 1 时是低估。

净资产收益率（ROE，PB/PE）

定义：每股盈利与每股净资产的比值。它的值也等于 PB/PE。

算例：假设 A 公司每股净资产为 9.5 元，每股盈利为 2.83 元，则：

净资产收益率 = 每股盈利 ÷ 每股净资产 ×100%=2.83 元 ÷9.5 元 ×100% ≈ 30%

净资产收益率是表明公司盈利能力的指标。一个长期保持高净资产收益率的公司，如果盈利不全部拿出来分红，那么它会推动公司盈利增长。

以较长的周期考量，在不分红的情况下，公司的净资产收益率和公司的盈利增长率近似相等。在有分红的情况下，盈利增长率的值会低于净资产收益率的值，该数值差随着分红率的增加而增加。在净资产收益率保持不变的情况下，当盈利全部拿出来分红，即分红率为 100% 时，盈利的增长率为 0。

若公司未来长期的净资产收益率保持不变，则可以近似认为以下等式成立：

盈利增长率 = 净资产收益率 ×（1− 分红占总收益的比例）　　（式 6−1）

通过式 6−1 可以知道，当分红比例不大时，净资产收益率近似和盈利增长率相等。当公司大比例分红时，盈利增长率就会显著变小，甚至没有增长。

在 A 股市场中，双汇发展就是这样一个很典型的例子。双汇发展从 2014 年起，净资产收益率就一直保持在 30% 左右，但是该公司的利润几乎全部拿出来分红了，所以利润基本上没有增长。贵州茅台的净资产收益率也在 30% 左右，但公司只拿出了约 50% 的利润来分红，所以贵州茅台还维持 15% 左右的复合增长。

对于一个业务模式保持稳定的公司来说，净资产收益率会大致保持稳定。我们可以大致用过去的净资产收益率值来直接作为未来净资产收益率的估算值，再通过式 6−1 来推算盈利增长率。这样的预测会简单、容易很多。

对于在净资产附近买入的股票，投资者未来的长期收益率就会近似等于公司的净资产收益率。

净资产收益率是衡量一个公司优秀与否的重要指标，净资产收益率高，表明公司盈利能力强。在选股时，应特别引起重视。对于成长型公司来说，其净资产收益率也是不断增加的。

总资产收益率

定义：盈利与总资产的比值。

算例：A 公司总资产为 3758 亿元，盈利为 128 亿元，则：

总资产收益率 = 盈利 ÷ 总资产 ×100%=128 ÷ 3758 × 100% ≈ 3.4%

总资产收益率是衡量公司资产盈利能力的指标，可以用来对同类型的公司做比较。同时，将总资产收益率和净资产收益率进行对比，可以看出公司的杠杆系数。在本例中 A 公司总资产收益率为 3.4%，净资产收益率为 30%，用净资产收益率除以总资产收益率得出的值为 8.8，我们可以近似认为 A 公司采用了 8.8 倍的财务杠杆。众所周知，负债是有风险的，在保持收益不变的情况下，财务杠杆越低越好。

考虑财务杠杆的风险，在衡量同行业公司时，应该将净资产收益率和总资产收益率同时拿出来比较，这样可以避免只看到公司的收益，没有看到公司的风险。

历史股价运行情况

交易的价格不是由一个人决定的，而是由买卖双方决定的。所以，要想在股市中做交易，就必须要顺从市场。要真正知道一只股票的价格是高还是低，一定要到市场上去看看。上文中列出的估值指标，取什么值认为是合理，什么值是高估，什么值是低估，都是由个人来衡量的。但是，市场经常是无效的，有些公司会长期低估，有些公司会长期高估。我们估值的目的是让自己在市场的股价变动中获得盈利，所以，投资者在估值的过程中，还要真正地走到市场上去看一看。

举一个例子：通过成本评估和价值评估，你认为一个公司的股票应该值 10 元每股。然后你加上 30% 的安全边际，以 7 元的价格去买，如果以 7 元买到了，就会认为自己买到了一个便宜的价格。殊不知市场上该公司几年来的最高价才 10 元，最低价只有不到 2 元，平均价格为 6 元左右。你以 7 元买到的股票是不是贵了些呢？如果你还想以 10 元的价格卖出去，那么是不是这个卖价有些不切合实际呢？

股票市场不是由个人决定的，市场也经常会不理性。股票投资者的主要收益要通过市场交易来最终实现，这就要求投资者必须要了解市场、尊重市场，最终利用市场。对于自己设定的买入点和卖出点，要进入市场去看看能否买得到和卖得出。脱离市场去看估值，是闭门造车，没有多少价值，甚至可能会造成严重误导。内在价值评估价是自己的心理价格锚，但对此仅仅自己能接受，市场可能会长期偏离这个价格锚。有的股价，以内在价值来衡量时，可能会让投资者觉得低估，但是市场长期的均价可能比它更低。所以要找到真正的低价，就应该既要按内在价值进行评估，又要看市场长期给出的平均价格，两者取最低，才能保证自己给出的是一个合理的估值。

看过去的股票价格，一定要看一个比较长的周期才行。短期的股价有很强的随机性，规律性不强。另外，看过去的股价，目的是通过过去的股价进行统计分析，从中发现股价运行的一些规律。统计学知识告诉我们，样本数量越多，参数估计越准确。一只股票的市场价格，在牛市时会高估，在熊市时会低估，在景气周期时会高估，在萧条周期时会低估。所以，我们在看过去的股价时至少要覆盖一个牛熊周期及行业景气周期，这样才能保证统计的样本全面。通常情况下，应当将过去股价的观察周期定在 5 年以上。

下面继续以 A 公司为例，做过去股价统计示范。在表 6-1 中，统计了 A 公司从 2013 年到 2018 年 6 年的股票最高价和最低价。同时，根据每股盈利对应计算出了当年最高市盈率和最低市盈率，并且列出了当年股价的波动幅度。通过统计过去每年的最高股价和最低股价，我们可以知道 A 公司每年股价最高到过什么位置，最低到过什么位置。通过对应的市盈率和市净率可以知道市场给 A 公司最高估值能高到什么程度，最低估值能低到什么程度。有了这些统计，我们就可以做到对 A 公司的股价波动情况心中有数。

通过表 6-1 可知，A 公司过去 6 年最低市盈率为 7.7 倍，最高市盈率为 31.5 倍，平均市盈率为 15 倍左右。通过这个数据，可以知道如果 A 公司目前的股价运行在 7.7 倍附近，那么可以认为股价是运行在底部区间，15 倍是市场认可的中间水平，30 倍是极度高估的状态。

表 6-1　A 公司过去 6 年股价运行情况

年　　份	最高股价	最低股价	平均价格	上一年盈利	最高市盈率	最低市盈率	平均市盈率	波动幅度
2018 年	46.9	22.7	34.8	2.8	16.8	8.1	12.5	107%
2017 年	48.3	23.5	35.9	2.2	22.0	10.7	16.4	106%
2016 年	31.2	21.2	26.2	1.8	17.3	11.8	14.6	47%
2015 年	64.5	19.9	42,2	1.34	48.1	14.9	31.5	224%
2014 年	41.1	16.2	28.6	2.1	19.6	7.7	13.7	154%
2013 年	39.1	18.1	28.6	1.35	29.0	13.4	21.2	116%

另外，在 A 公司基本面和市场环境保持稳定的情况下，我们也可以用过去的股价变化规律来预测未来股价。图 6–2 所示为 A 公司 2019 年股价预测图，用加权平均法，可以简单预测 A 公司 2019 年的股价运行区间在 25.5~43.7 元之间，低于 34.6 元是低价区间，高于 34.6 元是高价区间。有了这个预测，我们内心就会亮堂许多，就可以知道应该设定什么价位买入和卖出合适。

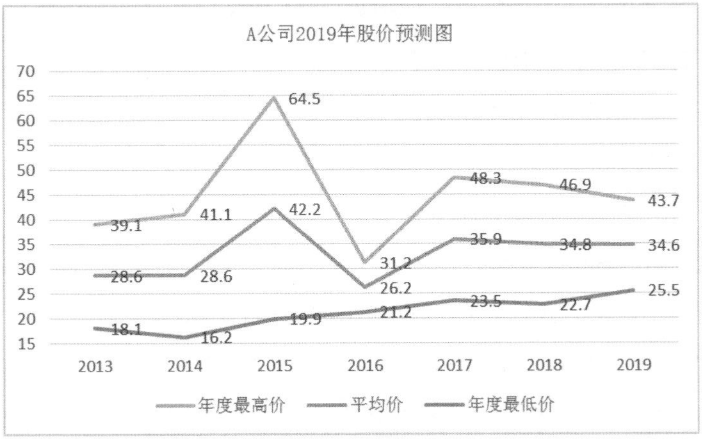

● 图 6–2　A 公司 2019 年股价预测图

如何进行估值

上文中列出了多项估值的指标。利用其中某一项指标可以估算一只股票的合理价格。比如，我们可以简单通过市盈率、市净率、市销率等指标给出一个估值。考虑成长性后，要根据成长性做适当的修正，认为 PEG 等于 1 是比较合适的。同时我们要考虑公司的盈利能力，对于盈利能力强的公司给出的估值高一些，对于盈利能力弱的公司给出的估值低一些。衡量盈利能力强弱的主要指标是净资产收益率。另外，我们还要根据公司的财务杠杆情况对公司估值进行适当的修正。

另外，在进行估值时不能忘了市场，要充分尊重市场，所以要通过对过去市场给出的估值情况来得出市场的合理估值。

最后，对于有着不同护城河的公司，其估值水平也应有所不同，我们在进行估值时要有一个系数对估值进行调整。

利用上述多项估值指标得出的估值，通过加权平均法，就可以得出一个公司的综合估值。每一项权重的估值系数可以根据个人的判断进行调整。在这里，给出一个我个人评估股价的加权系数。

（1）过去 5 年历史市场估值：不要低估了市场，并要充分尊重市场，所以通过公司历史股价得出的估值这一项应占综合估值的权重的 40%。

（2）过去 5 年净资产收益率估值权重应占 20%。

（3）最近一年股息率估值权重占 10%。

（4）当年预期增长率估值权重占 10%。

（5）过去 5 年销售收入增长率权重占 10%。

（6）过去 5 年利润增长率权重占 10%。

（7）财务杠杆修正系数在 −10% 到 +10% 之间。

（8）公司业务护城河修正系数在 −10% 到 +10% 之间。

其中第 4、5、6 项 3 项用于预测公司未来，我们可以简单地用过去 5 年的情况来预测未来公司的增长。如果能直接预测出公司未来的业绩情况，就可以不考虑第 4、5、6 项这 3 项内容。

下面以 A 公司为例，对公司股票的合理价值进行评估。

（1）市场估值：A 公司过去 5 年平均市盈率为 18 倍，最近年度每股盈利 2.83 元，故该项估值为 18×2.83=50.94 元。

（2）净资产收益率估值：A 公司过去 5 年净资产收益率平均为 36.2%，可以对应给它 36.2 倍市盈率估值得 102.4 元。

（3）股息率估值：A 公司最近年度每股派息 0.9 元，可以认为股息率和无风险利率相等时，股价合理。则当无风险利率为 3.5% 时，该项估值为 0.9 ÷ 3.5%=25.7 元。

（4）成长性估值：假设 A 公司未来 5 年的复合增长率为 25%，则根据 PEG 为 1 时股价合理的原则，该项估值为 2.83 × 25=70.75 元。

（5）过去销售收入增长率估值：A 公司过去 5 年销售收入复合增长率为 33%，则根据销售收入和利润增长基本同步的思路，以销售收入等价于利润增长的方式，根据 PEG 为 1 时是合理估值原则，该项估值为 2.83 × 33=93.39 元。

（6）过去利润增长率估值：A 公司过去 5 年利润年复合增长率为 35%，则根据 PEG 为 1 时是合理估值原则，该项估值为 2.83 × 35=99.05 元。

（7）财务杠杆修正系数：A 公司总资产收益率为 3.4%，净资产收益率为 30%，简单概算财务杠杆为 30% ÷ 3.4% ≈ 8.8 倍，属于高杠杆，给以修正系数 −8%。

（8）公司业务护城河修正系数：公司有较多的应收账款，主要客户相对强势，故给此项系数为 −5%。

根据上述数据，则：

A 公司的综合估值 =（50.94 × 40%+102.4 × 20%+25.7 × 10%+70.75 × 10%+93.39 × 10%+99.05 × 10%）×（1−8%−5%）≈ 60.68 元

上述是以 A 公司为例做的一个估值示范，通过计算，可以认为 A 公司的合理估值为 60.68 元。

对于公司的估值，投资者可以根据自己的判断，以确定一个最优的估值系数。在日常估值过程中，还可以添加更多的估值因素。上述方法的估值，有很多的主观性，因此投资者在买卖股票时应该加一个安全边际，以保证自己能买到便宜货，卖到合理价。

估值是为盈利服务的，上文提到盈利来源有做股东和做交易两个，不同盈利策略其估值思路是不一样的。除了少部分永远不卖出股票的，股市投资者大部分收益需要靠交易来最终实现。所以，即使是以做股东的心态投资股票，也需要考虑低价买进、高价卖出的问题。

另外，如果用一个明显出现泡沫的股票作为自己交易的筹码，那么也是很危险的。只关心自己的买入价和企业的未来盈利，容易忽略市场，不会买到一个很好的价格，也不容易卖出一个很好的价格。只关心市场行为，做简单的技术分析，容易丢掉股票价值的主心骨，这会让自己处于市场扭曲的风险之中。**利用股票投资取得超额收益的秘诀是参与好生意，顺便割韭菜。**

下面以两个盈利源进行估值思路的推演。

做股东思路

如果以做股东的思路，买入并持有来获得盈利，就要从公司盈利和投资成本的角度来考虑问题。我们要考虑买入后公司的盈利是多少，公司现有的资产值多少钱，未来公司能不能赚更多钱等问题。弄清这些问题，就是弄清现在的投入成本和未来收益回报的问题。先要弄清楚公司未来能赚多少钱，根据未来盈利再出价，这样才能保证自己的投资收益。买入价格越低，投资收益率越高。

我们都希望投资收益率越高越好，但是，高于社会平均投资收益的资产，会导致资金的追捧，会推升资产价格。长期来说，不同资产的价格会根据回报率高低和风险系数达到一个平衡，这个平衡就是社会公允价格，我们也可以认为这是合理估值。

能否准确地预估公司未来的盈利情况，成为以此方法估值的关键。因此，我们要花大量的时间去弄清楚公司是做什么生意的，这生意未来赚不赚钱，公司赚的钱能不能回馈给每个股东。对公司这些方面的评估，需要投资者在这些领域有较好的知识储备，这是从生意的角度和合伙人的角度来思考问题的。若缺乏这方面的知识储备则一定要好好地学习，不能靠拍脑袋来分析。另外，判断一个生意是不是真的能赚钱，一定要深入进去看，不能走马观花。对公司分析判断时一定要有翔实的数据做支撑，不能凭主观想象。

做交易思路

如果以低买高卖的思路来从股市获得盈利，就需要搞清楚最低出价多少能买到，最高标价多少能卖出。若不能完成交易，则一切都是枉然。

对于股价的高低，会有很多误区。很多人认为 1 元钱的股票就比 100 元钱的股票便宜，这是严重错误的。股市中充斥着大量有这样错误认识的人。所以，很多上市公司为了抬升公司市值，会经常玩拆股送股的游戏。公司把一股拆分成两股，或者来个 10 送 10，原来 20 元的股价，就会变成 10 元，看起来比原来便宜了一半，价格更有吸引力了。很多初级投资者就会被这种游戏所迷惑，从而以一个看似较低的价格买入，而实际上成了接盘侠。

不同股票对应的价值不一样，不能以一个绝对的价格来评估。在农村，10 万元的房子不一定比深圳 100 万元的房子便宜。高低贵贱是一个相对的概念，所以必须要有一个合适的参照物才能做一个准确的衡量。

选什么样的参照物合适呢？我们**可选的参考量可以有这么 3 个：一个是过去的交易价格，一个是未来的预测价格，还有一个是无风险利率。**

过去的交易价格

既然投资者还是要将自己的股票拿到市场上做交易，那么可以参考过去的交易价格。短期的股价，容易受到人为操纵和市场环境变化的影响，一只股票在一天、一个月甚至一年都可能在高位或低位运行。所以，尽量不要用短期的股价作为参考。长期的股价不容易被扭曲。所以，可以把周期拉长，看 3 年的股价，5 年的股价，甚至十年的股价。以史为鉴，可以知未来。

过去的价格数据众多，对每时每刻的价格都看没有多大意义。画出股价的异常点，实际上就能把股价描出来。这些异常点包括最高价、最低价、中位数、平均价等。把一个公司过去 3 年、5 年甚至十年的股价数据拉出来看看，看看过去年度最高价是多少，年度最低价是多少，平均价格是多少，股价中位数是多少，再拿这些值与现在的股价进行对比，自然就知道现在的股价处于什么位置。

如果再进一步，将过去年度最高价和最低价对应的市盈率或市净率等估值指标计算出来，与现在进行对比，自然就会知道现在的估值是贵还是便宜。

未来的预测价格

虽然未来和过去的历史具有相似性，但是，社会总是不断变化的，只是用过去的数据看未来，是不太准确的。公司的盈利能力是不断变化的，市场的整体估值水平也是会变化的。投资公司就是投资公司的未来，公司未来的盈利能力对股价有指导性作用，是未来股价的锚。所以，如果能从未来发展的角度来分析判断股价，就会更加准确。比如，过去十几年，国内 A 股的整体市盈率是远高于国际市场平均值的，并且趋势是不断向国际市场看齐，那么我们就可以以此来推演出未来3~5年国内股票市场可能的估值水平。过去A股平均估值超过25倍市盈率，而国际股票市场的平均市盈率为15倍。随着金融领域对外开放的深入，毫无疑问，国内股市的估值水平会向国际看齐。这就要求未来要将估值中枢从25倍市盈率不断下移到15倍，并以这个估值水平来衡量意向中的股票价格，这就不容易吃到估值下降的亏。

无风险利率水平

资产的价格与该资产的投资回报率成反比。股价越高，投资回报率就越低。银行定期利息是无风险收益。股票有价格波动，也有因公司倒闭而使价值归零的风险，所以股市投资是有风险的。作为理性的人，投资有风险的资产肯定希望比投资无风险的收益高。如果股票的投资收益率很低，投资股票的钱就可能会流向其他投资品种。通常国内外学者认为，股票的投资收益率应该高于无风险利率的2倍。该无风险利率一般选取5年期定期存款年利率。如果5年期定期存款年利率为3.5%，那么股票的合理收益率应该为7%，可以近似对应股票的市盈率为15倍。当然，对于该15倍市盈率不能机械地去套用，成长性公司市盈率可以高一些，没成长或业绩滑坡的公司要低于15倍，具体视公司质地而定。

在投资过程中，如果能和无风险利率做比价，就可以在所有大类投资品种中做到优中选优。这些大类投资品种包括股票、国债和公司债券。当整体股票市场市盈率超过50倍时，未来3~5年的预期股票投资收益率是会小于2%的，而如果这时定期银行存款利率为5%，那么毫无疑问，存定期比买股票划算很多。2007年股价超过6000点时，平均市盈率超过60倍，而5年定期存款年利率是5%，所以那时存定期都会比买股票赚得多。

估值是一个系统工程，这一节仅仅抛出了一个引子，后续还需要进行更深入的学习。

小结

不管是做股东，还是做交易，都需要买到物有所值的股票，需要做到低买高卖，这样才能保证在股市投资中获利。要做到物有所值，就需要对股票价值进行评估；要做到低买高卖，就需要知道股价的高低贵贱。做好估值，是投资成功的关键之一。

估值的指标多种多样，但常用有效的指标是有限的，要认真领会这些指标的具体含义，才能很好地利用。

市盈率是每股市价与每股年盈利的比值，是衡量股票投资成本和收益回报的指标。

市净率是每股市价与每股净资产的比值，可以较好地用来衡量周期股的股价高低。

股息收益率是股息与股价的比值，股息是公司直接回馈股东的主要方式，要综合地看待股息问题。

公司盈利增长率（成长性）是公司本期盈利与上期的比值关系，盈利增长是推动股价增长的关键因素之一，对此要特别重视。

市盈率与成长率的比值（PEG，PE/Growth），该指标主要用来衡量成长股的价值，通常认为该数值大于 1 为贵，小于 1 为便宜。

净资产收益率是每股盈利与每股净资产的比值，是衡量公司盈利能力的主要指标。若公司不分红，则净资产收益率会大致等于盈利增长率。

总资产收益率是盈利与总资产的比值。将它和净资产收益率做比较，可以看出公司的经营杠杆大小。

过去的股价是买卖双方实际交易的价格，它对未来的交易价格有较大的参考意义。我们可以简单地用过去股价对未来进行预测。

估值是为盈利服务的，不同盈利策略其估值思路有所不同。除了少部分永远不卖出股票的，大部分股市投资者收益需要靠交易来最终实现。所以，即使是以做股东的心态投资股票，也需要考虑低价买进、高价卖出的问题。另外，如果用一个明显出现泡沫的股票作为自己交易的筹码，那么也是很危险的。投资取得超额收益的秘诀是参与好生意，顺便“割韭菜”。

第7章

公司财务报表分析

要想靠公司的经营收益给自己带来回报，就必须要重视公司的财务状况。二级市场投资者所能获得的最全面的财务资料就是公司定期公布的财务报告。公司财务报告内容繁多，且很容易被修饰。如何做到去伪存真，找到对自己有价值的信息呢？这一章教大家怎样分析公司的财务报表。

对于公司财务，要分析什么内容

在进行分析之前，要首先弄清楚自己分析公司财务报表的初衷是什么。带着问题读财报，才会发现有价值的信息。

对于公司的财务报表，应该着重分析以下方面的内容：

（1）**报表是否真实？**一切分析都是以真实准确为前提的。拿到公司的财务报表，首先要判断这份报表是否真实。这份报表是真实准确的，才可以用此中的数据进行推演分析。如果数据中有水分，那么也要知道哪些数据有水分，水分有多大，做到去伪存真。

（2）**资产是否优良？**买股票就是买公司。通过资产负债表，我们可以看出公司的资产结构，继而分析出公司资产的质量是否优良。花钱买到了优良的资产，拿在手里才不会心慌，也才有机会以更高的价格卖出去，否则就有可能砸在自己手里。

（3）**公司经营状况如何？**通过利润表，可以看出公司的经营状况。投资者买了股票，就是公司的股东，公司经营得好，作为股东就会有钱赚。要想在股市中获得超平均的收益，就必须要牢牢记住这一点：经营得好的公司，其内在价值是不断增值的，经营得不好的公司，其内在价值增长就会差，甚至会因亏损而不断减值。

（4）**业务发展趋势是怎么样的？是向好还是向坏？**分析公司，不光要看现在，更要看未来，并且，看未来的目光要长远一些，不能仅仅盯着未来3~5个月看，而是至少要看3~5年。大多数人的目光是短视的，股价也会因这种短视行为而产生大幅波动。目光长远的人，可以利用这种股价波动，在公司面临暂时的困难股价大幅下跌时大量买进股票。当困难过去，经营变好时，短视的人们又会蜂拥买入，从而又会造成股价大涨，这时可以高价卖出，让别人替自己保管一下。

（5）**可能存在的风险点在哪里？**时刻提防风险，才有可能避开风险。很多人只盯住收益，忽视风险，他们可能没有想到过，风险是需要成本的。收入减去成本，才是真正的盈利。如果想到过这一点，或许就不会不顾风险，被眼前的暴利诱惑往前冲了。

（6）公司的股权结构如何，以及盈利如何分配？如果以合伙做生意的心态买入股票，就应该搞清楚你是和谁合伙。另外，公司怎么处理盈余也是股东应当关心的问题。

母公司报表与合并报表的区别

通常国内上市的公司会编制两份财务报表：一份是母公司报表；另一份是合并财务报表。作为上市公司的投资者，该看哪一份报表呢？如何区分这两份报表呢？

母公司报表

财务报表中的母公司是指上市公司本身。母公司在编制财务报表时旗下的所有控股公司都会纳入报表中来，但是这些集团公司之间的关联交易也计算进来了，这使得母公司报表不能真实反映整个集团公司的真实情况。

合并报表

合并报表是以母公司和子公司组成的会计主体，由母公司编制的，将子公司之间，子公司与母公司之间的关联交易相互抵消而得出的数据。合并报表可以展示以上市公司为母公司所形成的企业集团的资源规模及其结构。

通常情况下，合并的财务报表更能反映公司的真实情况。但是为什么又要编制一份母公司的财报呢？其原因在于有时母公司拥有的子公司的股权并不一定都是 100%，但是在合并报表中，又将子公司 100% 纳入进来了，所以对于母公司的股东而言，需要将其他股东的权益扣除。扣除掉其他股东的权益之后的才是归属于母公司股东的。

通常上市公司旗下会有很多子公司，各个子公司，子公司与母公司之间一般业务经营相互独立，财务上也相互独立。母公司与子公司之间主要以股权控制的形式体现。如果上市公司主要通过旗下的子公司开展经营活动，就需要通过合并财务报表来对公司进行分析。合并财务报表是指反映母公司和其全部子公司形成的企业集团的财务状况、经营成果和现金流量的财务报表。

合并财务报表有利于抵消集团公司内部关联交易影响。一些控股公司处于某种考虑，可以通过高价向子公司销售产品，以虚增利润，也可以通过低价向子公司销售产品等手段转移利润。这些企业集团内部的交易，会扭曲母公司的财务报表，使之不能真实反映公司的真实财务状况。合并财务报表在编制时，可以将集团内部交易所产生的利润和亏损抵消，这有利于避免和防止控股公司人为操纵利润，也能够更客观准确地反映公司的真实经营情况。

作为上市公司股东，主要参考合并报表就可以。当然，仔细分析合并报表和母公司报表的不同数据，可以为投资者带来许多有价值的信息，但这需要非常专业的会计学知识，普通投资者大多不具备此能力，建议普通投资者忽略。

对股东有价值的三大报表

抓事物要抓主要矛盾，看问题要看问题的主要方面。公司的定期财务报告有季报、半年报和年报。这些报表中内容众多，从几十页到几百页不等。对于如此众多的内容，我们不可能一一详尽地去琢磨，所以要有的放矢，抓住重点。对股东最有价值的是三大报表：资产负债表、利润表和现金流量表。通过对这 3 份报表的分析，基本上可以将企业的情况摸清楚。当然，年报中管理层对公司的讨论与分析，以及董事会主席的年度回顾与展望也是很值得研究的。

资产负债表

什么是资产负债表

资产负债表是显示公司资产分布情况的报表，这张表用于对公司所有资产进行盘点。通过资产负债表可以评价公司的财务状况，衡量财务风险，同时也可以通过此表看出公司的资产处置水平。

资产 = 负债 + 所有者权益，这是资产负债表的编制基础。这个恒等式表明公司的资产有两个来源：一个是通过借贷或应付账款等获得的；另一个是公司本身所有的。这两类资产加在一起就是公司的总资产。总资产减去负债就是净资产。归属于公司股东的净资产称为所有者权益。

图 7-1 所示为华夏幸福基业有限公司 2017 年年末资产负债表。

编制单位：华夏幸福基业股份有限公司　　　　单位：人民币元

项　目	附注	2017年12月31日		2016年12月31日	
		合并	母公司	合并	母公司
流动资产：					
货币资金	五、1	68,104,884,888.26	14,802,394,524.25	45,503,088,103.30	5,218,591,951.00
以公允价值计量且其变动计入当期损益的金融资产					
衍生金融资产					
应收票据	五、2			60,000.00	
应收账款	五、3	18,910,317,711.12		9,500,775,321.78	
预付款项	五、4	1,620,448,175.48	90,135,328.39	3,551,329,933.91	43,945,195.73
应收利息	五、5	521,993,180.94	360,000,000.00	192,159,338.46	120,000,000.00
应收股利			9,019,931,182.95		5,019,931,182.95
其他应收款	五、6	10,587,301,292.05	60,773,133,236.90	6,936,742,521.63	91,901,949,446.58
存货	五、7	229,794,385,400.09		147,344,749,271.05	
持有待售资产					
一年内到期的非流动资产	五、8	6,240,448,303.00	5,820,714,903.00	3,000,000,000.00	2,500,000,000.00
其他流动资产	五、9	12,706,505,211.84	72,586,927.93	7,532,268,640.53	6,190,150.71
流动资产合计		**348,486,284,162.78**	**90,938,896,103.42**	**223,561,173,130.66**	**104,810,607,926.97**
非流动资产：					
可供出售金融资产	五、10	595,301,530.65	22,000,000.00	683,832,195.30	22,000,000.00
持有至到期投资					
长期应收款					
长期股权投资	五、11	4,038,432,803.24	10,484,885,961.49	1,182,146,402.12	5,911,959,080.88
投资性房地产	五、12	2,874,208,628.29		1,373,268,058.00	
固定资产	五、13	2,842,166,493.70	13,485,753.99	2,670,129,708.38	17,007,188.70
在建工程	五、14	4,266,765,319.31		3,338,486,244.21	
工程物资					
固定资产清理					
生产性生物资产					
油气资产					
无形资产	五、15	5,193,043,637.73	133,449,776.89	6,140,026,263.39	86,975,386.48
开发支出					
商誉	五、16	541,616,937.71		325,107,550.51	
长期待摊费用	五、17	1,790,278,960.42	3,858,756.03	1,404,812,618.72	6,945,760.95
递延所得税资产	五、18	2,362,674,733.19	107,515,651.90	1,273,050,482.09	138,895,921.68
其他非流动资产	五、19	2,873,940,646.90	1,333,759,575.00	7,951,296,139.48	6,968,954,903.00
非流动资产合计		**27,378,429,691.14**	**12,098,955,475.30**	**26,342,155,662.20**	**13,152,738,241.69**
资产总计		**375,864,713,853.92**	**103,037,851,578.72**	**249,903,328,792.86**	**117,963,346,168.66**

● 图 7-1　华夏幸福 2017 年资产负债表

编制单位：华夏幸福基业股份有限公司　　　　单位：人民币元

项目	附注	2017年12月31日		2016年12月31日	
		合并	母公司	合并	母公司
流动负债：					
短期借款	五、20	6,845,781,500.07		300,000,000.00	
以公允价值计量且其变动计入当期损益的金融负债					
衍生金融负债					
应付票据	五、21	8,467,028,435.64		1,296,416,549.67	
应付账款	五、22	25,422,040,582.96		20,425,430,164.96	7,781,650.67
预收款项	五、23	132,476,321,299.94		102,548,395,448.16	
应付职工薪酬	五、24	2,185,840,779.17	557,126,706.38	949,836,980.65	220,293,164.82
应交税费	五、25	5,251,696,295.66	139,015,740.26	3,618,131,143.21	57,319,061.45
应付利息	五、26	1,276,228,295.70	1,090,332,282.35	980,638,410.85	926,430,751.71
应付股利					
其他应付款	五、27	16,634,076,589.61	36,646,478,490.46	10,555,123,593.10	67,740,107,756.26
持有待售负债					
一年内到期的非流动负债	五、28	19,425,265,255.81	3,896,130,897.58	17,220,947,402.60	375,000,000.00
其他流动负债	五、29	10,079,409,941.33	5,996,713,809.53	1,804,331,468.74	998,469,917.81
流动负债合计		228,063,688,975.89	48,325,797,926.56	159,699,251,161.96	70,325,402,302.72
非流动负债：					
长期借款	五、30	37,073,977,982.00	740,750,000.00	20,291,377,985.00	2,135,000,000.00
应付债券	五、31	38,967,060,290.51	28,148,413,761.29	31,341,663,910.17	29,340,478,202.63
其中：优先股					
永续债					
长期应付款	五、32	666,932,392.54		472,776,921.78	
长期应付职工薪酬					
专项应付款	五、33	41,872,804.62		45,072,804.62	
预计负债					
递延收益	五、34	11,716,773.69		5,897,999.97	
递延所得税负债	五、18	6,911,299.71		7,191,986.84	
其他非流动负债	五、35		1,958,998.70	8,390,695.72	8,390,695.72
非流动负债合计		76,768,471,543.07	28,891,122,759.99	52,172,372,304.10	31,483,868,898.35
负债合计		304,832,160,518.96	77,216,920,686.55	211,871,623,466.06	101,809,271,201.07
股东权益（或所有者权益）：					
股本	五、36	2,954,946,709.00	2,954,946,709.00	2,954,946,709.00	2,954,946,709.00
其他权益工具	五、37	9,000,000,000.00	9,000,000,000.00	1,000,000,000.00	1,000,000,000.00
其中：优先股					
永续债		9,000,000,000.00	9,000,000,000.00	1,000,000,000.00	1,000,000,000.00
资本公积	五、38	3,437,306,224.89	7,580,749,406.99	5,882,258,774.50	7,580,749,406.99
减：库存股					
其他综合收益	五、39	-1,105,958.86		244,614,207.36	
专项储备					
盈余公积	五、40	1,505,142,360.03	1,400,445,095.08	1,102,854,173.67	998,156,908.72
未分配利润	五、41	20,198,730,632.22	4,884,789,681.10	14,176,238,779.85	3,620,221,942.88
归属于母公司股东权益合计		37,095,019,967.28	25,820,930,892.17	25,360,912,644.38	16,154,074,967.59
少数股东权益		33,937,533,367.68		12,670,792,682.42	
股东权益合计		71,032,553,334.96	25,820,930,892.17	38,031,705,326.80	16,154,074,967.59
负债和股东权益总计		375,864,713,853.92	103,037,851,578.72	249,903,328,792.86	117,963,346,168.66

● 图 7-1　华夏幸福 2017 年资产负债表（续）

资产负债表中有众多科目，必须要抓住关键点，才能对投资判断有价值。根据上一节中提到的分析目的，我们根据金额的大小去关注，对金额很小的类别可以忽略。通常情况下，除了需要重点关注占总资产比重大的资产项目，还需要重点关注以下科目。

（1）流动资金与短期负债：导致公司破产倒闭的往往不是亏损而是负债。如果负债还不上，就会给公司的声誉和经营造成重大影响。即将到期的负债能否还得上，就要看账上有没有资金。如果公司流动资金能满足还款要求，就不会出问题。所以，要对公司的流动资金和 1 年内到期的负债进行比较，看看公司资金能否满足还款需求。

（2）存货：公司生产出来，还没有售卖出去的生产成品。一般的商品存货会造成流动资金的积压，会带来库存成本，有的还会随着时间不断贬值。除了商品在不断涨价公司惜售，通常认为存货越少越好。通过公司的存货变化情况可以侧面反映出公司的经营情况。存货不断减少，货不够卖，则可以认为市场很火爆。公司产量增加，但是存货没有增长，这可以认为是产销两旺。若存货大增，则可能是一个危险信号，有可能是公司生产出来的产品卖不出去。所以我们要分析公司存货的类型，并紧盯着存货的变化情况。

（3）应收账款：公司的商品已经销售出去了，但是还没有拿到钱，买家欠公司的货款。客户的欠款有可能会收不回来，所以公司一般会根据以往的回款情况计提一个坏账准备。处在市场强势地位的公司，是很少赊销商品的，要么是先款后货，要么是货到付款。只有处在市场弱势地位的公司才会有大量的应收账款。做假账的公司，为了虚增利润，会通过虚构销售或大量铺货造成应收账款大增，这也是一个危险信号。当我们看到公司利润大增时，应该再去看看应收账款有没有大增，如果应收账款也大增了，那么这个利润大增就要打个折扣。

（4）预收账款：公司预收的客户货款。这表明商品还没有卖出去，钱就已经收到了。处在市场强势地位的公司就会有大量的预收账款。我国的房地产行业，目前采用预售制，还没有完工就可以开卖。所以，研究房产公司的销售情况，更要关注预收账款。由于房产调控等影响，许多地方住房供不应求，房子还没有建成就已经卖出去了，这时收到的购房款计入预收账款科目而不是销售收入科目。等到房子建好，交付手续办完才算是正式出售完成，此时才能确认销售收入。所以，从这个会计记账模式中也可以看出，房产公司的销售收入和现金流有一个时间差，现金流在前，销售收入在后，教育培训类公司也是这种情况。

（5）商誉：往往是在收购项目时产生的。例如，甲公司花1000万元收购乙公司，乙公司的净资产为400万元，甲公司记账的时候会增加400万元的净资产，同时还会增加600万元的商誉。这600万元商誉需要在未来每年根据乙公司的经营情况进行减值处理。如果商誉在甲公司的资产中占比较大，那么商誉减值会给甲公司的业绩带来重大影响。所以要特别引起重视。业绩爆雷的公司，就有很多是因为商誉减值引起的。

（6）净资产：总资产减去总负债的值。在公司的总资产中，有些是通过负债等形式获得的，所以在盘点家底时，应该要减去负债，剩下的数额才是公司真正的净资产额。另外，在公司的总资产中，有些不属于上市公司股东。所以，归属于上市股东的净资产，要减去这部分资产。

鉴于上述分析，我们可以先对资产负债表进行简化，减去占比很小、影响不大的资产科目，留下需要重点关注的科目，这样能让我们抓住重点。对华夏幸福的资产负债进行简化后，得出表7-1。在表7-1中将华夏幸福公司的资产负债表中占比不大、影响甚微的科目省去，以便进行深入的分析。

表7-1　华夏幸福简化版资产负债表（单位：亿元）

科　　目	2017年金额	占总资产的比值	2016年金额	占总资产的比值	同　　比
货币资金	681	18%	455	18%	50%
应收和其他账款	294	8%	164	7%	79%
存货	2298	61%	1473	59%	56%
无形资产	52	1%	61	2%	−15%
商誉	5	0%	3	0%	67%
非流动资产	274	7%	263	11%	4%
短期债务	955	25%	571	23%	67%
预收账款	1325	35%	1025	41%	29%
净资产	710	19%	380	15%	87%
上市股东净资产	371	10%	254	10%	46%
总资产	3759	100%	2499	100%	50%

资产负债表分析

（1）资金分析

在表 7-1 中，华夏幸福 2017 年年末货币资金为 681 亿元，比 2016 年增加 226 亿元，短期债务为 955 亿元，较 2016 年增加 67%，资金偿债缺口为 274 亿元，存在一定的资金风险。

（2）业务分析

应收和其他账款：2017 年应收账款 294 亿元，比 2016 年增加 130 亿元或 79%，从这点看公司回款变慢。应收账款存在减值或不能收回的风险，这将会是一个潜在隐患点。

存货：公司存货显著增加，从 2016 年的 1473 亿元增加了 56% 至 2298 亿元。公司的存货主要是在建房产，房价在不断地上升过程中，存货的贬值风险较小。对其他会随时间大幅贬值的存货，则需要特别小心。

非流动资产：公司非流动资产增幅较小，说明没有大幅添置新的设备或厂房等固定资产。如果公司大幅增加新的设备和厂房，则可能会对公司未来业绩产生较大影响，需要进一步分析。

预收账款：公司预收账款增加了 29%，达到了 1325 亿元。这是非常好的事情。预收账款的增加，锁定了未来几年销售收入的增长，可以据此预测未来结算年房产销售收入增长为 29% 左右。

总资产：公司 2017 年的总资产增幅为 50%，据此可以推测公司业务较 2016 年有大幅的扩张。业务扩张得好，将会使未来业绩暴发具有可能性，当然，如果新扩张的业务经营不好，就会为未来带来巨大隐患。

（3）商誉和无形资产减值风险

公司的商誉和无形资产占比较小，其减值带来的影响甚微，所以不存在这个风险。

所谓“内行看门道，外行看热闹”。通过上述对资产负债表的分析，可以从一个侧面分析公司的经营状况，为投资带来有价值的信息。

总结下来，通过资产负债表，我们应该重点关注或发现以下问题：

（1）通过现金和债务的金额，看公司的债务能否及时还上。

（2）通过分析公司应收和预收账款，看公司所处的市场地位和未来的业绩趋势。

（3）公司可能存在的资产减值风险。

（4）通过对比同类型公司的固定资产和流动资产的比例，可以分析公司的资产使用效率。

（5）通过分析公司资产的类型以及资产的账目价值，分析公司是否存在较大的隐蔽资产。

利润表

什么是利润表

利润表是记录公司收支情况，反映公司经营成果的会计报表。它记录公司在一定时期实现的各种收入、产生的各种费用、最终实现的利润或亏损情况。又称为损益表。

收入 – 费用 = 利润，利润表是以此等式为基础进行编制的。图 7–2 所示为华夏幸福公司的 2017 年度利润表。

对于利润表，我们应关注以下因素：

（1）利润的构成。公司的利润是由哪些部分构成的，是持续经营产生的利润，还是一次性的处理资产产生的利润？

（2）利润的增长。成长性是公司估值的一个重要参考指标，所以要对公司利润的增长给予重点关注。在考虑公司增速时，要剔除非经常性收益带来的影响。

（3）收入和费用的变化情况。利润的增加有两个方向：一个是收入的增加；另一个是费用的减少。拆成两个方向就可以进行深入的分析，公司的收入是否可以持续地增加，公司的成本费用率是否可以持续地减少。

将利润表中的科目根据金额的大小以及对分析的重要性进行删减，可以得到一个简化版的利润表，如表 7–2 所示。

编制单位：华夏幸福基业股份有限公司　　　　单位：人民币元

项　目	附注	2017年度		2016年度	
		合并	母公司	合并	母公司
一、营业收入	五、42	59,635,420,323.19	3,194,099,484.93	53,820,587,475.87	1,366,269,113.80
减：营业成本	五、42	31,051,803,033.92		36,045,154,218.03	
税金及附加	五、43	5,183,801,445.19	17,373,507.05	3,134,770,456.54	3,517,871.46
销售费用	五、44	1,962,929,299.87	640,704,464.18	1,875,219,848.67	347,974,721.70
管理费用	五、45	7,487,502,649.19	2,474,889,739.71	3,622,756,852.61	1,415,263,615.31
财务费用	五、46	980,026,079.23	427,390,936.59	563,018,066.21	259,170,875.14
资产减值损失	五、47	832,251,530.84	14,713,875.47	176,363,119.50	-2,487,017.19
加：公允价值变动收益(损失以"-"号填列)					
投资收益(损失以"-"号填列)	五、48	734,479,558.56	4,511,097,315.28	414,970,061.10	1,877,258,206.12
其中：对联营企业和合营企业的投资收益		-7,595,049.13	28,547,124.80	-59,317,981.68	6,505,628.16
资产处置收益(损失以"-"号填列)	五、49	114,582.76	30,233.74	4,183,108.79	-22,395.21
其他收益	五、50	6,097,759.89	3,000,000.00		
二、营业利润(损失以"-"号填列)		12,877,798,185.16	4,133,155,310.95	8,822,458,894.20	1,220,044,857.49
加：营业外收入	五、51	71,145,356.52	1,915.54	193,812,852.09	20,000,808.42
减：营业外支出	五、52	140,863,265.86	62,929,800.00	40,753,144.88	5,850,167.78
三、利润总额(损失以"-"号填列)		12,799,088,275.82	4,078,227,426.49	8,975,517,791.41	1,234,195,498.13
减：所得税费用	五、53	3,992,509,285.31	47,345,562.85	2,807,399,515.98	-64,768,483.06
四、净利润(损失以"-"号填列)		8,806,578,990.51	4,022,881,863.64	6,168,118,275.43	1,298,963,981.19
(一)持续经营净利润(净亏损以"-"号填列)		8,806,578,990.51	4,022,881,863.64	6,168,118,275.43	1,298,963,981.19
归属于母公司所有者的持续经营净利润		8,780,805,977.79		6,491,579,082.35	
归属于少数股东的持续经营净利润		25,773,012.72		-323,460,806.92	
(二)终止经营净利润(净亏损以"-"号填列)					
归属于母公司所有者的终止经营净利润					
归属于少数股东的终止经营净利润					
五、其他综合收益的税后净额		-248,198,972.43		210,322,171.39	
(一)归属于母公司所有者的其他综合收益的税后净额		-245,720,166.22		210,322,171.39	
1. 以后不能重分类进损益的其他综合收益					
(1)重新计量设定受益计划净负债或净资产的变动					
(2)权益法下在被投资单位不能重分类进损益的其他综合收益中享有的份额					
2. 以后将重分类进损益的其他综合收益		-245,720,166.22		210,322,171.39	
(1)权益法下在被投资单位以后将重分类进损益的其他综合收益中享有的份额					
(2)可供出售金融资产公允价值变动损益					
(3)持有至到期投资重分类为可供出售金融资产损益					
(4)现金流量套期损益的有效部分					
(5)外币财务报表折算差额		-245,720,166.22		210,322,171.39	
(二)归属于少数股东的其他综合收益的税后净额		-2,478,806.21			
六、综合收益总额		8,558,372,018.08	4,022,881,863.64	6,378,440,446.82	1,298,963,981.19
归属于母公司所有者的综合收益总额		8,535,085,811.57		6,701,901,253.74	
归属于少数股东的综合收益总额		23,286,206.51		-323,460,806.92	
七、每股收益：					
(一)基本每股收益		2.83		2.22	
(二)稀释每股收益		2.83		2.22	

● 图 7-2　华夏幸福 2017 年度利润表

表 7–2　简化版利润表（单位：亿元）

科　　目	2017 金额	2016 金额	同　　比
营业收入	596	538	11%
加：其他收入	7	3	133%
营业成本	310	360	−14%
加：税费等	165	94	76%
营业利润	129	88	47%
营业外利润	−1	2	−150%
税前利润	128	90	42%
所得税	40	28	43%
税后净利润	85	64	33%
每股收益	2.83	2.22	27%

利润表分析

（1）主营业务经营情况：公司营业收入同比增加 11% 至 596 亿元，营业成本减少 14%。收入增加，成本减少，这导致营业利润大幅增长 47% 到 129 亿元。这是非常好的成绩。

（2）利润的构成分析：在上述这份利润表中，我们无法获取其各个分项业务的具体情况，所以我们应该从财报的其他地方获取更多信息。在公司 2017 年财报的第 106 页，我们找到了公司各主营业务的收支情况表，如图 7–3 所示。从图 7–3 中可以看到，公司主要收入源自两块：一块是产业发展服务即招商引资；另一块是房地产开发。收入占比分别为 39% 和 48%。产业发展服务和房地产开发的毛利润率分别为 92% 和 22%，从毛利指标看，这两块业务都是好业务。

（3）收入和费用的变化规律：收入和费用的变化，不能简单地通过利润表的表面数字来分析，而应该通过公司业务的特征来深入分析。在图 7–3 中，公司产业发展收入较上年增加 110%，而房地产业务收入较上年减少 18%，公开信息显示 2014—2017 年公司地产销售是在逐年增长的，但是地产结算却在减少。故认为，公司将房地产收入结算减少，有隐藏当期利润、平滑未来增长的嫌疑。

行业名称	本期发生额		上期发生额	
	营业收入	营业成本	营业收入	营业成本
产业发展服务	23,085,699,216.53	1,788,615,042.24	10,972,036,582.85	465,851,194.92
基础设施建设	162,021,700.02	141,849,770.33	746,836,270.86	644,414,405.96
土地整理	4,790,788,222.74	4,168,217,265.56	5,164,951,158.09	4,343,073,804.92
综合服务	417,498,210.01	140,487,099.80	406,508,189.68	179,680,761.72
物业管理服务	462,084,487.78	396,232,945.26	283,908,769.25	243,867,989.34
房地产开发	28,930,916,812.36	22,488,090,819.37	35,374,689,684.50	29,169,850,114.81
其他	1,450,753,350.61	1,653,201,551.39	507,359,415.42	666,616,818.72
合　计	**59,299,762,000.05**	**30,776,694,493.95**	**53,456,290,070.65**	**35,713,355,090.39**

● 图 7-3　华夏幸福 2017 年业务收支情况表

由于地产业务从销售成功到收入结算有几年的时间差，所以房地产企业很容易调节它的利润。我们在分析未来业绩增长时，不能简单地通过这份利润表来推算，而是通过往年的销售额和招商签约额来推算。华夏幸福的未来收入是一个明账，可以通过 2~3 年前的公告的当期销售额来推算其房产业务收入，其招商引资业务结算收入可以通过往年的招商签约金额来推算。公司过去的房产销售额和招商签约额都是稳定增长的。故可以认为，公司未来的收入增长是有保证的。

（4）剔除一次性收入：公司营业外收入和利润占比不足 1%，所以不会造成重大影响，可以忽略。

利润容易调节的地方

一个公司的利润是很容易调节的。要分清哪些是虚假的利润，哪些是真实的利润，哪些利润被隐藏了，哪些利润被夸大了。通常，用来调节利润的地方主要有以下几个方面：

（1）关联交易虚增收入。公司的销售有到达最终客户和到达中间商两种层次。到达最终客户的销售是真实的销售，到达中间商的销售，本质上并未真正地卖出去，这部分也是最容易被拿来调节的地方。当中间商是自己公司的关联方时，这种调节更容易实现。公司将商品大量卖给中间商，如果没有最终销售到最终客户手中，那么这种销售只是库存的转移。这样的销售不是真实的销售，公司也有可能拿到的不是现金而是应收账款。出现这种情况，投资者就要非常小心。

（2）商誉或无形资产的减值或摊销。此内容在资产负债表那一节有介绍，在此不再赘述。乐视网就曾经通过减少计提当期无形资产摊销的方法，虚增利润。乐视网购进的影视版权，在头几年带来的收入多，后面带来的收入少，按理应该前几年多摊销，后面少摊销，但是乐视网却采取了平均年限摊销的方法，将费用后置了。所以这让乐视网大量采购影视版权的前几年利润很好，却给未来留下了巨大的隐患。

（3）折旧。折旧是一种费用或支出，减少或增加当期的折旧额，可以增加或减少当期的利润。这和无形资产摊销的调节类似。

（4）研发费用化或资本化。研发费用可以作为费用摊销到当期支出中，也可以记成无形资产在未来摊销，也按一定的比例计入当期费用和无形资产。通常优秀的公司会将研发费用在当期费用化，这样可以减少当期的利润值，少缴税，为公司未来释放利润。有的公司为了保证当期的利润能够好看，会将研发费用大量地资本化。科大讯飞就这么干过。表 7–3 显示，2014—2016 年科大讯飞研发费用资本化比例从 39% 提高到了 53%，就这一项，为当期增加近 1 亿元利润。业绩很好的公司或者没有调节利润需求的公司是不会这么干的。研发费用资本化，长期来看，是对公司不利的，因为资本化比例提高了，表面上公司当期利润会增加，但这也会使得公司当期纳税额增加。对公司而言，钱没有增加，税却要多缴不少。同时，由于这些资本化的费用要在未来摊销，所以公司未来的业绩会承压。

表 7–3　科大讯飞研发费用转化情况（单位：亿元）

项　　目	2014 年	2015 年	2016 年
研发投入金额	5.18	5.77	7.09
当期费用化金额	3.15	3.38	3.37
费用化比例	60.81%	58.49%	47.53%
当期资本化金额	2.03	2.4	3.72
资本化比例	39.19%	41.51%	52.47%

（5）一次性收入。公司资产评估增值、处置资产带来的收入和其他不可持

续的收入，称为一次性收入。过去就出现过很多上市公司靠出卖房产将公司扭亏为盈的情况。这些都是不可持续的，所以在分析公司未来的时候，应该剔除这些一次性的收益。

现金流量表

什么是现金流量表

现金流量表是记录公司资金来龙去脉、衡量公司利润质量的报表。它是反映公司在一定时期内经营活动、投资活动和筹资活动对现金或现金等价物所产生的影响的报表。公司的利润可以是应收账款，也可以是现金。利润和现金同步增加，才能说明公司赚的钱真正落到了口袋里。通过现金流量表，可以知道公司的钱是从哪里来的，钱到哪里去了。

看现金流量表，主要看以下几个方面。

（1）经营活动产生的现金流：公司在经营活动中收到的现金和支出的现金之差，称为经营活动产生的现金流。对此要结合公司的业务特征来看。有的业务是现金收入在先，收入确认在后，如教育培训、房地产、其他处于强势地位的公司等；有的业务是收入确认在先，现金收入在后，当期有营业收入，但是没有资金入账。处于市场弱势地位的公司就是如此，看起来好像做了不少业绩，但一分钱现金都看不到。

（2）投资活动产生的现金流：公司的资金会用来购买固定资产，或做其他投资活动。

（3）筹资活动产生的现金流：公司还可以通过出售公司股权或借贷等类似的方式产生现金。

（4）期初和期末的现金变化情况。

如图 7-4 所示为华夏幸福 2017 年度现金流量表，对其进行简化后，得到表 7-4。

编制单位：华夏幸福基业股份有限公司　　　　单位：人民币元

项　　目	附注	2017年度		2016年度	
		合并	母公司	合并	母公司
一、经营活动产生的现金流量：					
销售商品、提供劳务收到的现金		78,049,396,624.59	3,385,745,453.98	90,132,071,862.37	1,448,245,259.78
收到的税费返还					
收到其他与经营活动有关的现金	五、54	3,543,125,762.54	162,110,583,765.56	3,725,703,809.36	196,656,115,101.53
经营活动现金流入小计		81,592,522,387.13	165,496,329,219.54	93,857,775,671.73	198,104,360,361.31
购买商品、接受劳务支付的现金		70,962,496,116.65		66,160,878,175.69	
支付给职工以及为职工支付的现金		8,277,783,127.35	1,501,613,753.32	4,634,350,682.73	792,439,858.98
支付的各项税费		11,012,111,210.70	85,411,512.29	8,805,390,064.16	9,093,909.21
支付其他与经营活动有关的现金	五、54	7,567,860,959.92	161,826,730,571.11	6,494,092,542.86	221,183,821,059.86
经营活动现金流出小计		97,820,251,414.62	163,413,755,836.72	86,094,711,465.44	221,985,354,828.05
经营活动产生的现金流量净额		**-16,227,729,027.49**	**2,082,573,382.82**	**7,763,064,206.29**	**-23,880,994,466.74**
二、投资活动产生的现金流量：					
收回投资收到的现金		6,103,120,000.00	5,565,858,521.34	12,006,800,000.00	9,007,800,000.00
取得投资收益收到的现金		412,240,763.21	258,875,198.74	309,847,380.19	1,740,220,334.01
处置固定资产、无形资产和其他长期资产收回的现金净额		29,998,162.00	142,840.00	97,461,182.49	68,425.00
处置子公司及其他营业单位收到的现金净额		30,534,647.94			
收到其他与投资活动有关的现金	五、54	1,559,462,142.81		1,751,000,000.00	
投资活动现金流入小计		8,135,355,715.96	5,824,876,560.08	14,165,108,562.68	10,748,088,759.01
购置固定资产、无形资产和其他长期资产支付的现金		4,932,148,953.38	44,637,798.35	3,820,015,290.39	42,112,501.94
投资支付的现金		6,523,700,567.09	7,860,685,666.00	15,580,030,306.40	18,113,394,903.00
取得子公司及其他营业单位支付的现金净额		14,722,462,822.98		12,699,900,162.11	875,000,000.00
支付其他与投资活动有关的现金	五、54	1,986,956,960.31		7,127,482,453.09	
投资活动现金流出小计		28,165,269,303.76	7,905,323,464.35	39,227,428,211.99	19,030,507,404.94
投资活动产生的现金流量净额		**-20,029,913,587.80**	**-2,080,446,904.27**	**-25,062,319,649.31**	**-8,282,418,645.93**
三、筹资活动产生的现金流量：					
吸收投资收到的现金		40,070,848,268.12	8,000,000,000.00	17,529,248,154.12	7,893,635,809.32
其中：子公司吸收少数股东权益性投资收到的现金		32,070,848,268.12		9,635,507,344.80	
取得借款收到的现金		42,268,278,930.14	955,000,000.00	27,886,277,981.99	2,260,000,000.00
发行债券收到的现金		18,696,126,342.88	7,878,540,280.00	24,668,964,985.00	22,379,014,985.00
收到其他与筹资活动有关的现金	五、54	526,950,795.33		1,081,101,120.28	
筹资活动现金流入小计		101,562,204,336.47	16,833,540,280.00	71,165,592,241.39	32,532,650,794.32
偿还债务支付的现金		20,527,863,902.69	2,979,511,506.88	29,885,228,269.09	750,000,000.00
分配股利、利润或偿付利息支付的现金		7,512,496,320.20	4,143,397,456.18	6,049,604,647.93	2,152,136,617.46
其中：子公司支付给少数股东的现金股利				607,200,330.30	
支付其他与筹资活动有关的现金	五、54	16,423,521,302.82	118,955,222.24	9,837,008,462.41	139,188,507.79
筹资活动现金流出小计		44,463,881,525.71	7,241,864,185.30	45,771,841,379.43	3,041,325,125.25
筹资活动产生的现金流量净额		**57,098,322,810.76**	**9,591,676,094.70**	**25,393,750,861.96**	**29,491,325,669.07**
四、汇率变动对现金及现金等价物的影响		39,527,051.75		34,174,999.12	
五、现金及现金等价物净增加额		20,880,207,247.22	9,593,802,573.25	8,128,670,418.06	-2,672,087,443.60
加：期初现金及现金等价物余额		43,324,667,403.38	5,208,591,951.00	35,195,996,985.32	7,880,679,394.60
六、期末现金及现金等价物余额		64,204,874,650.60	14,802,394,524.25	43,324,667,403.38	5,208,591,951.00

● 图 7-4　华夏幸福 2017 年度现金流量表

表 7–4　简化后的现金流量表（单位：亿元）

科　　目	2017 年	2016 年	同　　比
经营活动产生现金流	816	939	−13%
经营活动支出现金	978	861	14%
投资活动现金流净额	−200	250	−180%
筹资活动现金流净额	570	254	124%
现金增加额	209	81	158%
期初现金	433	352	23%
期末现金	642	433	48%

现金流量表分析

（1）通过分析经营活动的现金流，可以看出公司当期的经营质量。华夏幸福于 2017 年经营活动获得的现金流为 816 亿元，同比减少 13%。同时，经营活动支出的现金却又增加 14% 至 978 亿元。公司经过一年的经营，现金反倒减少了。结合公司的利润表来看，虽然公司利润增加 33%，但是现金却在经营中减少了 162 亿元，从这一点可以看出，公司是增收不增利，利润质量不高。

（2）对比往年，看公司投资活动是在增加还是减少。公司在 2017 年投资活动中净支出 200 亿元，而 2016 年是净收入 250 亿元。可见，公司在 2017 年进行了大量的投资。如果这些投资是用在了未来能产生利润的地方，那么未来利润就会因此而增长，否则就可能成为隐患。对此就需要更深入地分析公司的这些投资。

（3）筹资活动产生了 570 亿元的流入。这说明公司加大了融资，是比较缺钱的。

（4）期末，公司现金同比增加了 48% 至 642 亿元。根据上述 3 项，可知公司期末现金的增加不是通过经营活动产生的，而是通过筹资活动产生的。

根据上述分析，可以知道，公司在 2017 年的经营质量不高，现金流存在一定压力。结合短期负债分析，公司未来现金流存在一定风险。

衍生财务指标

根据前述三大报表，进行整理加工，可以计算得出一些对投资分析有价值的财务指标。这些指标分为基本面指标、盈利能力指标和成长能力指标 3 类。

（1）基本面指标：包括每股收益、每股净资产、资产负债率和货币资金与短期债务的比例。通过这些指标可以知道该公司股票的内涵价值情况。中小股东是按照每股收益对应计算公司为自己创造的收益的。

（2）盈利能力指标：包括总资产收益率、净资产收益率和销售毛利率。

（3）成长能力指标：包括主营收入增长率和净利润增长率。

对于这些指标，不能只看一年的，应该看多年的情况。下面以华夏幸福为例，列出一个公司的核心财务指标。

表 7–5 所示为华夏幸福公司 4 年的核心财务指标。通过这些指标分析，我们可以知道：

（1）基本面。华夏幸福公司每股盈利是持续增加的，资产负债率保持稳定，资金存在一定风险。

（2）盈利能力。公司平均总资产收益率为 2.7%，净资产收益率为 30%，净资产收益率大于 15% 就说明公司盈利能力很强。净资产收益率除以总资产收益率等于 11，说明经营杠杆较高。公司毛利率为 38%，这说明公司的业务是一个好业务。

（3）成长能力。公司主营业务收入年均增长 30%，净利润年均增长 34%，这说明公司具有较高的成长性。

表 7–5　华夏幸福 2017 年年底止过去 4 年核心财务指标

类　别	项　目	2017 年	2016 年	2015 年	2014 年	算术平均值
基本面指标	每股盈利	2.83	2.22	1.81	1.34	2.05
	每股净资产	9.51	8.24	5.11	7.4	/
	资产负债率	81%	84%	84%	84%	83%
	货币资金与短期负债比	71%				/
盈利能力	总资产收益率	2.34%	2.46%	2.95%	3.33%	2.77%
	净资产收益率	23%	25%	35%	36%	30%
	销售毛利率	48%	33%	34%	35%	38%
成长能力	主营收入增长率	10%	40%	42%	27%	30%
	净利润增长率	35%	35%	35%	30%	34%

小结

对于公司的财务分析，主要从三大报表入手，分别为资产负债表、利润表和现金流量表。我们应带着问题去找答案，去伪存真，由表及里。

通过资产负债表我们要知道：公司的即将到期债务能否及时还上；对比同行业公司，分析公司资产的使用效率；公司的业务在市场中的地位；潜在风险因素；资产的质量；看看是否有隐蔽资产。

通过利润表，我们要注意：公司是否有通过关联交易虚增收入等情况；是否存在商誉减值雷；资产折旧是否合理；研发费用的摊销带来的影响；公司利润中有多少是一次性收入带来的。

通过现金流量表，我们要知道：公司的钱从哪里来，到哪里去了；会不会出现债务危机；钱有没有赚到口袋里。

对公司的财务数据进行深度加工整理，可以得出公司的核心财务指标，分析对比公司多年的核心财务指标，可以比较准确地评价一个公司的基本面情况、盈利能力情况和成长情况。

当然，一切报表分析的基础都是以公司的报表真实可信为基础的，如果利用错误或虚假的数据来分析，那么得出来的结论将毫无意义，还有可能会受到误导。作为投资人，应该要有操守，坑蒙拐骗的公司不碰。

第 8 章

公司的深入分析方法与实例

投资者所投资的公司是为其带来收益的最直接因素。公司通过盈利增长，会使其内在价值不断提升。公司通过分红可以让投资收益落袋为安。公司估值的提升，会让股价成倍增长。但同时，公司也可以通过亏损或欺诈等手段让股票的价值灰飞烟灭。若将较多资金投资于某家公司，则务必要对这家公司进行深入分析。这么做，一方面是为了规避风险，确保自己的资金安全；另一方面是为了优中选优，让投资收益最大化。

深入分析公司的什么内容

分析一家公司有很多个角度。作为股市投资人，找准分析的要点很重要。投资人就应该站在投资人的角度上去想问题。股票投资人作为公司股东，分析问题时要有一定高度，不能只见树木不见森林。上市公司的员工，在投资自家公司时本来是有一定优势的，但是可能在分析公司时高度不够，往往会因公司的一些片面的不利因素而认为其不是一个好公司，这就是认识的高度不够，只是看到了公司的一小部分，而没有认识到公司的全局，这和瞎子摸象没什么区别。

其实，投资人分析公司的角度与普通员工不同，这好比公司不同层级的管理层，其所要关心的事务是不一样的。作为股票投资者，应该站在公司股东这个角度去想问题，而不能站在一个普通员工或管理层的角度。股东是公司最终的老板，所以视角要在管理层和董事会之上。

同时，股票的投资者需要靠股价的上涨来最终实现投资收益，所以，未来股价的变化情况是其最值得关心的。这就要求投资者应该将分析的重点放在决定未来股价是否上涨的关键因素上。这些关键因素主要有以下几点：

（1）是不是好公司？好公司可以让公司的内在价值得到保值和增值，其内在价值增值速度会优于其他公司，安全性也会优于其他公司。股市投资人一个最大的优势是有选择权，可以精挑细选，可以优中选优。所以，要去市场上筛选出好的公司，从而将自己有限的资金集中配置在好的公司中。

（2）公司的盈利情况。公司的好歹是一个定性的指标，若没有一些量化的指标用于辅助分析，则投资者无法知道好到什么程度，无法在两家好公司中挑出较好的那家。公司盈利是一个量化的指标，它可以用来做比较，而且公司的优秀与否，最终是要落实到盈利上来的。

（3）公司的成长性。公司的成长性是指盈利的成长性。若公司的估值保持不变，则盈利的增长会推动股价的增长。

（4）**公司的估值情况。**即使再好的公司，如果买得太贵了，那么也很难盈利，甚至可能会造成严重的亏损。在低估的时候买入，在平价或高估的时候卖出，这样才能在买卖中获得投资收益。如果买入时就是高价，想以一个更高的价格卖出，那么难度就大多了，事实上很多在高价买入的人成了接盘侠。

在分析的过程中，应该先进行定性分析，再做定量分析。要先确定公司是一家好公司，再通过量化比较来知道好到什么程度，有没有其他公司比它更好。定性分析可以保证方向正确，但它是模糊的。定量分析是用准确的数据来衡量具体的指标，它是精确的。定性分析和定量分析都很重要。不过，模糊的正确好过精确的错误，这就要求我们先做定性分析，再做定量分析。

如何确定是不是好公司

是不是一个好公司，可以从以下方面来判断：

（1）**公司是不是行业龙头？**好的公司一定是行业中的龙头，或者会成为未来的龙头。实践是检验真理的唯一标准。一个优秀的公司，在长期的经营过程中，一定会成为行业的龙头，否则它就不是最优秀的公司。在投资过程中，应该选行业中的龙头公司，因为龙头公司是在市场的历练中成长起来的，这证明了它过去的优秀，过去优秀的公司，未来继续保持优秀的概率很高。在投资实践中，有的投资者总喜欢去找一些不入流的公司，认为不入流的公司未来成长的空间大，如果乌鸡变凤凰，就会带来巨大的投资收益。事实证明，这种概率是很低的。行业中的龙头公司，不是平白无故变成龙头的，它是经过了长期的市场考验，在激烈的市场竞争中打拼出来的，这其中往往蕴藏着公司的某些优秀品质。过去是平庸的公司，未来也大概率是平庸的公司。

（2）**公司在不在好的行业中？**行业是有肥有瘦的。有的行业很容易赚钱，有的行业累死了也不赚钱。在好行业中，挑到好公司的概率会高很多。挑好的行业实际上是挑大方向，大方向走对了，盈利就会轻松很多。在过去的时间里，市场给了我们很明确的答案。农业不如工业，工业不如服务业，未来的若干年里还将如此。同时，在服务业中，按盈利能力，也分三六九等。

（3）**公司有没有好产品？**产品是公司的核心竞争力。一个好公司最终要落实到好的产品或服务上，好公司一定会有好产品。

（4）公司有没有好的管理层和大股东？公司是由管理层来管理、被大股东控制的，股东的利益也是由他们来得到保障的。所以，投资者眼中的好公司一定要有好的管理层和大股东才行。

（5）好公司的产品一般面对终端客户。这里考虑的是买卖双方的博弈问题。公司是卖方，客户是买方，产品交易过程实际上是双方的博弈过程。如果客户是普通个人，那么相对于一个公司而言，普通个人的博弈能力是很弱的，公司就可以处在一个比较强势的位置，从而在商业上占据优势，公司的产品就可以长期有一个较高的毛利。如果客户是公司、政府等机构，那么这样的客户在采购上相对会比个人精明很多，卖方就很难占到便宜。一般而言，零售企业好过批发企业；造手机的公司好过造手机显示屏的公司；造汽车的公司好过造汽车配件的公司。

对于上述问题的回答，如果都是肯定的，那么说明该公司是好公司。

什么是好行业

这里定义的好行业是指能轻松赚钱的行业。那么什么样的行业最赚钱呢？我给的答复是最赚钱的行业最赚钱。这听起来好像很别扭，但事实就是如此。有的人总是对行业有偏见，比如很多人就认为高科技行业最赚钱。但实际上，他们混淆了科技和商业。科技是科技，商业是商业，科技先进并不代表商业模式先进，也不代表高科技产品就能受到市场的欢迎。关于这一点，通过世界 500 强公司中的高科技公司的占比就可以知道。

也有人在定义好行业时，不是以行业的盈利水平来评价，而是凭主观的喜恶。例如，过去的十几年里，房地产行业无疑是中国最好的行业之一，但是由于房价的不断上涨导致民怨沸腾，政府的调控及舆论的打压，让该行业几乎成了过街老鼠，成为很多人讨厌的行业，致使很多人在投资的时候会直接跳开房地产行业，从而错失很多优秀的投资机会。这是一种错误的思维定式。

投资人的首要目的是盈利，评判是不是一个好的行业，就应该使用盈利能力这个指标来判断。盈利能力强的就是好行业，盈利能力弱的就是不好的行业。

好的行业通常有如下特征：产品毛利高、具有一定垄断性、永不消亡、弱周期。

产品毛利高的行业意味着公司的利润空间大，竞争相对没那么激烈，盈利弹性好。毛利高的行业有食品、化妆品、保健品、传媒、广告、游戏、香烟、白酒、互联网产品等。

垄断性有几种类型，一种是品牌垄断，一种是行业垄断，还有一种是区域资源垄断。有的行业对品牌的认同度高，品质相差不大的商品，贴上不同的商标，其价格可以千差万别，其中以白酒行业最为典型。比如茅台酒就只有茅台公司才能生产，即使是别的公司能生产出和茅台口味一模一样的白酒，哪怕品质比茅台更好，消费者也还是只会认茅台，这就是品牌垄断。

行业垄断在互联网行业中比较明显。在互联网行业中很多都是赢家通吃的，只有头部的几家公司才可以生存下来，规模领先的公司会更加领先。该行业中，规模领先的往往能获得丰厚的利润，尤其是第一名的公司，其他中小型公司很难有生存的空间。

区域垄断型行业以公路、铁路、供水、供电、供气等公用事业型行业为代表。一个地区只会有一家自来水公司，一个地区也只会有一家电力公司，这些公司占领了这个地区后，其他公司就没有机会了，这就是区域资源垄断。

永不消亡的行业是诞生大牛股的摇篮。有的行业推陈出新很快，有的行业几十年甚至上百年都不需要有大的变动。一个行业的消亡，意味着会有大量的公司倒闭。在一个注定要没落的行业中，很难有长期大牛股产生。科技类行业，看似光鲜亮丽，但不能算是好行业。比如收音机、DVD 等行业，不管是行业的第几名，都要面临破产或转型。但如果公司的产品是长期不需要变动的，今年的产品是这个样子，明年的产品还是这个样子，几十年甚至上百年后的产品依然差不多，这样的公司就能源源不断地为投资者创造利润，并且公司前期积累下的优势可以长久地保持下去。永不消亡的行业以食品饮料、银行、保险等为主要代表。

弱周期是好行业的一个重要标志之一。只有在四季如春的地方才会有繁茂的植被。价格或需求的周期变化，会给行业利润造成冲击。周期的变化越大，对公司的考验越大。在周期高峰时，公司为了满足需求，往往会扩大产能，增加原材料库存，但是没过多久，需求就开始下降，导致之前扩大的产能被闲置，产品在仓库中大量积压，公司收入急剧减少。长期而言，处在这样状态下的公司很难有好的盈利表现。所以行业的周期起伏波动越小越好。

上述是对好行业进行的定性分析，定性分析可以让我们一眼就能看出公司是否属于好行业。如果要做到优中选优，就需要对好行业进行定量分析。

定量分析是用具体的数据做比较，不同类型的行业有不同的特点，对于不同发展时期的行业，衡量其优秀与否的指标是不一样的，将所有的行业以一个尺度比较是不科学的。根据行业发展的时期，可以将其分为新兴行业、成熟行业和夕阳行业。新兴行业看其增长速度，成熟行业看全行业的净资产收益率，夕阳行业看行业集中度。

新兴行业类似于人类的青少年，应该看其增长速度，而不是实际盈利能力。这个时期的行业还没有成熟，不能将其与成熟行业直接比盈利能力。新兴行业中的好行业，一定要有比其他行业更快的增长速度。在股市投资中，我们要知道，在公司的估值保持不变的情况下，公司业绩增长多少，对应股价就会增长多少。这就是增速快的行业是好行业的原因。这类行业以新能源、新技术、新媒体等行业为代表。

成熟行业已经经过了多年的发展，相当于人的中青年时期，对此行业就应该看其真正的盈利能力，如果此时还赚不到钱，那么一定不是好行业。这些行业以食品饮料、建筑、房地产、公用事业等为代表。鉴别成熟行业优劣的方法就是看全行业的净资产收益率，净资产收益率高的就是好行业。对于具体的行业数据，可以在证交所网站或一些数据提供商那里查到。

夕阳行业从大方向上来看已经没落了，其实可以不用再去看它。若要找机会则应该去深圳找，去经济发达地区找，如果非要跑到经济落后地区去找，就是南辕北辙了。

什么是好产品

有好产品的公司不一定是好公司，但是好公司一定有好产品。什么样的产品是好产品呢？具备以下特性的产品才是好产品：中高档、稀缺性、边际成本低、消费者转换成本高。

好产品一定要定位在中高端，最好是高端。产品既要满足现在，又要面向未来。

人的消费能力和品位是会不断提高的。今天的低端产品，明天会淘汰；今天的中端产品，明天会成为低端；今天的高端产品，明天会成为满街都是的大众消费品。所以，要想公司的产品不至于被淘汰，就不要推出低端产品。另外，人们对品牌会形成一个思维定式，曾经做低端产品的品牌，即使推出高端产品，人们也还会把它当作低端产品来审视，即使是好东西，也卖不出好价格。

定位在低端产品的品牌属性会限制公司未来的发展。高端品牌可以有品牌溢价，同样的酒，贴上茅台的标和贴上江小白的标，其价格可以是天壤之别，这就是品牌溢价。高端产品通常会有更高的毛利，可以享受更丰厚的利润。茅台、格力、奔驰、宝马等品牌就是最好的证明，这些公司的产品都是高端产品，品质相对较好，价格高，且在市场上一直受到追捧，从而让公司有长期丰厚的利润。妄图以低价策略靠量取胜的公司在发展上长不了。曾经深圳华强北的山寨手机风靡过一段时间，但是这些低端手机很快就不受欢迎了，没多久市场份额就被品牌手机取代了。

有一定稀缺性的产品可能会是好产品。物以稀为贵，没有稀缺性的产品是卖不出好价格的。茅台酒只有茅台公司才能生产，所以茅台公司总是会控制生产节奏，让茅台酒的供应量小于需求量，从而使茅台酒的价格不断地被提高。人口流入地区的土地和住房，供应是有限的，但是需求却不断增加，所以其价格会不断地创新高。天士力的丹参滴丸有品牌垄断属性，另外，它使用天然麝香做原料，天然麝香是稀缺的，这让丹参滴丸具有一定的稀缺性，所以丹参滴丸是好产品。

边际成本可以不断降低或边际成本近似为零的产品是好产品。以软件类或互联网类产品最为典型。一个软件，100 个人用和 10000 个人用，成本差不了多少，但是其收入会按用户数量递增。游戏公司开发出一款好玩的游戏，可以让公司一夜暴富。一些网红可以迅速地赚到几百元上千万元的收入。这些都是由于其边际服务成本低带来的。

消费者转换成本高的产品会是好产品。有的产品，消费者一旦用上了，就很难转去用其他公司的产品，这可以使该产品有排他性，市场竞争会减弱。微软的 Windows 就是一个好产品，一旦人们习惯了用微软的操作系统，就只会一直用下去，很难转换到其他公司的操作系统。一些大型的软件和医疗器械也具有这样的属性。

什么是好的管理层和大股东

公司是由管理层来管理的，大股东对公司有控制权。投资者买了股票就成为公司的股东，大股东和管理层就是自己的合作伙伴，对自己的合作伙伴肯定要挑一挑。讲诚信、道德高、关注股东利益的管理层和大股东才能很好地照顾自己的利益。

公司的管理层对应的是人，这些人既要是好人，又要是人才。好的管理层一定是讲诚信、道德高的人。不要去与狼共舞，与狼共舞弄不好会伤到自己。另外，怎样去衡量一个人是不是人才呢？最简单的方法就是看其过往，过往表现好的，是人才的概率高，过往表现差的，是庸人的概率高。虽然以成败论英雄有一定局限性，但是在投资中，为了保险起见，宁可错过，也不可轻信。

对于公司的管理层或大股东有过劣迹历史的，应该远离。人性有一定的稳定性，所谓“江山易改本性难移”。过去劣迹斑斑的人，未来再次犯事的概率很高，所以我们要尽量避开这种人，不要有侥幸心理。识别管理层与大股东，我们一定要听其言、观其行，要客观地对他们做出评价。当然，投资者更多地是从经济利益的角度来进行投资的，所以在衡量一个人好歹的时候，也应该从经济利益的角度上去衡量。

公司的盈利情况怎么分析

对于公司的盈利能力，不但要看现在，还要看过去与未来。看过去，是考察公司的历史，我们一般认为，过去业绩好的，未来业绩也好的概率大。另外，通过过去的历史，可以考察公司业绩的周期性，并且根据过去和现在的情况，可以推测公司未来的业绩。

在看公司自身业绩情况时，要先做大量的定性分析。有的公司为了未来的远大抱负，往往会放弃现在的利润，通过不断地投资，让公司未来的竞争力不断加强。有的公司只顾眼前利益，甚至杀鸡取卵，近期虽然有很好的盈利，但是没有未来。投资公司，更应该看重未来，所以我们要先在这些方面做深入分析，既要看公司现在有没有好的业绩，又要看公司未来能不能保持好的业绩。

我们都希望公司的现金流越来越多，但是不扩大旧业务，不拓展新业务，就没有好的未来。所以，在看待现金流时，既要看公司进入的现金流会不会越来越多，又要看公司支出的现金流花到了什么地方。

如果公司支出的现金流用来做投资，提高未来公司的盈利能力，那么这种支出导致的现金减少就不能当成不好来看。如果投资流出的资金得到了很好的使用，让公司未来有收益，就可以在自己的算盘里调增公司利润。

另外，新业务一般会有一个培育期，在培育期间，往往是亏损的，这会拖累公司整体业绩。对于这样的战略性亏损，也需要以长远的眼光来看。比较典型的例子是亚马逊公司。亚马逊的电子商务业务，其实早就实现盈利了，且盈利还很丰厚，但是其作为一个整体，到 2015 年才开始盈利，那时距 1995 年公司成立已经过去了 20 年。亏损并不能否定亚马逊的优秀。

这是为什么呢？因为它的亏损是战略性亏损，是为了扩大业务份额导致的亏损，是为了推展新业务导致的亏损。在观察亚马逊经营业务现金流时，会让人甚为惊讶，因为虽然它的盈利值为 100 亿美元，但是它的经营业务净现金流为 300 亿美元。也就是说，如果不是新业务投入带来的影响，那么它其实每年赚到的是 300 亿美元。亚马逊用于投资的钱，看起来是亏损，但是这些投资会为其未来创造更多的利润，这也是这些年公司股价不断高速成长的主要原因。其股价自 1997 年上市以来上涨超过 400 倍。

当然，有的公司在主营业务赚到钱之后，又去做一些乱七八糟的收购和投资。高溢价的收购和失败的投资不单单会侵蚀公司的利润，还会消耗公司大量的资源，弄不好会最终拖垮公司的主营业务。这里以青岛海尔最为典型。青岛海尔曾经在家电领域是龙头老大，但是其在家电上赚钱后，开始不务正业，先后做过银行、信托、保险、医药等完全不相干的行业，结果把做家电赚的钱都败得差不多了，从此失去了家电行业龙头老大的地位。

对于公司的盈利能力分析，最后还是要落实到具体的数字上来，有具体数字，才能进行比较。在进行比较时，既要在同行业中做比较，又要跨行业比较。这是为了既要发现同行业中最好的公司，又要发现全市场中最好的公司，从而做到优中选优。

如何分析公司的成长性

公司业绩增长是推动股价上涨的关键因素之一，因此要对其特别重视。业绩增长会推动股价和估值双重增长，这被称为“戴维斯双击”。业绩下降会导致股价和估值双重下跌，这就是“戴维斯双杀”。“双击”和“双杀”会造成股价的巨幅波动。如果想在股价波动中获得很好的收益，就需要对公司的业绩成长性有很好的把握。

公司业绩的增长主要来源于 4 个渠道：规模扩大、新产品或新业务的成功、产品或服务价格的提升、成本的降低。在分析公司是否会有业绩增长时，可以从这 4 个方面寻找答案。

一个区域性公司，能否拓展到其他区域，成为一个全国性公司？一个全国性公司，能否成为一个业务遍布全球的公司？如果这些回答是肯定的，那么业绩就有很大的成长空间。对于规模的拓展既要分析市场和业务的特性，看其有没有拓展的可能性，又要看公司经营管理者的意愿，两者缺一不可。没有进取精神的管理层，心里只会想着守好自己的一亩三分地，业务是没法扩大的。

对于边际成本很低的业务，其产品或服务规模的增加会带来利润的大幅提高，这里以互联网产品或软件类产品最为典型。一个网络游戏，一千万人玩和一亿人玩，成本变化并不大，但是收入会随着玩家的增加而相应增加。这也是互联网类公司很容易一炮走红的原因。

当然，新业务也是一把双刃剑，做得好，会给公司带来一个新的增长点，做得不好，会反过来拖累公司原有的业务。不管是多大或多优秀的公司，新的业务对公司来说都是陌生领域，能否做成功都有巨大的不确定性。所以投资者在审视公司新业务时，不要盲目乐观，要多观察，多分析。

在过去国内股票市场，公司一提出要开展新业务，很多投资者就会给出乐观的估计，计算着新业务会给公司带来多少丰厚的收益。结果往往事与愿违，失败的案例远远多过成功的案例。

在成本基本保持不变的情况下，产品价格的提升会直接导致利润率的提高。这里以香烟、白酒、化妆品、保健品等行业最为典型。有的商品的价格是由消费者的消费能力决定的，而不是由生产者的生产成本决定的。对于有的商品，价格高低是其商品属性的一部分。假设用 50 元就能买到一个 LV 包包，那么 LV 还是 LV 吗？假设茅台酒就按成本价卖 50 元，那么还有几个人会认为茅台是好酒呢？高企的产品价格，会给消费者一种心理上的满足。

其实，高价也是茅台的一个属性。随着消费的不断升级，这种心理满足感越来越重要。人们的收入水平会一直不断地提高，所以茅台酒的价格就可以跟随着不断地提高，以保证消费者的胃口一直被高高吊起。价格提高，而成本不变，毫无疑问，利润就会提高。白酒如此，香烟、化妆品、保健品等亦是如此。有品牌优势的香烟、化妆品、保健品等，其价格将会一直不断地上涨。

销售收入减去成本就是利润。如果收入不变，成本能降低，利润也就增长了。公司成本降低的途径有技术进步、规模效应、边际成本递减等。我们可以按照这些思路进行考察分析。

对于具体增速的预测，应考量总体市场规模的增速、市场占有率增加的速度、成本降低的额度、新产品或服务的增速以及其占总收入的比重。

对公司进行估值

估值贯穿整个投资过程。对公司进行准确的估值，并找到被市场错估的公司，通过交易，就可以使自己实现盈利了。

如果是好公司，没有好价格，那么投资它可能获利平平，甚至还可能出现浮亏。既是好公司，又有好价格，则公司可以替自己赚钱，市场也可以替自己赚钱。

估值是一个系统性工程，投资者切忌盲人摸象，只看到了片面的地方然后就给出整体的评价判断。不同的公司，估值方法也不尽相同。估值的方法主要有市盈率、市净率、市销率、成长性、历史股价统计分析等，这些内容在前面的章节有过介绍，所以在这里不再细讲。在进行估值时，要有自己明确的尺度。在投资操作中，要敬畏市场，因为股票有可能会被长时间高估或低估，并且其错估程度可能会超过投资者的预期。这就要求，在投资操作中，要留出足够的安全边际。

最终的结论是什么

“不忘初心，方得始终。”做完上述分析之后，一定要得出一个分析结论，这也是我们分析的最终目的。深入研究公司的目的是买卖股票。通常情况下，做完公司的深入分析后，我们要对如下问题有一个清晰的答案：公司的业务是什么？是不是好公司？该从哪些方面去把握和跟踪公司？公司值多少钱？根据这些问题的答案，要得出进一步的结论。这些结论包括：合适的买入价格和卖出价格，持有的期限，投资收益的期望，能买到什么样的低价，能卖出什么样的高价，风险点，以及要持续关注的内容。

买卖价格：很多人会机械地认为，只要是好公司那么不管什么价格都可以买，所以很多人买到过好公司，但是赚不到钱。同时，卖得太便宜了，也是不明智的。

持有期限：对持有期限的考虑是由于公司的质地不同。对于内在价值成长快的公司，可以长期持有，在低价或平价买进后，不能轻易地将它卖出，而是可以耐心地持有，以享受公司的长期增长，除非股价严重高估了。对于内在价值成长慢或没有成长的公司，就只能去博价格的波动，在股价低于估值时买入，在股价高于估值时卖出，当波动收益实现了，就应该及时离场。长期持有平庸的公司，会让自己的投资业绩也变得平庸。

收益期望：对自己的投资收益，要有一个合理的期望值。建立一个良好投资收益预期，是为了让自己脚踏实地、实事求是。一个投资能力不高的人，如果总期望获得超越市场的盈利回报，就会心急，就容易导致一些错误的操作。很多人并不满足于每年 10% 左右的股市长期回报，但是又不愿意加强学习和深入研究，这就会导致他们喜欢跟风操作，总希望每天抓到涨停板，结果可想而知。有些人觉得公司的价值成长太慢，而一些“妖股”动不动就涨停，心急的投资者就会买各种“妖股”，这也是很多新入市者总喜欢做短线搏杀的原因。

可能出现的最低最高价：我们都希望买到最便宜的股票，然后卖出最高价。如果期望获得这样的超额收益，就可以考虑在未来最低价附近买入，在未来最高价附近卖出。如果要满足这个期望，就必须事先做一个测算，看看市场有可能出现的最低价是多少，有可能出现的最高价是多少。若没有事先经过测算，只是凭自己的主观喜好来定一个很低的买入价和一个很高的卖出价，则是很难成交的。成交不了，一切就都是空想。

风险：当然，任何时候都不能忽视潜在的风险。在分析公司时，要知道公司可能会出现的风险点，只有事先知道这个潜在风险，并做好防范预案，才可以确保自己万无一失。

公司深入分析研究的提纲

为了能让读者简单、快捷地上手公司研究，下面列出了公司研究的提纲，照着这个提纲去寻找信息，把这些内容填满，基本上对公司的分析就到位了。

某某公司研究提纲

一、公司基本情况

（1）公司业务情况：要将公司的业务搞清楚，如各个业务的毛利率、各个业务所占的比重等。

（2）发展历程：要大概知道公司的背景。

（3）股本结构：要知道谁是你的合伙人。

（4）外部审计机构：信誉好的外部审计机构审过的财报才能让我们放心看。

二、定性分析

（1）行业分析：行业的现状和未来以及公司在行业中的地位。

（2）产品分析：产品档次、价位、消费人群和消费者评价。

（3）管理层分析：诚信、发新股、可转债、分红、小股东权益保护等。

（4）未来发展分析：未来战略定位。

三、盈利能力

（1）现阶段的经营情况：现金流、负债、营收增长、消费者对产品的反馈等情况。

（2）过去 5 年的业绩表现：以史为鉴。

（3）同行业公司对比：在同行业中，看看还有没有更好的公司，以便优中选优。

（4）跨行业比较：优中选优，挑盈利最强的公司。

四、公司成长性

（1）分析全市场增长性：从宏观上考察整个行业。

（2）按过去经营业绩结果及公司未来战略预测未来业绩。

（3）想象空间：新业务、新拓展等。

五、股票市场估值

（1）和同类型公司估值比较。

（2）同行业公司比较。

（3）过去几年股价运行情况：要看市场实际给出的估值，切忌脱离市场闭门造车。

六、结论

（1）是否值得跟踪关注？

（2）买卖操作建议：买入价，卖出价。

（3）未来的收益期望是什么？

（4）要注意的风险点是什么？

（5）未来要关注什么？

公司研究实例

下文是关于上市公司中国水务的研究分析报告，在这里作为一个范例，供大家参考。

关于中国水务的分析报告

作者：汪茂稳　完成时间：2019 年 4 月

标的 : 港股，中国水务 代码 :00855

1. 公司基本情况

中国水务是中国领先的市场化供水运营商，业务覆盖 13 个省，3 个直辖市，超过 50 座城市，服务人口近 2000 万人。2018 年，公司 82% 的收入来自城市供水经营和建设，每日供水规模约为 1391 万立方米，接驳户数 330 万。公司拥有特许经营权和供水资产，包括厂房、管道和土地。区域特许经营权为独家，期限为 30~50 年，并可以延期。

公司业务有城市供水、工程建设、水表安装、原水供应、排水污水处理及运维和其他业务。表 8–1 所示为中国水务 2018 年的业务情况。2018 年，公司城市供水及建设营业收入和利润占绝大部分。公司主营业务呈现良好的增长态势，其他业务利润在收缩。

表 8–1　中国水务 2018 年业务情况

业　务	收入占比	盈利占比	2018 年盈利增长率	业务分布地区
供水业务	81.8%	87%	30.1%	海南、河北、河南、湖北、湖南、江苏、江西、广东、重庆、山西、黑龙江
污水处理	10.7%	9.8%	30.4%	北京、天津、河北、河南、江西
其他业务	7.5%	3.2%	−71.9%	湖南、湖北、河南、江西、重庆、北京

2. 公司股份结构

公司股票为第一批深港通标的，2009 年被纳入富时环保机会亚太指数。公司实际控制人是段传良，其持有公司股份在逐年增加，从 2012 年到 2018 年，其股份从 12.35% 增加到了 29.16%，股份的增加主要是通过公司购股权计划获得的，过去购股权的行使价格均高于公开市场股价。公司第二大股东为 ORIX Corporation，持股 18.1%，该公司为一家金融服务公司，总部位于日本东京。

3. 公司外审机构

公司外部审计机构为罗兵咸永道会计师事务所，该审计事务所在中国为多家知名公司进行审计。

4. 公司分析

业务分析：公司的主要业务为供水和污水处理，该业务是弱周期的，需求具有刚性，且在区域内为独家经营。公司占比 81.8% 的供水业务，面对的是终端客户，公司相对处于强势地位，现金流很好。公司长期毛利率达 43%，净利润率为 24%，这表明公司业务是非常不错的业务。

该业务业绩增长有 3 个渠道：

（1）并购或新建水务相关业务。

（2）水价提升及污水处理服务价格的提升。

（3）成本降低。

在未来 5 年内，至少提升公司业绩的前两个渠道是畅顺的。这保证了未来有很好的增长前景。

过去的经营表现：表 8–2 所示为公司从 2012 财年到 2018 财年的主要经营业绩。过去 7 年，收入平均增长率为 26%，利润平均增长率为 17%，收入增速较高，利润没有跟上收入的快速增长，推测为溢价收购和股权激励造成的。公司过去7年平均毛利率和净利率分别为43%和24%，这两项指标表明，公司的主营业务有较好的盈利能力。公司营业利润与财务费用的比值稳定在10左右，所以公司在经营上比较稳健。公司从2016年起，已经没有了可换股债券，这避免了未来业绩被新增股份摊薄。

表8–2　中国水务近年财务表现　　单位：港币百万

经营指标	2012年	2013年	2014年	2015年	2016年	2017年	2018年
收入	1,897	2,251	2,747	3,622	4,740	5,708	7,580
同比增长	28%	19%	22%	32%	31%	20%	33%
毛利率	44%	43%	42%	43%	44%	44%	43%
经营业务盈利	675	841	829	1,357	1,647	2,271	2,691
经营业务利润率	36%	37%	30%	37%	35%	40%	36%
本年度盈利	532	526	558	896	1,089	1,379	1,762
盈利增长率		−1%	6%	38%	18%	21%	22%
本年度利润率	28%	23%	20%	25%	23%	24%	23%
总资产	10,679	11,650	13,507	16,076	19,971	25,632	28,589
净资产	5,041	5,194	5,696	7,213	8,446	8,963	11,154
可换股债券	536	497	163	29	0	0	0
现金及现金等价物	1,086	968	1,769	1,831	2,999	5,097	3,081
净负债 / 净资产	36%	43%	54%	49%	50%	70%	70%
营业利润 / 财务费用	8	10	8	12	10	9	9

未来发展分析：公司除供水和污水处理主业外，其他业务收入占比仅为7.4%，主业聚焦明显。从管理层的汇报来看，公司未来会继续聚焦于供水和污水处理业务，且会通过收购和新建更多的水务项目以保证公司的持续增长。另外，公司的股份持续回购，也会增厚公司股东权益，为股东带来更多收益。

5. 风险因素

公司可能的风险因素如下。

商誉减值：公司在2018年3月，有商誉价值8.2亿港元，主要由于收购溢价产生。商誉占净资产的比例为7.3%，与2018年度盈利为17.6亿港元之比为46%，以此来衡量，商誉减值带来的风险较小。

政策风险：公司的供水和污水处理均为特许经营，价格受到政府管制，政府的政策变动和价格管制对公司盈利有重大影响。供水和污水处理是公用事业，政府政策相对稳定，且特许经营权为几十年的较长周期，故认为公司未来受到的政策变动风险较小。

财务风险：公司 2018 财年总资产负债率为 37%，净资产负债率为 70%，鉴于公司具有良好的现金流，以及现金总额连年持续增加，故公司的财务风险较小。

管理人风险：公司执行董事及第一大股东为同一人，持股 29.1%，且过去持股在不断增加，过去未做过损害中小股东利益的事情，公司第二大股东为日本的金融公司，应该是财务投资者。鉴于上述分析，公司的管理人风险较小。

6. 股价积极因素

公司股份回购及主要高管增持股份：公司自 2008 年开始持续回购股票，这会增厚股东权益。执行董事段传良所持公司股份在不断增加。

持续派息：公司自 2009 年开始持续派息，且派息额持续增加；2018 年派息比例占公司盈利比例为 32%。

业绩持续稳定增长：根据表 8–2，公司近 5 年盈利增长率平均值为 21%，公司未来将会继续通过并购维持增长。

7. 同行业比较

股市投资是有选择的，在投资中应该做到优中选优。那么我们要看看中国水务在同行业中的表现。表 8–3 所示为中国水务与其他 5 家较优秀上市水务公司的总资产收益率和净资产收益率的比较。从表 8–3 中可以看出，在列出的 6 家公司中，中国水务的净资产收益率是最高的，并呈现出逐年增加之势。北控水务排第二名，与中国水务净资产收益率相差不大，但是总资产收益率有明显的差距。可以看出，北控水务使用了较大的杠杆，风险要高于中国水务。从总资产收益率和净资产收益率这两项指标看，中国水务在行业中是排第一名的。

表 8–3　中国水务与其他水务公司的核心数据比较

公　司	项　目	2017 年	2016 年	2015 年	2014 年	算数平均值
中国水务	总资产收益率	5.4%	5.5%	5.6%	4.9%	5.4%
	净资产收益率	15.4%	13.0%	12.4%	11.0%	13.0%

续表

公　司	项　目	2017 年	2016 年	2015 年	2014 年	算数平均值
北控水务	总资产收益率	3.7%	4.0%	3.8%	3.5%	3.7%
	净资产收益率	14.1%	15.8%	12.1%	9.4%	12.8%
兴蓉环境	总资产收益率	4.8%	5.2%	5.8%	6.2%	5.5%
	净资产收益率	9.3%	9.8%	10.1%	10.1%	9.8%
重庆水务	总资产收益率	10.3%	5.3%	7.9%	7.1%	7.6%
	净资产收益率	14.6%	8.0%	11.4%	11.0%	11.2%
江南水务	总资产收益率	5.0%	7.1%	7.6%	5.3%	6.2%
	净资产收益率	9.1%	12.8%	12.3%	9.0%	10.8%
洪城水业	总资产收益率	3.2%	3.0%	3.5%	3.0%	3.2%
	净资产收益率	8.5%	7.5%	9.3%	8.0%	8.4%

8. 过去的股价表现和未来股价预测

中国水务在中国香港上市，表 8–4 所示为中国水务历年的股价表现以及派息情况。从表 8–4 中可以看出，中国水务派息比例在 30% 左右，派息额随着盈利的增长逐年增加。按当年平均股价算，股息收益率约为 3%。

表 8–4　中国水务历年的股价表现以及派息情况

项目(单位：港元)	2014	2015	2016	2017	2018
年度每股盈利	0.2	0.26	0.4	0.57	0.73
每股分配股息	0.06	0.07	0.09	0.14	0.27
股息 / 每股盈利	30%	27%	23%	25%	37%
年度最高股价	3.9	4.5	5.5	7.1	10.3
年度最底股价	2	3.5	2.9	3.9	6.7
年度最高市盈率	19.5	17.3	13.8	12.5	14.1
年度最低市盈率	10	13.5	7.3	6.8	9.2

表 8–5 中，分别按过去的股价表现和过去的估值两种方法列出了中国水务 2019 年和 2020 年的股价预测值。通过预测未来的股价表现，可以做出买卖决策。

表 8–5　按两种方法列出的 2019 年和 2020 年股价

年份 单位：港元	按过去股价表现预测			按过去估值表现预测			
	股价上限	股价下限	平均价	预测盈利	最高市盈率 13.4	最低市盈率 7.8	平均价
2019 年	11.2	7.2	9.2	0.83	11.1	6.5	8.8
2020 年	12.8	8.2	10.5	0.95	12.7	7.4	10

下面根据笔者的估值系统，计算一下中国水务的评估价值（具体估值方法请参考第 6 章）。中国水务 2014 年到 2018 年期间股价运行情况及经营情况如表 8-6 所示。表 8-6 中营收增长率、利润增长率数据为 5 年期间的年复利平均值，净资产收益率数据为年简单平均值。表 8-7 为中国水务 2018 年年报后数据。

表 8-6　中国水务 2014—2018 年股价及经营数据

2014 年至 2018 年						
PE 均值	PE 最小值	PB 均值	PB 最小值	营收增长率	利润增长率	净资产收益率
11.68	5.65	1.48	1.09	31%	38%	14.64%

表 8-7　中国水务 2018 年年报后数据　　　　单位：港元

每股盈利	每股净资产	股息	TTM 盈利增长率
0.85	4.95	0.3	36%

根据表 8-6 和表 8-7 的数据，对中国水务公司的估值如下。

（1）市场估值：取市盈率和市净率估值的最小值。则市场估值为 MIN（11.68 × 0.85,1.48 × 4.95）≈ 7.33 港元。

（2）净资产收益率估值：14.64% × 100 × 0.85 ≈ 12.44 港元。

（3）过去营收成长性估值：31% × 100 × 0.85=26.35 港元。

（4）过去利润成长性估值：38% × 100 × 0.85=32.3 港元。

（5）股息率估值：假定无风险利率为 3.5%，则股息率估值为 0.3 ÷ 3.5% ≈ 8.57 港元。

（6）未来利润成长性估值：预期公司未来 5 年能保持 18% 左右的利润增长，根据 PEG=1 时为合理估值原则，该项估值为 18% × 100 × 0.85=15.3 港元

（7）业务护城河修正系数：公司业务为自来水及污水处理，护城河较高，故取修正系数为 +10%。

上市 5 项估值，分别给予 0.3、0.2、0.1、0.1、0.1、0.2 的权重系数，则

综合估值 =（7.33 × 0.3+12.44 × 0.2+26.35 × 0.1+32.3 × 0.1+8.57 × 0.1+15.3 × 0.2）×（1+10%）≈ 15.92 港元

根据多项指标评估，中国水务的合理股价应该为 15.92 港元，现价为 7.8 港元，现价处于严重低估状态。

9. 总结及投资建议

总结：中国水务以供水和污水处理为主营业务，管理层可信，过去多年的经营和股价表现优秀，按资产收益能力指标衡量，其在水务行业排名第一。公司持续回购股票，派息不断增加，未来业绩增长可期。

投资建议：鉴于过去的优秀表现和未来可持续的增长预期，4 年平均净资产收益率达 13%，且在不断提高，未来可以长期稳定在 15% 左右。所以，中国水务是值得长期持有的标的。预测 2019 年的股价运行区间为 6.5~11.2 港元，平均值为 8.85 港元，若加上 20% 的安全边际，则 2019 年股价在 7.08 港元以下是买入区间。若以 10 倍市盈率买入并持有，退出时以 10 倍市盈率退出，则未来 5 年大概率能获得 18% 以上的年化投资收益率，此收益是由 15% 收益增长和 3% 的派息带来的。若想在该股票上获得更高，则需要以更低的价格买入，或以更高的价格卖出。

小结

对公司进行深入的分析，才能降低投资风险，提高投资收益。对于研究的标的，我们要看其是不是好公司，是不是处在一个好行业，有没有好产品，有没有好的管理层，有没有好未来。同时还要考虑其未来的成长性和估值。

面对终端客户的公司会好于面对机构的公司。龙头公司一般是行业中的好公司。

好的行业通常具有产品毛利高、垄断性、永不消亡、弱周期等特征。

好产品通常具有中高档、稀缺性、边际成本低、消费者转换成本高等特征。

讲诚信、道德高、关注股东利益的管理层和大股东才能很好地照顾中小投资者的利益。

在对公司基本面进行深入研究之后要对公司进行估值，看看出什么样的股价才不会买贵。

本章最后列出了深入分析公司的提纲，并给出了一个研究示范，读者可以照此进行公司的深入研究，并最终得出投资决策。

第 9 章

股市投资中的概率认识

有一次，我劝一位朋友不要去买彩票，说买彩票是一件稳输的事情。可是对方给我的答复让我感到很惊讶。他说："我买彩票，要么中，要么不中，各 50% 的概率。"我才明白他为什么喜欢买彩票了，原来他是这么算的。我告诉他说："中奖的概率远远低于 50%，你算错了。"他说："那也没关系，只花两块钱，中了我就有 500 万，没中，留这两块钱也发不了财。买彩票我还有成为百万富翁的机会，不买彩票，我这辈子都不可能有 500 万。"

我本想再耐心地跟他探讨一下，可是朋友已经很不耐烦了，只好打住，他开心就好。其实抱着在股市一夜暴富心态的人，或许大多数也是这么想的。他们拿着自己的几万块钱，意图快速在股市赚出几十万元甚至几百万元出来。如果亏了，那么他们会觉得就几万块钱，没什么关系。如果赚了，那么自己就是百万富翁了。

抱有这种想法的人，不在少数。他们的这些思路，初听起来，好像还蛮有道理，实际上错得离谱。错在哪里呢？作为投资人，靠脑力和知识赚钱的人，在做一件事情时应该要搞明白为什么。

概率与统计理论基础

概率：对随机事件发生的可能性的度量，一般以一个在 0 到 1 之间的实数表示一个事件发生的可能性大小。越接近 1，该事件越可能发生；越接近 0，则该事件越不可能发生。

随机抛掷一个两面均匀的硬币，落地后要么正面朝上，要么反面朝上，只有两种可能性，而且这两种可能性是相等的，所以正面朝上的概率为二分之一，即 50%，由正面朝上这 1 种可能性除以总的可能性 2 得来。

骰子有 6 个面，每个面朝上的可能性相等，总共有 6 种可能性，随机抛出一个骰子，则其中某个面朝上的概率为六分之一。

数学期望：期望值是随机试验在同样的机会下重复多次的结果计算出的等同“期望”的平均值。

如果以抛硬币决定胜负，正面朝上可以赢 2 元，反面朝上输 1 元，那么每玩一次，盈利的期望值是多少呢？

盈利的期望值：$E(\text{每玩一次的盈利})=2\times\frac{1}{2}+(-1)\times\frac{1}{2}=0.5$元。这也可以简单理解为玩这个游戏，平均每次的盈利为 0.5 元。

大数定理：通俗地说，这个定理就是，在试验不变的条件下，重复试验多次，随机事件出现的频率近似于它的概率。这个定理可以用来计算某个随机事件发生的概率。对于大数定理要从两个方面去理解。

（1）第一个方面理解：

虽然抛两面均匀的硬币正面朝上的概率为 50%，但是，在做实验的时候，正面朝上的概率可能会远远地偏离 50%。抛 1 次有很大可能得不到正面，即实际是 0%，远远偏离 50%；抛 2 次也有很大可能两次都得到反面，实际依然是 0%，大幅偏离 50%。但是，随着实验次数的增加，实际得到正面次数的比例就会越来越接近于 50%。

（2）第二个方面理解：

对于抛硬币，我们认为两面均匀的硬币，其正面朝上的概率为 50%，但如果是正面的图案轻一些，反面的图案重一些，两面不均匀的硬币，那么正面朝上的概率就会略大于或略小于 50%。那么到底这个概率取多少合适呢？

通过大数定理，可以对此做出比较精确的求解。通过做足够多次试验，假设 10 万次，假如出现正面朝上的次数为 55125 次，反面朝上为 44875 次，则可以认为正面朝上的概率近似等于试验中正面朝上的次数除以总试验次数，即近似等于 $\frac{55125}{100000}$，或 55.125%。

股市投资，长线是金

通常有人会简单地认为，股票上涨和下跌的概率各为 50%。但是，从逻辑上考虑，由于通货膨胀和公司盈利的存在，公司赚的钱一般不会全部拿出来分红，所以股票的价格只会越来越高。因此股价上涨的概率应该大于下跌的概率。那么上涨的概率到底是多少呢？根据大数定理，我们可以通过过往长期的股价历史数据来进行统计分析。

表 9-1 所示为三大指数的历史每日价格变动情况。上证指数统计了从开市以来到 2019 年 7 月的情况，限于数据来源问题，恒生指数和道琼斯指数只分别统计到 2000 年和 2007 年之后的情况。从表 9-1 中可以很明显地看出，在过去几十年的股市运行过程中，上涨的次数是会多过下跌的次数的。若表中统计的数量足够大，则我们可以近似认为表中统计出的上涨占比和下跌占比就是股票指数这个随机变量上涨和下跌的概率。因此，可以认为上证指数日线上涨的概率为 52.73%，下跌的概率为 47.27%。恒生和道琼斯指数也可以以此类推。

表 9–1 股票指数历史每日价格统计

指　数	统计时间周期	上涨次数	下跌次数	上涨占比	下跌占比
上证指数	1990 年 12 月 ~2019 年 7 月	3674	3293	52.73%	47.27%
恒生指数	2000 年 12 月 ~2019 年 7 月	2293	2131	51.83%	48.17%
道琼斯指数	2007 年 1 月 ~2019 年 7 月	1697	1447	53.98%	46.02%

从指数日 K 线来看，上涨的概率只有微弱的优势胜过下跌的概率。胜率可不可以再提高一点呢？看看表 9-2，应该就会有答案了。

表 9–2　股票指数历史价格统计

指数	统计周期	品类	上涨次数	下跌次数	上涨占比	下跌占比
上证	1990 年 12 月 ~2019 年 7 月	日 K 线	3674	3293	52.73%	47.27%
	1990 年 12 月 ~2019 年 7 月	周 K 线	753	694	52.04%	47.96%
	1990 年 12 月 ~2019 年 7 月	月 K 线	184	159	53.64%	46.36%
	1990 年 12 月 ~2019 年 7 月	年 K 线	17	13	56.67%	43.33%
恒生	2000 年 12 月 ~2019 年 7 月	日 K 线	2293	2131	51.83%	48.17%
	2009 年 5 月 ~2019 年 7 月	周 K 线	289	241	54.53%	45.47%
	2009 年 5 月 ~2019 年 7 月	月 K 线	69	54	56.10%	43.90%
	2009 年 5 月 ~2019 年 5 月	年 K 线	8	3	72.73%	27.27%
道琼斯	2007 年 1 月 ~2019 年 7 月	日 K 线	1697	1447	53.98%	46.02%
	2007 年 1 月 ~2019 年 7 月	周 K 线	371	284	56.64%	43.36%
	2007 年 1 月 ~2019 年 7 月	月 K 线	97	53	64.67%	35.33%
	2007 年 1 月 ~2019 年 7 月	年 K 线	9	3	75.00%	25.00%

表 9-2 所示为三大指数日线、周线、月线和年线的上涨和下跌情况。通过表 9-2 可以发现，随着时间周期的拉长，上涨的占比在增加。上证指数日线上涨的比例为 52.73%，月线上涨的比例为 53.64%，年线上涨的比例为 56.67%，周期越长，上涨比例越高。同样，恒生指数日线上涨比例为 51.83%，年线上涨比例为 72.73%，也具有这个规律。道琼斯指数也同样具备这个规律。

从上述统计中可以得出这样一个结论：指数上涨的比例会大于下跌的比例，而且随着周期的加长，上涨的比例变大。根据大数定理，我们可以将这个统计比例近似地等于上涨的概率，即指数上涨的概率大于下跌的概率，而且随着周期变长，上涨的概率会增加。指数是众多单只股票的加权平均数，指数具有某个特性，那么个股也一般会具有该特性。上涨是大概率事件，下跌是小概率事件，这就要求我们最好去做多股票，而不是做空，并且周期越长，上涨的概率越高，所以长期更要做多。

尽量不要做高频交易

假定买入或卖出的综合费率为 0.03%，上证指数从 1990 年的 100 点上涨到 2019 年的 3000 点，总共经历了 29 年，348 个月，7656 个交易日，那么对应的年、月和日的平均复利涨幅分别是 12.5%、0.98% 和 0.0445%。

假设将该数据近似等同于个股数据，那么如果是做日内交易，日涨幅为 0.0445%，每次买卖交易成本为 0.06%，收益减去成本后为 -0.0155%，为负收益。在这种境况下想获得收益，就是一个稳输的博傻游戏。如果交易的次数不多，由于随机事件的不均衡性，那么日内交易者并不一定会输钱，但是，根据大数定律，如果在每次交易的赢面上没有更多优势，那么长此以往，必输无疑。

持股期越长，盈利越容易

将股票的持有时间拉长，盈利的概率显著上升，且盈利的数额也随时间的增加而增加。这个理论告诉我们，如果想盈利，且想要大幅盈利，那么只需要将股票的持有时间拉长就可以做到。在现实的投资过程中，这种例子几乎可以在每一只股票上看到。

贵州茅台是一只大牛股，上市 18 年涨了 150 多倍，但是，这并不保证每一只茅台股票的投资者都能赚到钱。贵州茅台的股价，在 2002 年 3 月为 39 元，到 2003 年 9 月为 20 元，历时一年半，下跌近 50%；在 2008 年 1 月为 230 元，到 2008 年 11 月为 84 元，历时 10 个月，跌幅为 63%；在 2012 年 8 月为 266 元，到 2014 年 1 月为 118 元，历时 17 个月，跌幅为 51%；在 2018 年 1 月为 800 元，到 2018 年 10 月为 509 元，历时 9 个月，下跌 36%。从上述数据可以看出，在过去 17 年的时间里，作为中国第一牛股的贵州茅台竟然出现了 3 次跌幅超过或接近超过 50%，一次跌幅为 36% 的情况，并且其中最长的持续时间为 18 个月。

18 个月的持股时间对很多人来说是一个比较长的持股周期，但是，这仍然有大幅亏损的可能性。不过，如果将持股周期拉长到 3 年，那么即使是任意时间进出，亏损的可能性和亏损都会大幅降低；如果将持股时间拉长到 5 年以上，那么几乎任何时间点进出都是盈利的。这里举的是牛股的例子，其实推广到其他的个股，也基本适用。

从有可能大幅亏损，到几乎百分百盈利，所做的仅仅是将持股的时间拉长，这就是时间的魅力。

蒙地卡罗传奇——随机事件的独立性与关联性

蒙地卡罗是法国边上的一个小国，以赌场盛名。赌场中有一个大轮盘游戏。在大轮盘上有 38 个格子，其中有 18 个黑色的格子，18 个红色的，2 个绿色的，这 38 个格子均匀地分布在轮盘的边缘。轮盘中间有一个小球，在转动轮盘后，小球会随机地落到某个格子上。落在黑色和红色格子上的概率均为 18/40，即 45%。连续 5 次落在黑色格子上的概率为 0.0185，连续 10 次的概率为 0.00034，连续 15 次的概率为 0.00000628，连续 20 次的概率近似为 0。

可是传奇就发生在 1913 年 8 月 18 日晚上，有一个大轮盘像中了邪似的连续摇出了 13 个黑色。人们不相信会继续出现第 14 个黑色，认为接下来应该出现在红色格了，于是都把赌注押到了红色格，结果是小球再一次落入黑色格。

“连续 14 次了，不可能一直黑，我要押红色。”

“是啊，怎么可能一直黑，这把押红色一定赢！”

赌客们都蜂拥着押红色格。可是，黑色格连续第 15 次出现，连续第 16 次出现……，连续第 20 次出现，赌客们已经疯狂。开始倾其所有地连续押红色，结果黑色格连续出现了 26 次。很多赌客为之倾家荡产。

小概率事件不是不会出现，只是出现的概率比较低而已，而且随着随机试验的次数增加，出现的概率将随之倍增。

类似的事件在股市也会不断地上演。有人做了十次股票交易，十次都亏了，然后他觉得第 11 次再亏的概率微乎其微，于是持续加重注操作，甚至不惜加上配资杠杆，这种情况只要再一次出现亏损，就有可能使其血本无归。事实上，也是如此。大部分这样豪赌的人，是亏光身家结束，剩下的一部分人是在未来的某个时间亏光身家。

持续的亏损后，接下来亏损的概率是大还是小呢？应该是多少呢？连续盈利或连续亏损，是否要止盈和止损呢？这里就要牵涉到随机事件的相关性和独立性。下面来探讨这个问题。

随机事件的独立性： 随机抛出硬币，在第一次得到的是正面的情况下，第二次继续得到正面的概率是多少？如果连续十次都是正面，那么第 11 次抛出得到正面的概率是多少呢？很多人会对这两个问题给出各种各样的答案，事实上，不管前面出现多少次正面，下一次抛硬币时，出现正面的概率都是 50%。

抛硬币，每次抛出都是独立的，不会受到之前结果的影响。即使是连续抛出 100 次正面，在第 101 次抛的时候，得到正面的概率依然是 50%。这一点具有很大的迷惑性。

在上述蒙地卡罗大轮盘事件中，人们就是错误地认为每次轮盘的结果是有关联的，觉得连续多次出现黑色后，下一次再出现黑色的概率会降低，出现红色的概率会提高，所以人们都疯狂地押红色。事实上，每次轮盘的结果都是独立的。前面开出的结果，不会影响下一次的结果。这些赌徒在概率计算上的错误，导致了他们倾家荡产。

随机事件的相关性： 有研究证明，在抛硬币的时候，如果正面朝上抛出，那么落地后得到正面的概率会显著大于 50%。这又是为什么呢？这是由于在抛硬币时正面朝上与落地时正面朝上具有相关性，抛出时是否是正面会影响到落地时的结果。

对于短线交易者来说，每次交易都是独立的，连续多次亏损后，再一次进行交易时，其亏损的概率是保持不变的。有很多短线交易者不认这个理，总觉得连续亏了多次之后，接下来盈利的概率会变大，从而不断地加注，甚至不惜高杠杆配资，最终导致亏光出局。

还有一种情况是有相关性的。对于一只基本面没有问题的公司股票，在其股票价格下跌后，未来上涨的概率会增大；若持续下跌，则未来上涨的概率会持续增大。这是由于未来的股价是上涨还是下跌，是以现在的股价为基础的。股价基数低，未来股价就很容易超过这个基数，故可以认为上涨的概率高。反之亦然。在股价下跌后买入，未来上涨的空间变大，下跌的空间变小，所以盈利的概率会变大。

当然，盈利的可能性变大，不等于一定能赚钱。我们知道，盈利的概率至少要大于50%，才有机会赢到钱。这50%就是一个阈值，必须要大于该值才能去参与。如果你在盈利的概率只有10%的时候买入，在连续下跌后，即使是盈利提高到了40%，那么此时加仓买入依然是亏钱的买卖。

在股市中，很多人会进入这个误区，只要股价下跌，就加仓买入，结果股价持续创出新低，最终死在抄底的过程中。

如果在2017年股市6000点的时候买入，在下跌到5000点时加仓买入，下跌到4000点继续加仓买入，那么虽然看起来一次次地加仓盈利的概率在提高，但是对于当时高高在上的估值来说，在3000点以上买入，盈利的期望值都是负的，也就是说，在2008年3000点以上加仓都是亏损的买卖。这个道理也同样适用于那些股价持续下跌的烂公司，不管股价从高处下跌幅度有多大，不管你买入的成本有多低，如果你在高于股票公允价值的价格之上买入，那么都是在做亏损的买卖。

2007年以48元的价格买入中国石油，毫无疑问就是一个亏损的买卖。对当时的股价来说，其内在价值是低于10元的。聪明的投资者在股价从48元一路下跌的过程中，只要股价还是高于10元，就应该选择卖出，而不是加仓买入。如果之前在价格高于10元时，抱着越跌越买的心态去加仓，那么结果肯定很难看。

作为股市多头，一定要等到盈利的概率高于亏损的概率时才可以下手，否则就会越买越亏，让自己深陷其中，亏损不断地扩大。如果未来股价上涨的概率低于50%，那么不管现在股价是多少，也不管自己被套牢多少，都应该坚决地斩仓离开，这就是正确的止损方式。有些人的止损方式是根据自己的盈亏来设定的，比如买入股票后盈利15%止盈，亏15%就止损。这些人没有搞清楚自己的盈亏和股价的涨跌是两个相互独立的事情，股价不会因你盈利而停止上涨，也不会因你亏损而停止下跌。设置止损止盈的正确方式是根据所持仓股票价格的未来涨跌的概率，未来股价上涨的概率低于下跌的概率时，就应该止盈，反之就应该止损。当然，这个上涨和下跌的概率可以根据股票的估值大概地计算出来。

盈亏概率的粗略计算：

要计算未来股价上涨和下跌的概率，首先要预测未来投资期限内股价运行的区间。若投资期限是一年，则要预测一年内股价的运行区间；若投资期限是5年，则要看未来5年的股价运行区间。

举例：假设投资者以一年为期限投资股票，股票 A 未来一年的股价运行区间为 20~50 元。那么，可以算出未来一年股价的平均值为 35 元，35 元就是盈亏的分界线。股价高于 35 元时，买入后亏损的概率大；以低于 35 元的价格买入则盈利的概率大。如果在股价 35 元以下买入，那么股价越跌越买，在股价高于 35 元时可以止盈。如果不幸在 50 元附近买入，那么现价在 35 元以上时都应该去止损，只有等到价格为 35 元以下时才可以加仓，35 元以下可以越跌越买。

高频交易者的破产——随机事件的不均衡性

纵观古今中外股市，高频交易者或经常抱有孤注一掷的赌徒型投资者，大部分会落得一个破产的结局。这是为什么呢？仔细看看下面的数学原理，就会找到答案。

例：赌徒输光问题

假设赌徒赢的概率为 p，则输的概率为 $1-p$，每次输赢都是 1 元，赌徒有本金 x 元，其资产到 y 元后或者输光后结束游戏。一起来计算一下其中的概率问题。

根据题设，赌徒的资产从 x 元到 $x+1$ 元的概率为 p，从 x 元到 $x-1$ 元的概率为 $1-p$，赌徒有 x 元时输光的概率为 $p(x)$，则：

$$p(x)=p(x-1)\times p+p(x+1)\times(1-p)$$

由已知可得，当赌徒本金为 0 元时，无论赌还是不赌都是输光，所以概率为 1，当赌徒本金为 y 元时根本就不需要参加游戏，所以输光的概率为 0，即 $p(0)=1$，$p(y)=0$，

① 当 $p=50\%$ 时，求解后可得：

$$p(x)=1-\frac{x}{y} \qquad （式1）$$

② 当 $p\neq 50\%$ 时：

$$p(x)=1-\frac{1-\left(\frac{1-p}{p}\right)^{x}}{1-\left(\frac{1-p}{p}\right)^{y}} \qquad （式2）$$

继续进行讨论。当赌徒的本金为 10 元时，如果赢的概率小于 50%，那么很显然，赌徒必定输光。下面看看以下条件时的结果：

（1）当赌徒赢的概率为 50% 时，本金为 10 元，资产到 12 元时结束游戏，输光的概率为 $p_{输}$，赢到结束的概率为 $p_{赢}$ 即设 p=50%，x=10，y=12，那么代入式 1 得：

$$p_{输} \approx 17\% \qquad p_{赢} \approx 83\%$$

也就是说，当赌徒的盈利不占优势时，如果只是想赚两块钱就收手，那么只有 17% 的概率输光，有 83% 的概率获得成功，成功的概率挺高的。

有人看到赢的概率为 83%，觉得很兴奋，会想每次都赢两块钱就收手，不就可以大概率赢钱了吗？其实不然，**这时还需要算一下数学期望。**

要注意的一点是，虽然输光的概率小于赢的概率，但是输光的时候是输 10 元，而赢是赢 2 元，输赢的数额是不一样的。假设玩这个游戏盈利的数学期望是 E，则：

$$E=-10\times17\%+2\times83\% \approx 0$$

上述计算结果表明，玩这个游戏是赚不到钱的。只有当盈利期望值大于 0 时才值得去玩。千万不要看到有 83% 的概率赢到 2 元就去玩这个游戏，这是因为它的盈利额和亏损额是不对等的。

（2）看看赢钱目标提高的情况，设 p=50%，x=10，y=1000，那么代入式 1 得：

$$p_{输}=99\% \qquad p_{赢}=1\%$$

当赌徒把资产的目标由 12 元提高到 1000 元时，其输光的概率由 17% 上升到了 99%，几乎就是输光无疑了。实际情况是赌徒即使赢到 1000 元也不会收手，会想一直赢下去，其目标应该是无穷多的资产，把 $y=\infty$ 代入后，输光的概率等于 100%，赌徒必定输光。

（3）看看提高赢率的情况，设 p=55%，x=10，y=1000，那么：

$$p_{输} \approx 13\% \qquad p_{赢} \approx 87\%$$

如果将赢率从 50% 提高到 55%，那么输光的概率迅速由 99% 降低到了 13%。当然，虽然降低到了 13%，但这毕竟是一个输光的结果，对于输光所有资产这个极端坏的事件来说，依然要尽量避免。

（4）当赢的概率继续提高，设 p=60% 时，x=10，$y=\infty$，那么：

$$p_{输} \approx 1.7\% \qquad p_{赢} \approx 98.3\%$$

（5）再看看提高本金的情况，设 p=60%，x=100，y= ∞：

$$p_{输} \approx 0\% \qquad p_{赢} \approx 100\%$$

通过第 3、4、5 种情况可以看出，**通过提高赢率和增加本金两种途径都可以使输光的概率降低，赢钱的概率提高。当赢率和本金值提高到一定程度后，输光的概率几乎为零，而盈利的概率近乎为 1。**

根据上述计算，可以总结出如下规律：

（1）当赢率小于或等于 50% 时，久赌必输。

（2）即使赢的概率占优势，或盈利的数学期望大于 0，也依然有较大概率输光。

（3）在本金一定时，设定一个较小的盈利目标，胜算会显著增加。

（4）当赢率提高时，胜算显著增加。

（5）当本金增加时，胜算显著增加（注意：降低每次下注的金额和增加本金有相同的效果）。

把上述例子搬到股市，看看对应什么样的情况。对于一般的股市投资者来说，本金是一定的，且都希望盈利的目标是无穷大。为有一个美好的结局，根据上述总结出的规律，投资应该要做到如下几点：

（1）不做任何盈利期望为小于或等于 0 的投资操作。

（2）提高每次投资操作的胜率。可以通过更深入地研究和增加投资期限来获得。深入地研究可以让不确定性因素减少，确定性因素增加。投资期限的拉长可以提高胜率，这一点已经在上一节中证明。

（3）降低每次投资的比例。根据大数定理，虽然在投资次数足够多的情况下，投资收益可以和概率的期望值接近相等，但是在本金不够多的情况下，由于随机事件的不确定性，会导致实际事件的发生偏离其概率分布，在样本较小的情况下，甚至会严重偏离，这就需要投资者降低每次投资的比例，让自己可以有机会长久地投资下去，而不是倒在黎明前。

配资等加杠杆增加了自己输光的概率。

根据式 1 和式 2 可知，本金越少，输光的概率越高。本金越少，能承受的失败次数越低。在本金保持不变的情况下，将每次下注额增加一倍，实际上就和本金减少一半是一样的效果。在使用股票配资、账户融资、衍生品等手段给投资加杠杆时，实际上是增加了每次的投资额，这会导致输光的风险成倍地上升。所以在投资过程中，要控制好杠杆的使用。

游戏中的美丽陷阱——不能跟庄或炒题材股

很多人热衷于跟庄或炒题材股。其实从明面上来讲，这就是一个必输的游戏，因为在股市博弈过程中一般庄家掌握主动权，且庄家比散户拥有更多的手段，在博弈过程中，庄家一般会处于优势状态。所以跟庄不是明智之举。

但是，在实际投资过程中，却有很多美丽的陷阱，诱惑着众多投资者参与。下面来看这样一个例子：

美丽陷阱

假设一个美女邀男人玩一个游戏。玩法是这样的：每人手上各拿一枚硬币，如果两个人都出的是正面，美女输 3 元；如果两个人都出的是反面，美女输 1 元；如果两个人出的是一正一反，那么美女赢 2 元，如表 9-3 所示。

表 9–3　游戏规则

	美女出正面	美女出反面
男人出正面	男人赢 3 元	美女赢 2 元
男人出反面	美女赢 2 元	男人赢 1 元

粗略看起来，这个游戏是公平的。在此游戏中两个人出硬币只有 4 种可能性，正正、反反、反正、正反。如果两个人都随机地出硬币，那么这 4 种情况出现的概率是一样的。出现前两种情况，美女输 4 元，出现后两种情况，男人输 4 元。

似乎男人还有可能占优势。因为，出两个正面的情况时，男人可以赢 3 元，假设男人出正面的概率高一些，是不是可以赢钱呢？好像有道理。

但是，美女有一个策略可以让男人无论怎么出都是输。下面看看美女怎么做，可以让男人一直输。

假设男人出正面的概率为 x，出反面的概率为 $1-x$，美女出正面的概率为 y，出反面的概率为 $1-y$，则男人赢钱的数学期望：

$$E(\text{男})=3xy+1(1-x)(1-y)-2x(1-y)-2y(1-x)=8xy-3x-3y+1$$

如果美女能够通过设定一个自己出正面的概率 y 的范围，让男人赢钱的数学期望小于零，那么男人只要一直玩就一定会输。为求出这个答案，则令：

$$E(\text{男})=8xy-3x-3y+1<0$$

解之得：

$$y \in \left(\frac{1}{3}, \frac{2}{5}\right)$$

根据上式结果，只要美女出正面的概率在 $\frac{1}{3}$ 和 $\frac{2}{5}$ 之间，那么无论男人怎么出，男人赢钱的数学期望都是负数。

如果美女是庄家，男人是散户，面对庄家给出的高收益诱惑时，散户总是会毫不犹豫地冲进去，那么结果是亏损成了散户的宿命。在本例中，美女只是通过一个数学的方法来取胜，实际股市中的庄家能量会高很多，他们可以控制股价涨跌的时间、涨跌的幅度，可以控制利好和利空消息的传播，甚至还可以造假。这种竞技场下，散户想要跟庄赢钱，无异于与虎谋皮。要避开这种投资陷阱，唯有不跟庄，不炒题材股。

技术分析失灵的原因——大数定律的错误使用

很多人热衷于技术分析，也有很多人对它不屑。信奉者认为技术分析有其科学道理，有理论支撑，并有事实证明。

技术分析的方法是通过大量统计分析过往股票价格、成交量、趋势图形等，从中发现规律，从而利用这些规律为股票的买卖做出决策依据。技术分析确实是有其科学根据的。根据大数定律，如果事先不知道某个随机事件发生的概率，那么可以用大量的试验来得出结果。

例如，如果不知道某个地区人口的男女比例是多少，那么可以随机地在该地区选取 1 万个人，如果在样本中，男性有 7000 人，女性有 3000 人，那么我们可以根据该样本统计结果认为该地区的男女比例为 7∶3。如果该地区总共有 100 万人，那么根据抽样得出的男女比例为 7∶3 的结果，可以得知该地区男性有 70 万人，女性有 30 万人。

这的确是一种科学的分析方法，但可能会有很大的偏差，很可能是一个错误的结果。如果后来检查时发现，在选取样本时，1 万人的样本全部出自一个男生较多的工科院校，那么很显然，这个统计分析结果是错误的。

换一个例子，假设我们事先不知道抛硬币落地后正面的概率是多少，做 100 次抛硬币的试验，如果得到正面是 60 次，反面是 40 次，那么是否可以说抛硬币得到正面的概率就是60% 呢？如果硬币两面是均匀的，且抛出时正反面是随机的，那么通过逻辑分析，可知两面的概率都应该为 50%。问题出在哪里呢？这里不是大数定律出错了，而是试验的样本不够多，假设试验的次数是100万次、1000万次，试验的次数越大，在试验中得到正面的比例就会越接近于其真实的概率。

样本数量的不足或样本的偏差，会造成统计分析的结果误差很大，甚至得出一个错误的结果。在利用大数定律时要保证统计分析的数据量足够大，以使得其结果误差保持在一个较小的范围内。技术分析需要非常专业的知识，普通投资者大多缺乏这个能力。

普通投资者在做技术分析时，限于能力和条件限制，分析的只是很少量的数据，分析的样本不够多，也有可能选取的样本有严重的偏差，所以在这种情况下做出的技术分析结果是没有使用价值的。

另外，技术分析的结果是没有经过逻辑关系推理的。假设某个投资者突然想出了一个技术投资策略，并用该策略进行了 10 次投资试验，如果 10 次结果都对，那么该投资者可能就会对此投资策略深信不疑。但是，如果这 10 次试验出现理想的结果不是因为策略有效，而仅仅是因为运气呢？有可能只是刚好做这 10 次试验时碰巧对了而已。10 次试验都碰巧对的概率其实也不小，是 1/1024 的概率。

中国有上亿人的股民，千分之一的比例对应的有几十万人，也就是说，股市当中会有几十万人运气好到连赢 10 次。连赢 10 次应该就可以冒充大神了，几十万是一个很大的数字了，这也是各种大神层出不穷的原因。

技术分析派中有一个相对更专业的投资派别，叫作量化投资。量化投资是借助计算机进行大数据分析计算，从而找出盈利策略的一种投资方法。做量化投资者要求有深厚的数学功底，并且要具有较高的计算机编程能力。做量化投资的杰出人物多数是数学家或其他领域的科学家。要做好量化投资，需要良好的科学素养，扎实地做好数量统计分析，并能够建立一套完整有效的投资模型。这个难度，一般的投资者是做不到的。

概率的转化

明天是否会下雨是随机的，它具有不确定性。如果不带伞出门，就会有被淋雨的风险，可以认为这是冒险的做法。但是，如果知道现在是秋天，秋天不带伞出门，淋雨的风险就小了很多。如果事先看了天气预报说不会下雨，那么淋雨的风险就更小了。

随机事件出现的概率会随着人们所掌握的信息量的多少而变化，掌握的信息量越多，不确定性就会减小，确定性会增加。在投资过程中，投资者可以通过认真、仔细的研究来增加投资的确定性，减少投资的风险。

股票市场素有“七亏两平一赚”之说。换句话说，对一个普通股民来说，有 70% 的概率是亏损的。如果选择概率的大方向，那么毫无疑问就不应该投资股票，但每个股民亏损的概率并不是一成不变的。经过系统投资知识学习，并且真正掌握了投资的精髓的股民，其亏损的概率就会极大地降低，盈利的概率就会极大地提高，就可以从“七亏”当中的一员成为少数盈利的一员。

投资者在买入股票时，如果不做任何研究就买入它，不考虑交易手续费问题，那么未来盈利的期望值和买入指数基金的盈利期望值是大致相等的。如果此时花点时间对股票进行挑选，挑选出公司经营质量优于平均的股票进行买入，那么盈利的期望值就会高于买指数基金。若再进一步，要求公司的经营质量优于平均，且估值水平也低于市场平均水平，则盈利的期望值就会更上一个台阶。

在市场中，经常会出现爆雷的股票。市场中的雷，到底哪一个爆，什么时候爆，有一定的随机性，投资者会以一定的概率碰上，但如果在投资过程中，多几分警惕，触雷的概率就会小很多。对公司的研究再深入一些，警惕性再提高一些，完全不投资可疑的公司，完全不投资不诚信的公司，碰上雷的概率就会微乎其微。

推而广之，概率的转变可以在方方面面找到例子。一个学生考上名牌大学的概率很低，但是对于一个刻苦努力的学生来说，其考上的概率就要高很多。

人的一生有很多偶然性，有很多不可控的因素，如果随波逐流，就会成为淹没在芸芸众生中的普通一员，就是一个完全不起眼的小人物。社会上，有大成就的人毕竟是少数，多数人面临的是碌碌无为的命运。但是，如果不向命运低头，坚持不懈地努力，就会有大概率成为一个有大成就的人。

把握概率大方向，成为一个肉身“阿尔法狗”

谷歌公司研发的围棋机器人阿尔法狗（AlphaGo）2017 年与人类排名第一的棋手柯洁打出了 3:0 的成绩，并创出了与人类棋手作战 60 局全胜的成绩。它的胜利是因为它在每一步下子时都认真地做概率计算，落子总是放在胜率最高的那个格。它不受情绪影响，它是一个机器，在认真发现和总结出规律后，严格按照客观事物的运行规则办事，不被直觉迷惑，不被情感左右，这才成就了它的辉煌战绩。

在股市投资中，投资者每天都要面对大量的随机事件发生，要想超越市场，就要向阿法狗那样认真发现和总结出规律后，严格按照客观事物的运行规则办事，不被直觉迷惑，不被情感左右，时刻执行赢面最大的策略，成为一个肉身“阿尔法狗”。

话又说回来，做一些好的投资并不难，难就难在一直坚持做正确的投资。在估值不高的时候买入大盘指数基金，并一直持有到永远，你就能战胜 70% 以上的普通投资者，这是概率大方向的选择。分散资金投资在每个行业领域的第一名公司，并一直到永远，你就能战胜市场，这是聪明者的选择。不投资骗子公司，不与烂公司为伍，你就能避开大部分的雷区，这是成功投资人的基本操守。在恐慌低价时买入，在疯抢价高时卖出，利用人性的弱点，冷静地做着低买高卖，就可以使盈利颇丰。

做多是大概率，做空是小概率，所以最好不要做空股票；日内交易是一个输面大于赢面的游戏，所以最好不要做日内交易；跟庄很容易落入圈套，所以要避开庄股；分析问题要严谨，避免样本偏差。每次都选择盈利概率大的方向走，不做任何收益期望为负的操作，投资想不成功都难。

小结

在股票市场中有很多不确定性。面对这种不确定性，要学会科学地分析，以概率知识来武装自己的头脑。养成良好的科学素养，提高自己对不确定事件的把控能力，选择盈利概率的大方向，这是优秀投资者应该做到的。通过上述分析，可以总结出如下几点：

（1）股市总体上涨多跌少，时间越长涨的概率越大。

（2）摒弃直觉中的不理性思维习惯，要学会深入分析，科学计算，严格求证。

（3）股市投资，长线是金。

（4）不要做高频交易，注意控制风险。

（5）防止随机事件的极端情况出现在自己身上，连续失败后要冷静审视问题，不要盲目押注，想着尽快回本。

（6）跟涨炒题材股不可取，否则会“偷鸡不成蚀把米”。

（7）利用技术分析，要知其然还要知其所以然，不可盲目乱用。

（8）任何时候都要冷静行事，做一个肉身“阿尔法狗”。

（9）虽然投资股票能够获得很好盈利的是少数人，但是投资者通过自己的努力，可以让自己变成少数人。

第10章

A股、港股、美股纵览

投资者要做好投资，就需要对股市有一个全面地了解。由于语言及其他的因素，适合大多数投资者的股票市场主要是A股、B股、港股和美股。本章将对这几个股票市场的情况进行具体介绍。

A 股历史

20 世纪 80 年代我国开始出现股份公司，随后逐步建立股票交易市场。1990 年 12 月 19 日，上海证券交易所正式开业，1991 年 7 月 3 日，深圳证券交易所正式开业。这标志着现代意义的股票市场创立了。上证综合指数以 1990 年 12 月 19 日为基日，起点为 100 点，于 1991 年 7 月 15 日开始发布。

刚登场就来了个牛市

1992 年 5 月 21 日，上海市场股价放开管制，当日上证指数上涨 104%，指数首次跨越千点。到 1993 年 2 月 16 日，上证指数创出 1559 点的高位，平均市盈率近 500 倍。随后上市公司数量大增长，从 1992 年的 53 家扩张到 1994 年的 291 家，规模增长 4.5 倍，这也造成了股市的持续下跌，上证指数从 1993 年 2 月 16 日的 1559 点下跌到 1994 年 7 月 29 日的 325 点，跌幅为 79%。随后政府出台刺激政策，暂停股票上市，严控配股规模，扩大入市资金渠道，到 1994 年 9 月 19 日，指数又回到了 1053 点。

519 行情

1999 年 5 月 19 日，证监会提出“改革股票发行制度，保险资金入市、扩大证券公司合法融资渠道”等政策建议，开启了浩浩荡荡的 519 行情。当天指数大涨，涨幅为 4.6%，到 6 月底累计涨幅达 67%。到 2001 年，上证指数创出 2245 点的新高，整体市盈率超过 60 倍。

高估值毕竟不可持续，股市迎来长达 4 年的大熊市。从 2001 年的高点 2245 点，一直跌到了 2005 年 6 月 6 日的 998 点。

疯狂的 2007 年

然而，股市不断制造传奇故事，在令人心酸的 998 点之后，两年多的时间里，到 2007 年 10 月 16 日，上证指数创出了 6124 点的惊人高点，总市值达到 35.6 万亿元，较两年前的市值增长了 11 倍。6124 点这一历史最高纪录，到十多年后的今天都没能打破。

2007 年 A 股开户总数突破 1 亿户，到 2007 年年底，沪深两市总账户数量为 1.38 亿户。

别为我哭泣

2007 年美国开始出现次贷危机，随后逐步演变成为金融危机，开始波及全球，凄凉的旋律在全球回荡。在创出 6124 点后，A 股就开始急剧下跌，2007 年 11 月的单月跌幅就达到了近 20%。2008 年，总资产达 1.5 万亿美元的雷曼兄弟宣布破产，美国房贷两巨头——房利美和房地美出现危机，被迫由美国财政部和美联储接管。A 股从 6124 点开始下跌，连续跌破 4000 点、3000 点、2000 点，到 2018 年 10 月 28 日创出了最低点 1664 点。一年左右，上证指数跌幅达 73%。

刺激强针

全球金融危机，以及股市、房市大跌，政府也出台了刺激计划。积极的财政政策叠加宽松的货币政策，让 A 股第一个结束了下跌，在不到一年的时间里，到 2009 年 8 月 4 日，上证指数达到 3478 点的高点，涨幅达 109%。

3478 点对应的市盈率估值为 29.5 倍，对国际市场而言显然是高估的。对于有近 20 年历史的 A 股来说，该成年了。估值高了就需要挤挤泡沫。这也必然导致“熊出没”。到 2010 年 7 月 2 日，上证指数跌到了 2319 点，自 2009 年 8 月 4 日最高点 3478 点跌幅为 33%。在短暂的 4 个月回升之后，熊途依然漫漫，直跌到 2013 年 6 月 26 日的 1848 点。若从 2009 年算起，则这次熊市持续了近 4 年时间。

恒生电子制造的大牛市

2014 年，一个叫恒生电子的公司研发出了一个系统，它通过对证券账户的多个账户和子账户的同步管理，实现了配资资金、配资公司、配资客户之间的无障碍连接，是股票配资业务的一次大的技术革新。这像打开了潘多拉魔盒，于是大量原本没法参与股市的信托资金、银行资金、民间资本以股票配资的方式进入了股市。浩浩荡荡的杠杆牛市自 2014 年 7 月开始启动，到 2015 年 6 月一年左右的时间里，从 2000 点一路冲到了 5178 点，上证指数上涨超过 1.5 倍。

千股跌停，千股停牌，系统熔断

配资资金的大量涌入，让监管层感受到了系统性风险，要求严控场外配资。2015 年 7 月，恒生电子发出公告停止新开户配资功能，并逐步关停配资系统。牛市因资金而来，资金一走，自然就一地鸡毛。大量的配资资金撤出股市，导致股市急速下跌。下跌导致平仓，平仓导致进一步下跌，下跌又导致更多的账户平仓……平仓和下跌相互刺激，不到一个月的时间从 5178 点就跌到 3432 点，跌幅为 34%，创出指数跌幅的又一纪录。

2015 年 7 月 7 日，沪深两市超过 1700 只股票跌停，被称为“千股跌停”。为了防止股价快速下跌带来的影响，很多公司拿出了暂停交易的“妙招”，于是千股停牌的景观也出现了。国家开始组织救市资金入场，要求证金公司、各券商等买入股票，然而这只是让“大灰熊”稍稍停下来喘息了一下，没过几天，“大灰熊”又开始狂奔。

最终，这轮下跌，在 2016 年 1 月底的 2638 点刹住了脚。

2016 年至今

从 2016 年 2 月初到 2018 年 1 月底，上证从 2638 点上涨到 3587 点。当人们认为大周期的牛市来临时，2018 年又来了一个大反转，到年底跌到了 2440 点，自高点下跌近 32%。2019 年 4 月 8 日创出 3288 点后，指数开始掉头向下。

B 股介绍

B 股正式名称为人民币特种股票，建立于 1992 年。在 2001 年 2 月 19 日前，仅限于外国投资者买卖，此后对国内投资者开放。它是以外币认购和买卖，在中国境内上市交易的外资股。上海 B 股使用美元交易，深圳 B 股使用港币。B 股的名称是相对于国内发行的普通股 A 股而言的。截至 2019 年 8 月，两市 B 股共 96 只，总市值 4178 亿元，流通市值 665 亿元（数据来源：同花顺）。B 股相对于 A 股普遍都有折价，折价率从 50% 到 80% 不等。

A 股相关数据

截至 2019 年 8 月，股市总体情况如表 10–1 所示。A 股总上市公司数为 3674 家，在上证指数 2800 点时，对应市值约为 57.6 万亿元，其中流通市值为 42.2 万亿元，总账户数约为 1.55 亿户。B 股有上市公司 96 家，总账户数为 240 万户。

上证综合指数从 1990 年 12 月 100 点到 2019 年 8 月 2800 点，近 29 年的时间，对应的年化上涨收益率约为 12.2%，自 2012 年以来，股息收益率在 2.3% 左右。

表 10–1　股市总体情况

				股市总体情况	统计日期：2019 年 8 月
类　别	总上市公司数	总市值	流通市值	总账户数	备　　注
A 股	3674 家	57.6 万亿元	42.2 万亿元	1.55 亿	上海 A 股 1511 家，深圳 A 股 2163 家，市值对应上证 2800 点
B 股	96 家	4178 亿元	663 亿元	240 万	

上证综合指数以 1990 年 12 月 19 日为基准日，起始点为 100 点，如图 10–1 所示为上证综合指数自基准日到 2018 年 6 月的运行情况。截至 2019 年 8 月，上证指数共经历了 7 次牛熊。

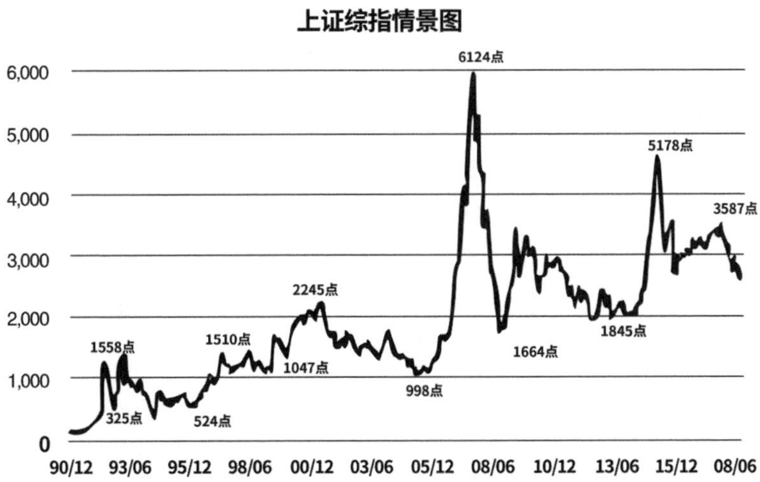

● 图 10–1　上证综合指数自开市至 2018 年 6 月的运行情况

图 10–2 所示为上证 A 股平均市盈率走势。从 1999 年至今，上证指数在

2017 年 6124 点时创出了最高市盈率 70 倍左右；在 2012 年到 2014 年间，跌为原来的 1/12 以下为历史最低。目前依然在历史低位附近。

● 图 10-2 上证 A 股平均市盈率走势

图 10-3 所示为 A 股分板块市盈率走势。图中走在最底部的一根线为上证 A 股市盈率曲线，走在最上面的一根线为创业板市盈率曲线。这表明上海市场 A 股的估值最低，创业板估值自创业板创立以来就一直处在市场最高位，深圳市场的 A 股普遍估值高过上海市场。从该图中也可以看出，A 股的估值重心是不断下移的。

● 图 10-3 A 股分板块市盈率走势

图 10–4 所示为 A 股平均市净率走势。A 股市净率走势图和市盈率走势图类似。从市净率指标看，上证 A 股估值最低，创业板估值最高，深圳市场普遍高于上海市场。从长期来看，市净率呈不断下降之势。

● 图 10–4　A 股平均市净率走势

图 10–5 所示为自 2012 年以来 A 股股息率统计数据。上证 A 股平均年股息率大致在 2% 到 3% 之间，且保持相对稳定，目前维持在 2.5% 左右。深圳 A 股的股息率只是在 2018 年短暂地超越了一次上证 A 股，其余时间均低于上证 A 股，目前维持在 1.2% 左右。创业板分红率在 0.5% 左右。

● 图 10–5　A 股股息率统计数据

表 10-2 所示以上证综合指数为基准的牛熊周期统计数据。持续时间最长的牛市为期 71 个月，是 1994 年到 2001 年创下的，上证指数上涨 5.7 倍。持续时间最短的牛市为期 4 个月，是 1992 年到 1993 年创下的，在 4 个月时间内上证指数上涨 3 倍。持续时间最长的熊市为 48 个月，是在 2001 年到 2005 年创下的，在 48 个月时间内上证指数跌幅为 56%。跌幅最深的纪录是 1993 年到 1994 年创下的，在 17 个月时间内创下了 79% 的跌幅最高纪录。熊市持续时间最短为 6 个月，虽然时间不长，但是跌幅很吓人，在 6 个月时间内下跌了 73%。

表 10–2　股市牛熊周期统计数据

股市牛熊周期相关统计												
次数	上涨周期起止时间	持续时间	上证指数最高点				下跌周期起止时间	持续时间	上证指数最低点			
			值	市盈率	市净率	涨幅			值	市盈率	市净率	跌幅
1	1990 年 12 月 ~1992 年 5 月	18 个月	1429	未知	未知	1429%	1992 年 6 月 ~1992 年 11 月	6 个月	386	未知	未知	73%
2	1992 年 12 月 ~1993 年 3 月	4 个月	1558	未知	未知	304%	1993 年 3 月 ~ 1994 年 7 月	17 个月	333	未知	未知	79%
3	1994 年 8 月 ~2001 年 6 月	71 个月	2245	61	5.6	574%	2001 年 7 月 ~ 2005 年 6 月	48 个月	998	15.6	1.7	56%
4	2005 年 7 月 ~2007 年 10 月	28 个月	6124	70	6.7	514%	2007 年 11 月 ~2008 年 10 月	12 个月	1664	14	2.7	73%
5	2008 年 11 月 ~2009 年 7 月	10 个月	3454	29	3.8	108%	2009 年 8 月 ~ 2013 年 6 月	47 个月	1849	10	1.4	46%
6	2013 年 7 月 ~2015 年 6 月	24 个月	5178	21	2.8	180%	2015 年 6 月 ~ 2016 年 2 月	9 个月	1638	13	1.6	68%
7	2016 年 3 月 ~2018 年 1 月	23 个月	3587	19	1.8	119%	2018 年 2 月 ~ 2019 年 1 月	12 个月	2440	12	1.3	32%
上证综合指数从 1990 年 12 月 100 点到 2019 年 8 月 2800 点，近 29 年时间，对应的年化上涨收益率约为 12.2%，自 2012 年以来，股息收益率在 2.3% 左右												

图 10-6 所示为 2015 年中国净资产收益率排名最高的 19 个行业。从该图中可以看出，排名第一的为卷烟制造业，为 15.7%，医疗仪器业排名第二，为 12.5%，中药产业的净资产收益率高于西药品业。白酒业和交通运输业排名分别

为第五名和第六名。从该图中，可以给投资者挑选行业提供参考。行业是有肥有瘦的，有的行业会长期拥有较强的盈利能力，有的行业长期不赚钱。

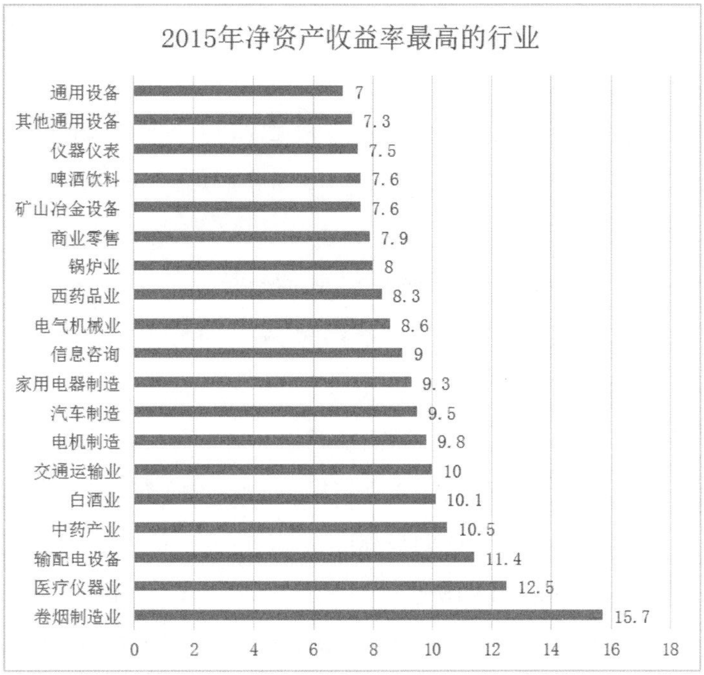

● 图 10-6 2015 年中国净资产收益率排名最高的行业

港股介绍

1891 年香港经纪协会正式成立，1914 年该协会命名为香港交易所，1969 年远东交易所成立，1971 年金银交易所成立，1972 年九龙交易所成立。1986 年 3 月 27 日，4 家交易所正式合并组成香港联合交易所，并开始享有在中国香港建立、经营和维护证券市场的专营权。

1964 年 7 月，恒生指数成立，基点为 100 点。

恒生指数自 1964 年 7 月 100 点到 2019 年 8 月 25281 点，近 55 年时间，对应年化上涨收益率约为 10.6%，平均股息率约为 3.5%。

港股现有上市公司约 2200 家，总市值约 4 万亿美元。

港股主要牛熊周期

第一轮牛熊：牛市时间自 1969 年 11 月至 1973 年 3 月，恒生指数从 100 点上涨到 1175 点。接下来开始下跌，到 1974 年 12 月，恒指跌至 150 点，下跌诱因是石油危机。

第二轮牛熊：牛市时间自 1974 年 12 月至 1981 年 7 月，恒指自 150 点上涨到 1810 点，上涨受益于中国香港出台一系列金融稳定政策。接下来，恒指自 1981 年 8 月到 1984 年 11 月跌到了 676 点。

第三轮牛熊：牛市时间自 1984 年 12 月至 1987 年 10 月，恒指自 676 点上涨到 3949 点。接下来，由于全球股市暴跌的影响，恒指自 1987 年 10 月到 1987 年 12 月跌到 1894 点。

第四轮牛熊：牛市时间自 1987 年 12 月至 1994 年 1 月，恒指自 1894 点上涨到 12599 点，上涨受益于内地资金涌入中国香港。由于某些事件的影响，恒指自 1994 年 1 月到 1995 年 1 月跌到 6890 点。

第五轮牛熊：牛市时间自 1995 年 1 月至 1997 年 8 月，恒指自 6890 点上涨到 16365 点，上涨受益于中国香港经济持续繁荣。由于亚洲金融危机影响以及索罗斯攻击港股，恒指自 1997 年 8 月到 1998 年 8 月跌到 6544 点。

第六轮牛熊：牛市时间自 1998 年 8 月至 2000 年 3 月，恒指自 6544 点上涨到 18394 点，上涨受益于网络科技开始商用。随后的互联网泡沫破裂将港股拉下水，恒指到 2003 年 4 月跌到 8331 点。

第七轮牛熊：牛市时间自 2003 年 4 月至 2007 年 10 月，恒指自 8331 点上涨到 31958 点，上涨受益于中国香港经济持续繁荣。受次贷危机带来的全球金融危机影响，恒指到 2014 年 3 月跌至 21137 点。

第八轮牛熊：牛市时间自 2014 年 3 月至 2015 年 4 月，恒指自 21137 点上涨到 28588 点，上涨受益于 A 股的大涨及沪港通和深港通的开通。接下来，到 2016 年恒生指数又下跌 36%，到了 18278 点。

第九轮牛熊：牛市时间自 2016 年 2 月至 2018 年 1 月，恒指自 18278 点上涨到 33484 点，上涨受益于中国香港经济持续繁荣。

相关统计数据

表 10-3 所示为港股自 1969 年以来的牛熊周期统计数据。最长的牛市记录是 1987 年 12 月到 1994 年 1 月创下的，历时 100 个月，涨幅为 5.6 倍。最短的牛市也持续了 14 个月，是在 2014 年到 2015 年间创下的，涨幅为 35%。最长的熊市持续时间为 40 个月，是在 1981 年到 1984 年间创下的，总共跌幅为 63%。港股熊市最大跌幅纪录为下跌 87%。从整体数据来看，港股市场随时间的往后推移，其波动幅度逐渐变小，牛市持续时间长过熊市持续时间，是典型的牛长熊短市场。

表 10–3　港股牛熊周期统计数据

港股牛熊周期相关统计										
次数	上涨周期起止时间	持续时间	恒生指数最高点			下跌周期起止时间	持续时间	恒生指数最低点		
			值	市盈率	涨幅			值	市盈率	跌幅
1	1969 年 11 月~1973 年 3 月	40 个月	1175	40	1175%	1973 年 3 月~1974 年 12 月	10 个月	150	7	87%
2	1974 年 12 月~1981 年 7 月	81 个月	1810	21.6	1107%	1981 年 8 月~1984 年 11 月	40 个月	676	6.2	63%
3	1984 年 12 月~1987 年 10 月	35 个月	3949	22.3	484%	1987 年 10 月~1987 年 12 月	2 个月	1894	12	52%
4	1987 年 12 月~1994 年 1 月	100 个月	12599	22.6	565%	1994 年 1 月~1995 年 1 月	13 个月	6890	12.6	45%
5	1995 年 1 月~1997 年 8 月	32 个月	16365	19.2	138%	1997 年 8 月~1998 年 8 月	12 个月	6544	8.0	60%
6	1998 年 8 月~2000 年 3 月	19 个月	18394	27.9	181%	2000 年 3 月~2003 年 4 月	38 个月	8331	11.0	55%
7	2003 年 4 月~2007 年 10 月	54 个月	31958	24.3	283%	2007 年 10 月~2014 年 3 月	12 个月	21137	7.6	34%
8	2014 年 3 月~2015 年 4 月	14 个月	28588	11.5	35%	2015 年 4 月~2016 年 2 月	11 个月	18278	7.9	36%
9	2016 年 2 月~2018 年 1 月	24 个月	33484	17.6	83%	2018 年 1 月~ 未知	未知	未知	未知	
恒生指数自 1964 年 7 月 100 点到 2019 年 8 月 25281 点，近 55 年时间，对应年化上涨收益率约为 10.6%，平均股息率约为 3.5%										

图 10-7 所示为恒生指数自 1990 年以来的市盈率数据。从该图中可以知道，在恒生指数不断创出新高的同时，其估值重心并没有上升，反而略有下降之势。过去近 30 年来，最低市盈率为 5 倍左右，最高市盈率为 1999 年到 2000 年间创下的，约 27 倍。恒指的主要估值区间为 10~20 倍之间。

● 图 10-7 恒生指数与历年市盈率数据

美股介绍

美股开盘时间是每周一至周五，美国东部时间 9:30~16:00，4~11 月为夏令时，12~3 月为冬令时，美国夏令时对应的北京时间是 21:30~4:00，冬令时对应的北京时间是 22:30~5:00。美股没有涨跌幅限制，最低报价为 1 美分。交易手续费通常按每笔或每股收取。

证券市场

美国有四大证券交易市场，分别为纽约证券交易所、纳斯达克证券市场、美国证券交易所和粉单市场。其中，纳斯达克市场为美股数量最多、交易量最大的市场。

纽约证券交易所：美国历史最悠久的证券市场，已经有超过 200 年的历史，上市股票超过 3600 种，总值超过 20 万亿美元。

纳斯达克证券市场：有约 30 年历史，共有股票超过 5000 只，以小型的新兴公司为主，有超过 2000 家是高科技公司。在美国上市的网络公司中，绝大部分在纳斯达克上市。

美国证券交易所：在这里上市的公司多为中、小型企业，因此股票价格较低、交易量较小，流动性也较低。美国证交所在 1998 年被纳斯达克证券市场并购，不过这两个证券市场仍然独立营业。

粉单市场：因把报价印刷在粉色纸上而得名，为一家私人企业，粉单交易市场已纳入纳斯达克最底层的一级报价系统，是美国柜台交易（OTC）的初级报价形式。按上市报价要求高低依次为：NASDAQ →柜台交易→粉单。

三大股票指数

美股有三大指数，分别为道琼斯指数、纳斯达克指数和标普 500 指数。

道琼斯指数是世界上最有影响、使用最广的股价指数。该指数最初是以 11 种具有代表性的铁路公司股票采用算术平均法编制的。自 1929 年起，道琼斯指数增加了公用事业类股票，包含的股票达到 65 种，并一直延续至今。

纳斯达克（NASDAQ）是（National Association of Securities Dealers Automated Quotations）英文缩写。纳斯达克指数是所有在纳斯达克交易所上市股票的资产加权指数，建立于 1971 年 2 月 8 日，最初的值为 100 点。纳斯达克为新兴产业提供竞争舞台、自我监管、面向全球的股票市场。纳斯达克是全美也是世界最大的股票电子交易市场。

标普 500 股价指数是由美国 McGraw Hill 公司，自纽约证交所、美国证交所及上柜等股票中选出 500 只，其中包含 400 家工业类股、40 家公用事业类股、40 家金融类股及 20 家运输类股，经由股本加权后所得到的指数，以 1941 年至 1943 年这一期间的股价平均为基数 10，并在 1957 年由 S&P 公司加以推广提倡。因为 S&P 指数几乎占纽约证交所股票总值的 80% 以上，且在选股上考虑了市值、流动性及产业代表性等因素，所以此指数一经推出，就受到了机构法人与基金经理人的青睐，成为评价操作绩效的重要参考指标。

图 10-8 所示为标普 500 指数历年市盈率数据。该指数在 2007 年曾达到了惊人的 70 倍市盈率。自 1987 年以来的最低值为 6 倍左右，主要运行区间在 10~22 倍市盈率之间。目前指数运行在区间上轨。

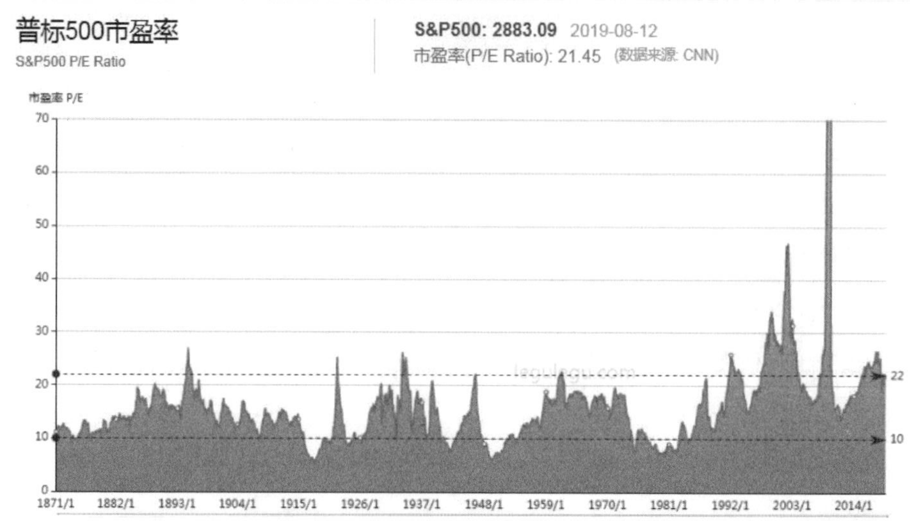

● 图 10-8 标普 500 指数历年市盈率数据

小结

本章介绍了 A 股、B 股港股和美股的情况，并对比较有价值的数据进行了收集统计，尤其是股市估值情况。投资者在日后的投资中可以将其作为参考，见过大世面才会见怪不怪。很多投资者，在熊市底部时，由于不知道历史底部时具体的估值情况，仅仅凭自己的想象，往往会过于悲观，从而在黎明前割肉离场。相反，在牛市时，尤其是历史大牛市，赚钱效应会让投资者不顾风险，认为股市会继续涨下去，而跑步入场，结果成了接盘侠。

认真地学习完本章内容之后，可以让读者对股市建立一个较为全面地认识，避免成为一只井底之蛙。只有熟悉股市、了解股市、吃透股市，才可以利用股市，让股市成为聚宝盆，使财富取之不尽，用之不竭。

第 11 章

股票买卖的方法与技巧

在目前的国内股票市场，实现投资收益有两个主要渠道：一个是股票的分红；另一个是股价的上涨。其中，股价的上涨占主要因素。当然，有人会说，在高价位做空，也是可以获得投资收益的。但是，一般而言，在股票市场中，做空是非常危险的。

另外，从大数据来看，股票是涨得多，跌得少，如果选择做空，就相当于选择了一个小概率方向，在小概率方向上赚钱，不是一个明智之举。所以可以看空，但不要做空。本章介绍的买卖方法和技巧都是在做多的思路上考虑的。

“愚人”的游戏

人除了有理性思维，还会有非理性思维。图 11-1 所示大部分亏损投资者买卖股票的方法，具有广泛代表性。在股价低位时，由于前面股价下跌的事实就在眼前，所以投资者在投资时想得更多的是风险，这导致其即使看到股价处于低位，也不敢大幅度地买入。

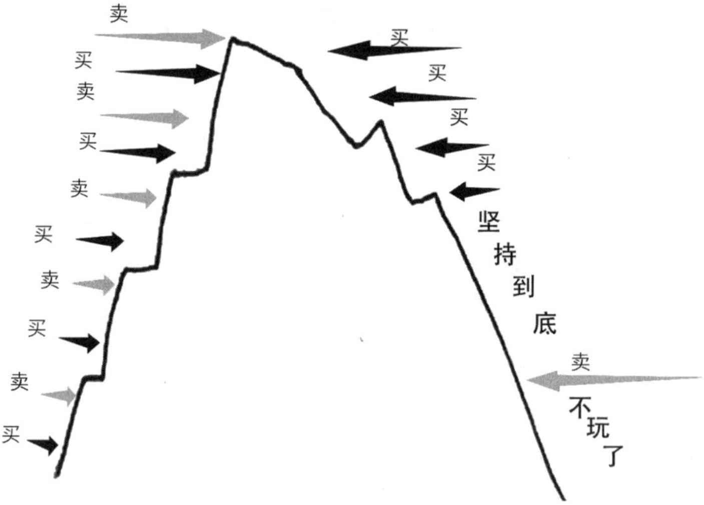

• 图 11-1　大部分亏损投资者的买卖方法

在小仓位买入后，股价小幅上涨时，联想起之前没有及时止盈而导致盈利化成了泡影的情形，所以就会马上卖出，美其名曰“止盈”。但是，当卖出后看到股价依然在上涨，又会经不住诱惑，继续买入，小幅盈利后止盈卖出。如此往复循环，并且由于之前每次买入都盈利的事实摆在面前，所以，在股价高位时会越买越多，持仓成本越来越高。由于在股价上升期间，有很多时候是不持有股票的，这会错过很大一部分涨幅。假设股价从低点到高点的涨幅为 100%，那么投资者可能会错过至少 30% 的涨幅。股价涨了 100%，自己的盈利却是 70%，表明投资者已经输给了市场。

接下来，在股价出现翻转开始掉头向下时，“韭菜”们想到的不是自己买贵了的巨大风险，而是联想到之前小幅回调后都会继续上升的事实，觉得这次和以前一样，跌了还会涨回来，于是在下跌的初期会继续买入，在股价下跌到半山腰的时候，为了想尽快回本，要么倾其所有继续买入，要么割肉离场。在半山腰割肉离场的，以实际的亏损出局，选择继续持有的，接下来要面临更严重的浮动亏损。当股价一次次跌破其认为不可能跌破的价位后，亏损的事实会驱使其卖出股票。于是，在股价跌至最低点的时候，投资者选择了将股票全部卖出以斩断亏损。一茬韭菜就这样被收割。

在看到上述这幅图的时候，很多人会笑话当事人的愚昧，但实际上，很多人都是这群人中的一个。这是为什么呢？原因如下：在图 11-1 中，给出了股价波动的全貌，一眼就能看出股价什么时候是高点，什么时候是低点。知道这个波动全貌的人，就肯定不会在低价时买得少，在高价时反而大量买入。同样，在股价下跌周期中，很多人会按之前习惯性的思维认为这只是短暂回调，股价还会创新高，所以才不会高位跑路。

如果把图 11-1 分解成两张图，当事人只能看到图 11-1a 或图 11-1b。这也正是我们通常所面临的真实情形，即只知道股价现在和之前的一小部分情形，而不知道未来的情形。

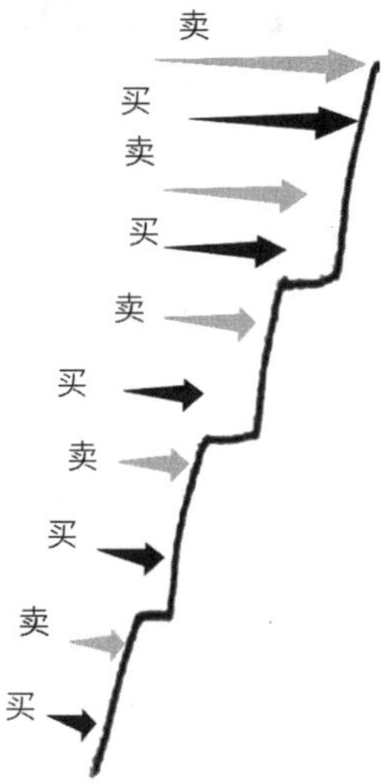

• 图 11-1a　股价上升周期

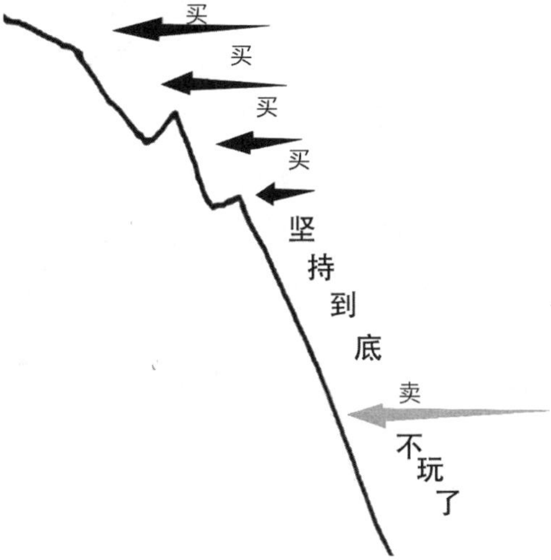

• 图 11-1b　股价下跌周期

图 11-1a 所示为一个股价单边上涨趋势线，用趋势投资理论来说，越买越多、越买越贵一点都没有问题，因为上涨初期的趋势是不太明朗的，上涨中期趋势逐

渐明朗，上涨末期趋势确认无疑。而在面临图 11-1b 的情形时，刚开始下跌趋势并不明显，加之投资者被套想迅速解套的心理作用，会选择加大仓位，以图稍微反弹就可以解套。

这时，投资者根本就不会想到自己已经做了别人的接盘侠，反而沉浸在自己的错误判断中，结果造成亏损不断加重。这就是趋势投资者的行为，趋势投资是被很多人认为最快的赚钱行为。他们通常不会管股价是贵还是便宜，只要能涨就敢买，只要会跌就一定要卖。

低买高卖是股市投资最根本的精髓

人们之所以会犯上述愚人般的错误，其实就是因为放弃了低买高卖这一股市制胜的最根本准则，或者根本就不知道什么是股价的低位，什么是股价的高位。对于“低买高卖”这一准则，很多人会不屑一顾，觉得这是废话，还需要写在书里吗？其实，真正做到这一点并不容易。

以图 11-1 的例子来说，如果真正地践行低买高卖策略，那么在股价上涨初期，应该都是买入，而不会卖出。当股价涨到一定位置后，股价变得贵了，这时就是卖出而不会买入。在下跌的过程中，不会在下跌初期买入，因为下跌初期股价很贵，要么观望要么卖出，只有下跌到一定价位后，股价变得便宜了，才是买入的时机。这种思路就是盈利的思路。

下面来看图 11-2 所示的股价曲线。

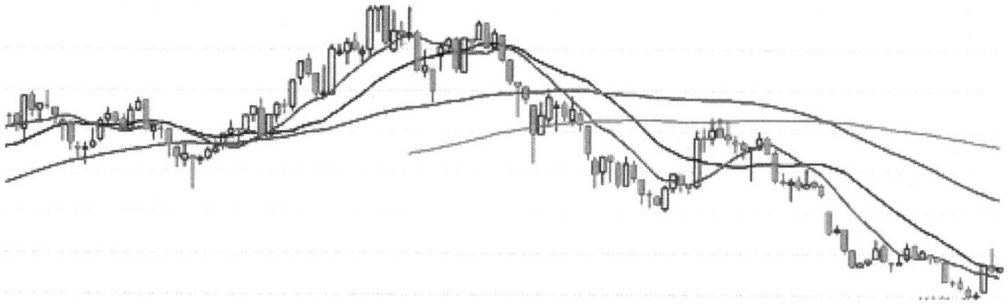

● 图 11-2　某股票股价下跌走势

从图 11-2 中的股价走势来看，似乎在这个时期的任何时候买入都是错误的。因为不管什么时候买入，持有到最后都是浮亏的局面，尤其是在中间时期出现 M

形双顶时买入，更会被人耻笑。

从图 11-3 中可以看出，在这种情况下，任何时候买入都是赚钱的。谨慎的投资者会在后期卖出离场，以保住盈利，并且会以自己及时止盈离场而沾沾自喜。

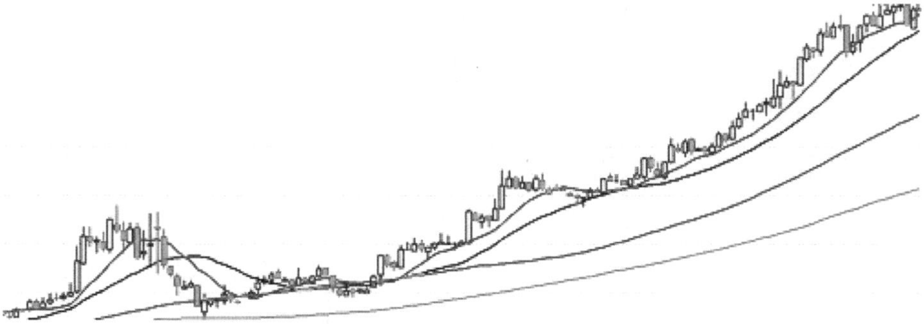

• 图 11-3　某股票上涨时期走势

实际上，只有等到最后，才会知道什么是聪明，什么是愚蠢。图 11-2 所示为 2012 年到 2014 年股价在 100 多元左右的贵州茅台股价走势，虽然在这段时期股价都是下跌的，但毫无疑问 100 多元的茅台肯定是便宜的。在东西便宜的时候，就应该是买入而不是卖出。图 11-3 所示为 2014 年到 2017 年的贵州茅台股价走势，最高价是 700 元。如果在 2017 年以 700 元的最高价卖出了，那么也不会高兴太久，因为没过多久它又创出了新高，股价超过了 1100 元。其走势如图 11-4 所示。

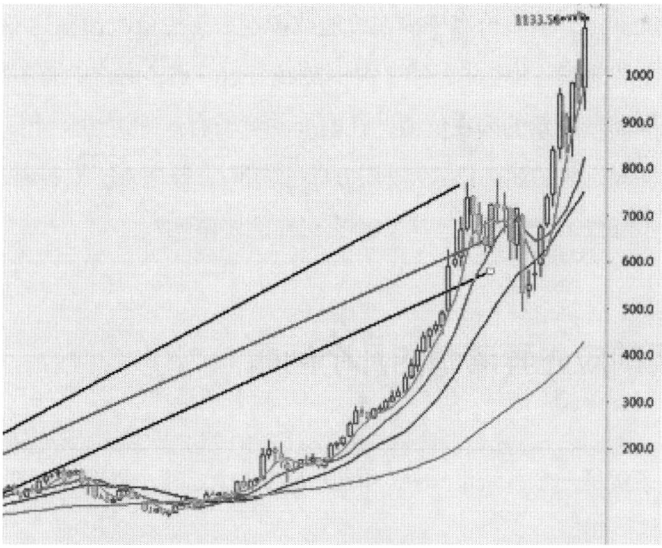

• 图 11-4　2012—2019 年的贵州茅台股价走势

其实，很多人没有买茅台或者买了茅台还没赚到钱，甚至赔了钱，是由两个原因造成的：一个是不知道茅台股票的真实价值是多少，另一个是没有坚持低买高卖原则。如果是2012年到2014年期间，如果知道茅台的真实价值是500元以上，那么即使买在2012年到2014年期间的最高点也不会后悔，而且会越跌越买。在2014年股价开始上涨之后，如果知道未来几年内其内在价值会超过千元，那么肯定也不会轻易地把它卖掉。

诚然，即使是茅台这样的大白马，我本人也没有买卖过。错过大白马自己会懊悔吗？其实也不用。我很少喝茅台酒，也没有花时间去研究过白酒行业，而是将自己的主要投资精力放在了互联网和金融行业，我在互联网领域的收获也不错，茅台的钱不在自己认知范围内，没赚到不后悔，毕竟每个人都有属于自己的能力圈。

当然，对于一个长期赚钱的潜在标的，自己没有去关注和研究，这是不对的，需要改进。其实，每个投资者在看到错过的白马股时，都要有这种态度。不要看到别人的股票涨了，就去追风买入。别人能赚钱，不等于自己能赚钱，一个人是赚不了自己能力圈之外的钱的，除非先拓展自己的能力圈。

回归正题。其实买卖股票前，首先不是要看股价走势，而是要衡量股票的内在价值和股票价格的关系。当内在价值高于当前股价时，就是买入时机，当然如果在买入时再加上一个安全边际就更好了。也就是说，股价低于内在价值很多时，才是比较好的买点。当股价高于内在价值或预期未来投资收益率达不到自己要求时，就是卖出的时候。相信这一点，并时刻践行这一点，必定会有不错的收获。

对于怎样衡量股票的内在价值，在前面的章节有详细讲述。计算股票的内在价值是一件枯燥乏味的活，且需要一定的专业知识，普通人不太容易做到。但是，又想在股市中赚钱，又不用费工夫，哪有这样的好事呢？

买卖股票前应先弄清楚的几个问题

股票的买卖是一个系统性策略，所以在制订计划前，需要先把该系统中面临的几个问题搞清楚。

你的期望收益是多少

为什么先要明确自己的盈利期望呢？这是因为不同的盈利期望需要的投资策略是不一样的。如果你的盈利期望是年化 5%，那么根本不用考虑太多价格问题，只要在不太贵的时候买入大盘蓝筹股就可以实现，或者批量买入公司债券，忽略短期波动，也可以实现。如果你想获得 10% 左右的收益，那么买入上证指数基金、沪深 300 指数基金或上证 50 基金等大盘蓝筹指数基金就可以，无须太多费脑。但是，如果想要超越市场，或想要大幅超越市场，就必须要做到在选择股票时优中选优，买入价格足够低，卖出价格足够高。

所以，必须要先有盈利期望，才好对应地制定投资策略。对于普通的投资者来说，盈利期望定在年化 10%~15% 会比较合理，因为该盈利水平已经超越了大盘指数。这其实已经不太容易了，因为你的竞争者也不傻。当然，还可以将盈利目标定得更高一些，但是，这要考虑自己是否有能力实现此目标。

目标过高而能力没有跟上，则容易搬起石头砸自己的脚。只有少数对股市有很深的研究，有较高投资水平的投资者才可以将自己的盈利期望定在超过 20%。20% 这个数字看起来并不是很大，但要知道的是，长期年化收益超过 20% 的，代表的是股市投资的世界顶尖水平。

投资期限是多长

对于股价短期的表现，我们可以认为是随机的，涨跌幅度的期望值也是很小的，甚至可以近似为 0。我们想要获得大额的投资收益，往往就需要较长的时间，有的需要几个月，有的则需要几年时间。同样，股价的高低波动需要时间，如果我们想要在一个很便宜的价位买入，并在一个相对合理或较高的价格卖出，那么往往需要至少一年以上的时间，长的可能需要 3~5 年。如果你的投资期限是最长两年，那么即使在 2012 年 100 多元时买入茅台，也依然赚不到钱，而且会小幅亏损，但如果投资期限是 5 年，是 10 年，或许在任何价位买入茅台都是赚钱的。

另外，如果不考虑股票的估值变化，仅仅依靠公司的内在价值增值，那么也是需要时间的。公司赚钱不是一天两天的事情，不存在短期就能赚大钱的暴利生意。这就需要投资者耐心地等待。另外，公司的业务可能会有周期性，在周期底部甚至有可能还会亏损，这也要投资者耐心地等到公司利润丰厚之时。

如果不想在黎明前认输离场，就必须能耐得住寂寞，能守得到黎明的来临。国内 A 股市场最长的下跌周期是 48 个月，即 4 年。如果再给一年的回升时间，那么要覆盖这个周期就应该将投资期限定为不低于 5 年。只有这样才能够让我们有足够的时间烫平周期的波动，以期获得好的回报。

当然，话说回来，如果你是短线高手，就可以忽略我上面所说的。前提是，你真的是短线高手吗？你经历了长时间的验证了吗？确定之前的短线操作盈利不是因为运气好吗？

盈利的逻辑是什么

盈利的逻辑是制定具体投资策略的指导思想。技术投资派通过分析过去股票价格变动，来总结出股票上涨和下跌的各种规律，从而利用这些规律为自己的盈利服务。量化交易者通过大量的数据分析，找出盈利期望值最大的投资策略，从而实现盈利。而作为普通的投资者，在能力和实践上比较欠缺，所以就应该找一个比较容易实现的策略。普通投资者最容易做到的是买入好公司并长期持有。如果想进一步，就想办法以较低的价格买入。若想再进一步，则可以在持有期偶尔以较高的价格卖出，等股价下跌时再买回来，适当地赚一些价格波动的钱。

每个人的擅长点是不一样的，所以，每个人的盈利逻辑也不尽相同。不论如何，切记不可以想着去赚能力圈之外的钱。如果你对股价的波动规律认识不足，而非要去和别人做搏杀，那么这会将自己置于巨大的风险之中。

我认为，最好的投资逻辑就两条：一条是买入好公司，并长期持有，赚价值成长的钱；另一条是低价买入好公司，不贵时持有，贵了时卖出，既赚价值成长的钱，又赚股价波动的钱。前者适合初级投资者，后者适合高级投资者。

对这只股票研究得怎么样

不熟不做，不懂不做，没有把握不做，这是所有投资大师的必守信条。要熟悉和看懂公司，就必须对公司做深入的研究。另外，在面对一些不确定性时，如果能通过更广泛的信息和更深入的研究来排除这些不确定性，比其他投资者了解得更多，那么对于别人来说是风险的投资，对你来说可能就是机会。当别人的恐慌就是你的兴奋时，当别人疯狂就是你的恐惧时，你就能战胜市场。任何时候，都是多算胜少算。

没有研究过茅台的人，赚不到茅台的钱。没有研究过腾讯的人，也很难赚到腾讯的钱。靠投资赚到的钱，实际上是其投资研究成果及投资水平的变现，其投资资本只是一个放大系数而已。

如果你不知道怎么去研究股票，那么去买大盘指数基金好了，或者加强学习。

对于某只个股，如果你的回答是研究透了，完全摸清楚了，那么你可以开始制定自己对于该股票的买卖策略了。

买入策略

虽然每个人都应该根据自身情况制定适合自己的投资策略，但是每一个成功的策略都有其相似性，甚至可以标准化。很多人头脑中有一个正确的投资思想，但是在具体行动中不知道怎么去做，或者在具体行动中违背其投资思想，这是投资水平的问题，是投资的能力还没有成熟到可以应付实际复杂的投资环境的问题。下面讲解一个可以标准化的买入策略。步骤如下：

评估股票的内在价值

一切股价高低贵贱的参考点都是股票的内在价值，没有这个参考点，就无从谈股价高低。股价的高低贵贱不是和股票的过去及未来比，也不是和其他的股票比，而是和股票的内在价值比。股价低于内在价值就是便宜，高于内在价值就是贵。在评估内在价值时，一定要从一个生意的角度去考虑，能赚钱的生意才值钱。

熟悉股价的波动规律，从而利用市场的愚蠢

我们希望能够买在一个很低的价位，也希望能够卖出一个很高的价格。这个高低价是从市场中得来的。我们都希望买入价越低越好，卖出价越高越好，但这要求市场上有这个价格才行，否则就是一厢情愿。

我们都知道，恐慌时会造成股价向下波动，疯狂时会造成股价向上波动。如果我们对此波动规律熟悉了，那么对于自己设定一个买卖点就很有帮助。所以，

这一步要求我们对公司过去 5 年、10 年的股价波动情况进行分析，对同类公司的股价波动情况进行分析，甚至对整个市场的波动规律都要搞清楚，从而预测未来股价波动的范围，然后根据该波动范围来确定股票的买卖价格。

根据自己的预期收益确定买入点和卖出点

如果盈利要求高，就要求买入的价格低，卖出的价格高。另外，风险是需要付出成本的，降低买入成本实际上就是在降低风险。要想高收益就应该给自己留下足够的安全边际，以让自己付出的风险成本足够低。不同的收益期望，对买入时的价格要求是不一样的。所以买入点因人而异。

盈利要求高就要有更大的耐心等到一个好的低价格买入，而不是慌不择路地怕错过上涨。很多人是反着来做的，因为给自己设定了一个很高的盈利期望，所以不管多大的风险都敢去冒，不管多高的价格都敢去买，这样只是提高了自己的成本，收益会因此下降。收益的期望要与自己的能力和愿意付出的努力相匹配，一个不切实际的收益期望，会让人适得其反。

根据对公司的研究，低买高卖或者长期持有

上述工作做好了，剩下的就是贯彻执行了。总结来讲，先找到好公司，然后根据自己的收益期望确定自己的买卖价位，到了买入价位就买入，到了卖出价位就卖出，其他时间就观望或持有。认清什么是正确的事，认真做正确的事，坚持做正确的事，这是成功的 3 个原则。

买入时机

对盈利期望低的投资者来说，只要是价格不高的股票，都是可以买入的机会。如果将盈利要求提高，那么买入的机会就会变少。投资者的情绪变动是由多重因素决定的，甚至有时候会有些无厘头。因此想精确预测这种情绪变动带来的股价买卖时机几乎是不可能的。而且，除了操纵市场的犯罪行为，一般情况下，普通投资者没法创造时机。

所以，对普通投资者来说，买入的时机不是创造出来的，而是等出来的。要

记住，涨久了会跌，跌久了会涨，高估了会跌，低估了会涨，这种波动会不断重演。那么最高明的策略就是去等待，在股票低价时才入手。巴菲特为什么会经常持有大量现金在手？不是他故意浪费自己的资金，而是他在等待机会，等待抄底的机会。

其实很多人并不是没有碰到过好的时机，而是当时机来临时，没有做好充分的准备，看着时机白白地溜走，或者当时机来临犹豫不决，甚至不切实际地期待一个更好的时机。

投资者如果在股价高位时将自己的子弹全部用完了，那么当股价低位的机会来临时，就没有资金买入，这个机会就会被浪费。

当然，对于市场波动的机会，投资者还是要根据自己的策略来定。如果在你的投资策略中，不考虑股价波动给自己带来的盈利，不赚市场波动的钱，那么安心持有就好。面对股价波动的机会而不能利用时就应该坦然地面对，因为你在制定投资策略时就没有考虑过要赚这个钱。“不忘初心，方得始终。”

如果想赚市场波动的钱，就要留出资金，耐心等待股价下跌，从而捡到低廉的筹码。

地震、战争等因素往往会造成股价大幅下跌，且这些因素对公司盈利的影响都是一次性的，所以这都是买入时机。

公司偶然性负面事件的发生、系统性负面事件的发生，若造成股价大幅下跌，则其对公司盈利的影响是一次性的，这时是买入的时机。

总之，最好的买入时机就是股价大幅低于内在价值的时候。

买入股票时的技巧和原则

新选的标的应先小部分买入

对公司的研究有一个过程，要真正地研究透，需要很长的时间，这时间通常在 1 年以上。人都是懒惰的，如果没有持仓，通常就不愿意花很多时间去做很深入的研究。如果没有进行深入的研究就大资金地买入，那么风险是巨大的。所以，刚开始，只能少量地买入。当有了持仓后，通常这会驱使自己更多地去关注公司，更多地去对公司进行研究，这样就可以让自己对公司了如指掌。

大胆地买入

当自己对公司已经有深入的研究，并且出现了能够达到自己收益率预期的低价时，就可以大胆地买入了。内心的坚定与否与自己对事物的把握程度有极大关系。如果很确信这只股票值 10 元，那么当它跌到 5 元的时候，肯定敢大胆地买。如果对股票的价值不确定，即使股票跌到 3 元，也依然会犹豫不决，甚至有可能做出卖出操作。所以，对公司的研究以及对股票价值的把握程度成为关键。

要尽量避免自己处在市场情绪当中。如果自己的情绪和市场是一样的，市场恐慌时自己也恐慌，市场高涨时自己也疯狂，那么自己也会和市场一样变得愚蠢，因此也就无法利用市场的愚蠢。

要做到独立于市场，就应该让自己平时远离市场，独立思考，冷静判断。面对市场恐慌，而自己又不敢买入时，应该问自己如果这个价位放在以前，会不会觉得是很低的价格？现在在这个价位买入，能不能达到自己的盈利预期？股价进一步下跌的可能性有多大？若进一步下跌，自己会不会被迫平仓？对这些问题进行思考并得出了答案，自然会有一个决定。如果真的是一个大好的机会，那么就大胆地买入吧。在低价的时候不大胆地买，难道要等恐慌过了，股价涨起来才买吗？

几种错误的思想

错误 1：在熊市时不敢买入，尤其是在大熊市时更不敢买入。股市的牛熊不可预测，股价什么时候涨，什么时候跌也是不可知的，但股价的高低贵贱是可以知道的。熊市会造成股价大幅低于内在价值，大幅低于内在价值就是很好的买入机会，投资的机会是看股价是不是足够便宜，是不是足够低，而不是看熊市或牛市。

错误 2：在股价下跌时不敢买入。有人说在股价下跌时买入是接下落的刀子，很容易伤到手。这有一定的道理，但并不是所有的下跌都是刀子。在股价高估时的下跌，在没有跌到内在价值之下时，还是有很大可能继续下跌的。如果在股价还没有跌透时就买入，就是在接下落的刀子。如果虽然是下跌过程，但是股价已经非常低估了，那么这时买入就不再是接下落的刀子，而是接天上掉下来的馅饼，此时要大胆地接，尽自己所能地接。其实这一点和上一点的道理一样，在面对真正的低价时，是不需要考虑趋势的。

错误 3：出现谣言时不敢买入。有些市场谣言也会造成股价下跌。如果经过自己的认真分析发现这些谣言是站不住脚的，那么这些谣言就是给你创造的低价机会。有人会用股价下跌来证明谣言是真的，言之凿凿地说：“你看，股价都跌成这样了，那个消息肯定是真的，要不然股价不会跌这么多。”事实上，谣言是否属实，与股价是否下跌没有关系。

错误 4：宏观经济悲观时不敢买入。当宏观经济悲观时，首先应该重新衡量股票的内在价值，如果悲观的宏观经济不会降低股票的内在价值，那么它造成的股价下跌就是买入机会。

错误 5：根据股价的涨跌来买卖。有些人认为股价一直下跌的公司就是烂公司，股价一直上涨的就是好公司，这也是一种错误的想法。要成为一个高水平的投资者，始终要记住，股价的涨跌不是自己买卖股票的理由，只有股价涨或跌到自己的买卖价位时才是买卖的理由。

当然，所有的下跌买入都必须要有一个前提，即公司依然是好公司，且股价已经跌到了大幅低于内在价值的价位，只有价格大幅低于内在价值的好公司股票才值得买入。

买入公司应坚持遵守这几个要求

（1）做假账的公司不买。远离骗子，才能避免被骗。

（2）没有业务增长的亏损公司不买。这里的亏损为什么要加上没有增长的前提呢？因为亏损有多方面的原因，有的公司亏损确实是因为业务不行，或竞争不过人家，那么对于这种公司就不能买。但有的公司现在的亏损是由于进行了大量的投入，为了未来获得更多的盈利，那么这种亏损是可以容忍的。

（3）不重视股东利益的公司不买。小股东很难对公司施加影响，如果公司不重视股东利益，那么它赚的钱可能就与小股东没有关系。

（4）盈利能力不强的公司不买。投资者不要放弃自己的选择权，市场上有大把的好公司让自己选，为何不选择最优的呢？有盈利能力强的公司可买，就没有必要买盈利能力弱的公司。

卖出股票的时机和技巧

买卖策略是在买入前就制定好了的，所以股价到了策略的卖出价位就是卖的时候。如果采用买入并持有的策略，那么就是买入好公司之后，只要公司依然是好公司，不管股价如何变化，都不卖出。如果采用买入好公司并适当赚取市场差价的策略，那么在持有期出现了估值高点，并且有较大机会能够在未来以低价买回来时，就可以适当卖出，赚一些市场波动的钱。

一般情况下，卖出股票应该遵循以下原则：

（1）达到了预定的投资策略卖出点。

（2）公司基本面发生变化，重新估值后，股价高于评估价。

（3）有更好的投资标的。

（4）股价严重高估，未来有较大机会以低价买回来。

迅速大胆地卖

买入时不要大胆地买，是怕自己没有研究透，但是投资者在买入并持有一段时间后，一般来说对公司已经有了很深的了解，如果市场出现了好机会让你卖出，就要抓住机会，可以一次性卖出，不要拖拖拉拉。好的机会不会持续很久，所以当机会来临时，要充分利用机会。很多人在卖股票时会设定一个很复杂的策略，比如涨到什么价位卖出多少仓位，再涨到什么价位又卖出多少仓位，等到什么价位的时候才清仓。买入时也是同样。其实，这样的策略很容易让投资者陷入投机的陷阱。

为什么这么说呢？当到了第一次卖出的价位时，实际上对于你的策略来说，股价已经是高位了，这时不能再持仓了，按低买高卖原则，应该全部卖出才对。但是有些人到了应该卖出的时候，觉得市场是一个上涨趋势，加上之前盈利带来的信心，所以不愿意卖出，想再多赚一点。

这是不是就把自己变成了一个趋势投机者呢？股价都是高价了还继续守着，以期待一个更高价卖出。投资者可曾想过，价格升高，股价未来上涨的机会变小，下跌的风险增大，这将会让自己处于一个不利的境地。要时刻牢记低买高卖的策略。之所以要在低价的时候买，是因为在股价处于低位的时候，未来涨的概率高；

之所以要在高价时卖，是因为在股价处于高位的时候，未来跌的概率高。当股价已经处在高位时，却认为未来涨的概率还是很高，这是不是与之前的策略相矛盾呢？用一个矛盾的策略买卖股票，是不会获得好收益的。

在低价时持有股票，是因为我们是价值的信徒，股价没涨到价值线附近就坚定持有，一个月不涨就持有一个月，一年不涨就持有一年，5 年不涨就持有 5 年，一直不涨就持有到永远。但是在股价高位时，持有它就像拿着烫手山芋，会很难受的。套用巴菲特的那句话："不能持有它十年，就不要持有它十分钟。"既然股价已经高到让你拿着难受了，那么为何不卖出呢？另外，只有高价把股票卖出了，未来股价下跌时才有现金买入股票。否则等下一次出现低价买入机会时，哪里有钱来买入呢？

关于卖出的一些错误思路

错误 1：等回本了再卖。市场认可的价格与个人的买入价格没有关系。对单个的普通投资者来说，其持仓成本不足以对市场造成影响。那么未来市场的运行就与单个投资者的持仓成本没有关系。对于一只基本面不断向坏的股票，或在一只极高的价格买入的股票，在股价还没有跌到内在价值线之前，卖出得越早越明智。

错误 2：等涨一点再卖。这是一种短线投机心理。短线交易者都是这么想的。如果说涨一点再卖是正确的，那么为什么不等到涨多点再卖？始终记住我们卖出股票的原则，是高估了卖，如果现在已经是高估了，那么就现在卖，而不是等涨一点再卖。无论如何，卖出的原则都不能动摇。

错误 3：股价涨了或股价跌了所以要卖。投资股市最忌讳的是看着股价涨跌买卖股票。这就是很多人在 1000 点离场，而在 5000 点进场的原因。始终记住是低买高卖，便宜买进，贵了卖出。如果股价涨了，但还是很便宜，那么依然是买入，而不是卖出。如果股价跌了，但依然很贵，那么还是要坚决离场。

错误 4：为了止盈止损卖出。很多投资者为了控制风险和保住盈利，会设定一个止盈线和止损线，比如亏了 10% 就平仓止损，赚了 10% 就平仓止盈。这个方法在我介绍的投资策略体系中是不可取的，甚至可以说是严重错误的。为什么这么说呢？假设对一只股票进行评估，认为它至少值 5 元，那么 5 元以下是低估，

5 元以上是高估。如果你在 4 元时买入了，但不幸的是股价继续下跌到 3 元，如果你有下跌 10% 止损的策略，那么 3 元的价格已经到了止损位必须卖出了，但是从价值的角度看，4 元都是你可以接受的低价，那么为什么股价到了 3 元时，不去更多地买入反而去卖出呢？这是不是很矛盾？这是不是与内在价值为锚的买卖策略相违背？同样，止盈的错误也是如此。

更多的买卖策略

上文中提到的买卖策略，都是在确认了公司是好公司的前提下做出的。投资者如果想增加自己的盈利机会，就可以考虑往更广的领域寻找买卖机会。当然，对于不同类型的公司，其买卖策略会有所不同，区别在于衡量高低贵贱的尺度和方法不同。但是，不论如何，都不能忘了一定要低买高卖。对此在本书前面关于估值的章节中有详细叙述。下面简单介绍几种类型的公司买卖方法。

烟蒂型公司

烟蒂型公司的买卖是格雷厄姆所擅长的，在巴菲特投资生涯的早期其对此也乐此不疲。伯克希尔哈撒韦公司就是巴菲特买入的烟蒂公司之一，不过这家没落的纺织厂后来实在难以为继了，巴菲特只好把伯克希尔公司的纺织业务处理掉，留下一个空壳来做投资公司的母体。

烟蒂型公司是指经营情况糟糕的公司，就像被人扔掉的烟蒂，已经被人扔掉了，但是捡起来还能抽上一两口。对于这样的公司，买入时不是考虑它的盈利问题，而是从净资产的角度去考量。当股票价格大幅低于净资产时就买入，股价回升到净资产的一定比值时就卖出或直接将公司进行破产清算卖资产，从而达到盈利的目的。在买入这种公司时要考虑其价格是否足够便宜，资产是否容易变现，以及变现后的价值是多少。

强周期性公司

强周期性公司是指公司业务会有很大的波动，好的时候很好，差的时候很差，不断地进行好坏循环。这些公司以农业类、资源类、化工类为主，比如与养猪相关的温氏股份以及中国石化、中国铝业、宝钢等。在对这样的公司进行估值时，不是以市盈率为主要参考指标，而是以公司的市净率为主要参考指标。

因为这些强周期性公司的业绩波动很大，以它的业绩为公司股票估值很容易出现偏差，但公司的净资产会保持相对稳定，所以以股价和净资产的比值即市净率对公司进行估值会比较实用，这样可以比较容易找出市场被低估的时候以及市场被高估的时候。

具体设置一个什么样的买卖点合适呢？可以将过去5~10年的市净率列出来，假设过去的市净率主要波动区间是在 0.7~1.5 倍之间，那么股价在 0.7 倍市净率附近时就是买入时机，1~1.5 倍市净率时是卖出时机。

稳定增长型公司

净资产收益率在 15% 左右或长期增长率保持在 15% 左右的公司，称为稳定增长型公司。这些公司以长江电力、中国平安、招商银行等为代表。对于这种类型的公司，如果你想获得 15% 左右的预期收益，那么股价在净资产附近时就是买入时机，然后一直持有就可以实现。

其实，这个逻辑很简单。如果公司净资产收益率是 15%，在净资产附近买入，那么公司的净资产收益率对应的就是你的投资收益率。

高速增长型公司

营业收入或者盈利常年保持在 25% 以上增长的公司，称为高速增长型公司。这些公司以茅台、格力、海天、腾讯等为代表。对于这种类型的公司，其在市场上往往受到投资者追捧，如果想以净资产的价格或者在市盈率为十几倍的时候来买入，那么几乎不可能买得到。

以彼得·林奇为代表的投资者发明了一种估值方法，那就是用 PEG 指标，即市盈率与增长率的比值。这个原理是对于增长率高的公司，可以给它一个较高的市盈率。通过统计过去 A 股的价格表现，得出如下规律：

（1）长期年增长率为 30%~60% 时，在 PEG<0.9 的时候买入。

（2）长期年增长率为 60%~100% 时，在 PEG<0.7 的时候买入。

（3）长期年增长率为大于 100% 时，在 PEG<0.5 的时候买入。

对于长期高速增长的公司，买入后不要轻易地卖出，只有在增长明显减缓的时候才可以卖出，否则就会有卖飞后捶胸顿足的懊悔。

买卖方法示例

上文讨论了很多内容，都是在理念和思路层面上。对于什么价位可以买，应该买多少，什么价位卖，卖出多少仓位合适等问题还没有答案。根据我个人的投资实践，总结出了一个比较实用的买卖方法，下面进行讲理，供读者参考。

在买卖过程中，以内在价值为参考点。同时，为给自己的买卖留下回旋的余地，且有博取股价波动收益的空间，可以分 5 个价格档位买入，分 3 个价格档位卖出。具体步骤如下：

（1）根据公司的基本面，测算出股票的内在价值。

（2）根据自己的风险偏好，设定一个安全边际。安全边际通常可以设置在 20%~35% 之间。

（3）内在价值减去安全边际，得出第 1 档买入价格。

（4）根据第 1 档买入价，设定一个价格递减的比例，以确定第 2、3、4、5 档的买入价格。这个买入价格递减比例通常设置为 10% 左右。

（5）根据自己的风险偏好，设定每一档买入的比例。1~5 档买入的比例可以分别设置为 2%、4%、6%、8%、10%。这样设置可以做到股价越跌买得越多，且单只股票的持仓量不会超过 30%。

（6）根据公司基本面，设定卖 1 的价格。

（7）根据卖 1 价，设定卖 2、卖 3 的价格。价格递增的比例可以设置为 10%。

（8）等待股价到达相应价格区间，执行股票买卖。

假设关注的股票 A、B、C、D、E 的内在价值分别为 5、10、8、25、38 元，买入安全边际设定为 20%，每一档的买入价差为 10%，每一档的卖出价差为 10%，则可以得出表 11-1。

表 11–1　关注股票买卖操作

股票	内在价值	安全边际	买 1	买 2	买 3	买 4	买 5	卖 1	卖 2	卖 3
股票 A	5	20%	4.00	3.60	3.24	2.92	2.62	5.00	5.50	6.05
股票 B	10	20%	8.00	7.20	6.48	5.83	5.25	10.00	11.00	12.10
股票 C	8	20%	6.40	5.76	5.18	4.67	4.20	8.00	8.80	9.68
股票 D	25	20%	20.00	18.00	16.20	14.58	13.12	25.00	27.50	30.25
股票 E	38	20%	30.40	27.36	24.62	22.16	19.95	38.00	41.80	45.98

假设自己的本金为 10 万元，买 1 到买 5 分别买入的资金量为 2%、4%、6%、8%、10%，则可以算出每一档买入的金额和股数，如表 11–2 所示。

表 11–2　股票 A 买卖操作

	买 1	买 2	买 3	买 4	买 5
比例	2%	4%	6%	8%	10%
金额	11600	23200	34800	46400	58000
股票 A 价格	4.00	3.60	3.24	2.92	2.62
买入股数	2900	6444	10741	15912	22100

通过表 11–1 和表 11–2 可以知道，以股票 A 为例，当股票 A 的价格达到 4 元以下时，就是买入区间，高于 4 元则停止买入，高于 5 元则是卖出区间。当股票 A 的股价在买 1 和买 2 之间即 3.6~4 元之间时，买入总资金的 2%，即买入 2900 股。当股价继续下跌时，可以执行加仓买入。当股价跌到 3.24~3.6 元区间时，进入买 2 价位档，这时买入总资金的 4%，对应算出买入股数大致为 6444 股。若继续下跌，则按上述方法继续加仓买入。当执行完 5 档买入后，股票 A 的持仓占总资金的比例会达到 30% 左右。这时，若股价继续下跌，则应停止买入，以保证持股不过分集中。

当股票 A 的股价上升，超过 5 元时，开始卖出股票 A。卖 1、卖 2 和卖 3 档分别卖出总持仓的 40%、30% 和 30%。在卖 1 和卖 2 价之间，即 5~5.5 元之间时，卖出总持仓量的 40%；若股价继续上升超过卖 2 价低于卖 3 价时，则卖出 30% 持仓，当股价上升超过卖 3 价，即 6.05 元时，则应将剩余的持股全部卖出。

在上述买卖股票的方法中，买卖价格是以内在价值为参考的，考虑了安全边际。通过分档买入和卖出，做到了越跌越买、越涨越卖。通过对每一档买入数量的控制，可以让股票持仓得到一个很好的控制。对价值投资者来说，是一个很好的买卖策略。读者也可以根据自己的经验和要求，对其中的一些系数进行调整，从而制定出一套适合自己的买卖系统。

小结

无论股票的买卖方法怎么变，都离不开高卖低买这个根本策略。这也是任何想要盈利的投资者和投资系统所必须要遵守的原则。在买卖股票的过程中，始终要坚守低买高卖的原则，不为趋势价格诱惑所动摇，时刻认清什么是真正的高价，什么是真正的低价。

在买卖股票过程中要做到以下几点：做好深入的投资分析；设定一个合理的投资预期；事先制定一个买卖策略；执行并坚守这个策略。

买入股票的步骤如下：评估内在价值；熟悉股价的波动规律，从而利用市场的愚蠢；根据自己的预期收益确定买入点和卖出点；根据对公司的研究，低买高卖或者长期持有。

买入时机的选择因人而异，盈利要求高就要尽量等待更低的价格，盈利要求低就可以适当地提高买入价格。

买入股票时要注意，对于新选的标的要先小部分买入，当研究透彻并有合适的价格时应该大胆地买入。不要担心是熊市而不敢买，不要因为股价下跌就不敢买，不要因谣言而不敢买，不要因宏观经济不好而不敢买，也不要看着股价涨跌来买卖股票。

所有的下跌买入都必须有一个前提，就是公司依然是好公司，且股价已经跌到了大幅低于内在价值的价位，只有大幅低于内在价值的好公司股票才值得买入。

买股票要遵守如下几个原则：做假账的公司不买，没有业务增长的亏损公司不买，不重视股东利益的公司不买，盈利能力不强的公司不买。

既要会买，也要会卖。一般情况下，卖出股票应该遵循以下原则：达到了预定的投资策略卖出点；公司基本面发生变化，重新估值后，股价高于评估价；有更好的投资标的；股价严重高估，未来有较大机会在低价买回来。

卖出时要抓住机会迅速大胆地卖，不能等回本了再卖，不能等涨一点再卖，不能因股价涨跌而卖，更不能为了所谓的止盈止损而卖。

另外，对于不同类型的公司，买卖策略也有所不同。

买卖股票应事先制定一套切实可行的方案。本章根据笔者的经验体会，总结了一套行之有效的股票买卖方案，读者可以重点参考。

第 12 章

几种适合不同投资者的投资策略

作为股市的投资者，首先要认清自己。每个人都希望在股市中获得丰厚的收益，收益率越高越好。但是，要想获得高收益必然要求投资者有很高的投资专业水平以及要投入足够多的时间。大部分个人投资者，缺乏专业的投资知识，时间也相对有限，所以不能给自己设定一个过高的期望。根据自身的特点，在设定好一个合适的期望后，就可以制定一个适合自己的投资策略。下面，根据难易程度，从易到难，介绍几个实用的投资策略。

轻松实现年化 10% 的收益——指数基金投资

由于大部分上市公司是盈利的，所以投资多数优质上市公司的指数基金肯定也能赚到钱。对于没有选股能力，或很难在投资上付出较多时间的投资者来说，指数基金投资是一个很好的选择。指数基金其实也分为很多种，有的指数基金分散投资在各个行业中，有的只投资某个细分行业。投资者本来就是由于对股票和行业的选择不具备优势才买指数基金，因此在这里不建议投资细分行业的指数基金，而是选择有广泛代表的宽基指数，也可以称之为大盘指数，如沪深 300、上证指数、恒生指数、恒生国企指数、道琼斯指数、标普 500 指数、纳斯达克指数等。表 12-1 所示为几大指数近 30 年的收益情况。这几个大盘指数均获得了不错的收益。虽然上证指数这十年来没有上涨，但是，如果从开市以来看，年化涨幅却达到了 12.4%，居第一位。如果加上股息分红，投资这些大盘指数基金，实际收益率还会增加 2%~5%。

表 12–1　A 股、港股和美股大盘指数近 30 年的情况

指　数	起始点 . 日期	2019 年 8 月	上涨倍数	年化增长率
恒生	100（1964.7）	25898	258	10.6%
道琼斯	3000（1991.4）	26362	7.8	8.1%
纳斯达克	342（1990.9）	7973	78.7	11.5%
上证	100（1990.12）	2904	28	12.4%

上述大盘指数，相对于个股而言，具有价格波动小，长期收益确定性高的特点。指数基金的选择，应侧重两个指标，一个是市盈率：另一个是净资产收益率。

就市盈率而言，全球大盘指数的中间估值在 15 倍左右。所以，从 5 年以上的长期投资角度来看，以 15 倍市盈率的估值买入大盘指数基金，可以获得 10% 到 14% 以上的长期年化收益率。在 15 倍以下市盈率买入则可以获得一定的超额收益，买入时估值越低，超额收益越大。相反，若高于 15 倍市盈率买入，则长期年化收益率会降低。

若估值水平保持不变，则净资产收益率对应的就是投资收益率。所以选指数基金时，除了考虑指数市盈率，还应该考虑指数的净资产收益率。若估值保持不变，则投资净资产收益率越高的指数，投资收益率越高。

在这里做一下总结，对于投资指数基金，只需要考虑如下 3 个因素：第一是指数的成分股是不是足够宽泛；第二是指数市盈率是不是合理；第三是在前两者指标差不多的情况下选择净资产收益率高的指数。

有人认为购买指数，一定能有钱赚，其实也不尽然。如果在 2007 年上证指数 6000 点附近买入上证指数或沪深 300 指数基金，持有到 2019 年，即使算上分红的收益也还是亏损的。其原因在于，2007 年，上证指数的市盈率最高到达 60 多倍，这么高的估值是不可持续的，其估值必定会降下来。所以，即使是买指数基金，也不能买贵了。

一个傻瓜投资组合，让你轻松超越指数

雪球上大 V 周玉龙（账号名称为“东博老股民”）自 2014 年 11 月起建立了一个傻瓜投资组合，该组合的收益在 2015 年最高时收益率曾超越沪深 300 指数 60%，到 2019 年 8 月为止总收益率为 61%，跑赢沪深 300 指数 51%。该组合策略简单易操作，“傻瓜”都能操作，故命名为“傻瓜组合”。该策略的核心思想是买入并持有低估值的股票，然后根据估值情况，每半年做一次调整。具体的策略如下。

第一步：在全部沪深 A 股中按照市盈率排序，在剔除亏损公司后，选取 50 只市盈率最低的股票。接下来，在全部沪深 A 股中按市净率排序，选取 6 只市净率最低的股票。两者加在一起总共 56 只。

第二步：将这 56 只股票分别按市盈率和市净率从低到高各排序一次，按 1、2、3……的数字赋予每只股票一个市盈率序号和一个市净率序号，每只股票的市盈率序号和市净率序号相加在一起，得到一个新的数值，该数值作为该股票的新的排序序号。这就将这 56 只股票按市盈率和市净率两个指标进行了一次综合排名。

第三步：为避免因非经常性收益导致的巨大影响，若有股票在剔除非经常性

收益后，其综合排名靠后，则剔除。

第四步：为避免行业过于集中，每个行业按综合排名顺序保留不超过6只股票。

第五步：经过上述步骤筛选后剩下的股票，再一次以市盈率指标进行排序，选前30只最低市盈率的股票。

第六步：将总投资资金分成30等份，同时买入这30只股票。

上述步骤每年做两次，分别为半年报披露期后一次，年报披露期后一次。一般定为每年的5月份和11月份比较合适。在新筛选出30只股票后，若原来的持仓仍然在这30只范围内，则给予保留，仅对其仓位进行适当调整，以保证其市值为总市值的三十分之一。超出的部分卖出，不足的进行买入以补齐仓位。若原持仓股票不在新选出来的这30只里面，则将其一次性全部卖出。

该策略通常情况下满仓操作，但为防止疯牛时过高估值，当筛选下来的前24只低市盈率的股票，其平均市盈率超过20倍时，或最低市净率的6只股票平均市净率超过3倍时，则将股票全部卖出，空仓或买入债券。等到市盈率下降到10倍或市净率下降到1.2倍以下时，再启动买入。

上述就是周玉龙提出的“傻瓜组合”的主要操作思路，读者若还需要更详细的信息，可以上雪球网进一步查看ID为“东博老股民”的专栏文章。

想大幅超越市场，可以试试股市神奇公式

有心买本书看的读者，肯定不会满足于仅仅获得大盘指数的回报。下面就来介绍一个能大幅跑赢大盘指数的投资策略——神奇公式。

神奇公式是由美国著名投资大师乔尔·格林布拉特提出来的。神奇公式的理论信条认为长期持有优质低价的公司，一定能战胜市场。优质对应的是好公司，低价对应的是好价格。好公司加好价格就能成就投资神奇，神奇公式就是用的好公司好价格的策略。用神奇公式在美股市场进行回测的结果是，在1988年—2004年的17年时间里，年复合回报率为30.8%，而同期的标普500指数的年复合回报率仅为12.4%，大幅超越了市场的总体表现。

有人用神奇公式在中国市场做了实验，从2006年年初到2018年9月，运

用神奇公式策略的总回报率为 1116%，而同期上证综指回报率为 132%，上证 50 为 206%，沪深 300 为 255%，中证 500 为 457%。神奇公式运用在中国也大幅超越了市场。所以说，神奇公式策略在中国市场也是有效的。

神奇公式策略考核两个指标：一个是资本收益率；另一个是股票收益率。

资本收益率 = 息税前利润 /（净运营资本 + 固定资产）

股票收益率 = 息税前利润 / 企业价值

其中，企业价值 = 公司股票总市值 + 有息负债 + 其他权益工具 + 少数股东权益。

资本收益率是衡量公司盈利能力的指标，资本收益率数值越高，代表公司盈利能力越强。注意：这里的资本收益率和净资产收益率是有区别的，乔尔・格林布拉特认为即便是毛利率和净利率很低的差生意，如果公司大量举债，那么也可以通过高杠杆获得高收益，但这种收益隐含的风险敞口是巨大的。资本收益率衡量的是投入企业的各种资本能够创造的收益，这样更能体现公司的盈利能力。

股票收益率是衡量股票是否便宜的指标，股票收益率数值越高，代表股票卖得越便宜。之所以选择息税前利润而不是税后净利润，是因为乔尔・格林布拉特认为息税前利润比税后利润更能代表公司的盈利能力。

运用的方法是在每年的年报披露后，约 5 月份，将市场中所有股票的资本收益率和股票收益率都计算出来，然后分别用资本收益率和股票收益率对所有股票从高到低进行排名、编序号，排名第一的股票序号为 1，排名第二的股票序号为 2，以此类推。每一只股票分别按资产收益率和股票收益率这两个指标进行排名，这时每只股票会得到两个序号，将这两个序号的数值加在一起，就得到了该股票的总排名序号。然后根据这个排名选取前 20~30 只股票，买入并持有一年，一年后再重新按上述方法进行排序，选前 20~30 只，一直满仓操作，年复一年。

虽然神奇公式的策略并不复杂，但是对普通投资者来说，计算资本收益率和股票收益率这两个指标还是存在一定困难的，若自己来算则几乎不可能做到。目前可以通过某些网站获得这些数据，比如理杏仁网站（www.lixinger.com）。

另外，也可以考虑用净资产收益率和市盈率这两个指标代替资本收益率和股票收益率，净资产收益率体现的是公司的盈利能力，市盈率体现的是公司的估值，这样使用起来会更加简单方便。通过总资产收益率和净资产收益率的比值，可以得出公司的财务杠杆系数，用该系数来对排名做适当修正，这样也就把公司负债的风险问题考虑进去了。

股债动态平衡策略

股债动态平衡策略是指将总投资资金按一定的比例，通常是各 50%，分别买入股票和债券，然后根据市值的变化做动态调整。由于股票的市值比较容易发生变化，这会使得在持有一段时间后，股票和债券的市值不再各占总市值的 50%，那么这时就做一次调整。股票超过 50%，则卖出股票买入债券；债券多于 50% 则卖出债券，买入股票。

这个策略的核心逻辑是股票资产的价格会经常有波动，如果能在低价的时候买入，在高价的时候卖出，那么能够赚取股票价格波动的钱。如果不采用股债平衡策略，在股票价格下跌时，人们就会由于没有剩余的现金或者出于恐慌的担心，无法或不敢买入股票。同样，在股票价格上涨时，人们又会由于赚钱效应舍不得卖出股票，甚至有可能在高价买入更多股票。股债动态平衡策略设定了一个明确的准则，在股票价格下跌时被动买入股票，在股票价格上升时被动卖出股票，这能够帮助人们克服恐惧和贪婪的心理，从而赚取市场波动的钱。另外，由于该策略有 50% 的债券仓位，债券的价格相对平稳，且风险相对较小，所以大大降低了总体持仓的风险和市值的波动。

还有一点就是，股票的价格和债券的价格具有一定的负相关性。通常情况下，股票价格高时，债券价格低；股票价格低迷时，债券的价格又会很好。在做动态调整时可以赚取股票和债券两头波动的钱。

对于该策略的有效性，网友明则远做过回测，历史数据证明其是有效的。他采用了 3 种模型，分别为简单版、升级版和加强版。

简单版股债动态平衡策略

本策略采用上证指数作为股票，并假定债券的年化收益率为 5%，上证指数和债券各持仓 50%，每年第一个交易日进行一次调整，忽略交易手续费。期间为从 1999 年第一个交易日开始，到 2014 年年底最后一个交易日结束，总共 16 年时间。

表 12-2 所示为上证指数与股债平衡组合的上涨情况。从表 2-24 中可以看出，期间上证指数从 1134 点上涨到 3210 点，涨幅为 183%，年化收益率为 6.9%，股债组合策略的市值从 100 涨到了 324，涨幅为 224%，年化收益率为 7.6%. 轻松跑赢指数。同时，期间上证指数最大回测为 54.6%，而股债平衡组合为 24.8%。这表明，投资组合的波动性大幅小于上证指数。该回测数据表明，相比起买上证指数基金，股债平衡组合收益高且波动小。

表 12–2　上证指数与股债平衡组合的上涨情况

日　期	上证指数	指数涨幅	组合市值	组合涨幅
1999/1/1	1134	0.00%	100	0.0%
2000/1/1	1535	35.4%	120	20.2%
2001/1/1	1961	27.8%	140	16.4%
2002/1/1	1491	−24.0%	127	−9.5%
2003/1/1	1499	0.5%	130	2.8%
2004/1/1	1590	6.1%	137	5.5%
2005/1/1	1191	−25.1%	124	−10.0%
2006/1/1	1258	5.6%	130	5.3%
2007/1/1	2786	121.5%	212	63.2%
2008/1/1	4383	57.3%	278	31.2%
2009/1/1	1990	−54.6%	209	−24.8%
2010/1/1	2989	50.2%	267	27.6%
2011/1/1	2790	−6.7%	265	−0.8%
2012/1/1	2292	−17.8%	248	−6.4%
2013/1/1	2385	4.1%	259	4.5%
2014/1/1	2033	−14.8%	247	−4.9%
2014/12/31	3210	57.9%	324	31.4%
合计	2076	183%	224	224%

升级版股债动态平衡策略

升级版策略改变了固定的 50% 比例，根据上证指数估值的不同而调整。指数估值越低估时，指数的仓位配置越大；估值越高时，仓位配置越小。其他的与简单版一致。策略规则如下：

（1）当上证指数市盈率为 10 倍以下时，上证指数的持仓比例为 80%。

（2）当上证指数市盈率为 10~15 倍时，上证指数的持仓比例为 60%。

（3）当上证指数市盈率为 15~20 倍时，上证指数的持仓比例为 50%。

（4）当上证指数市盈率为 25~35 倍时，上证指数的持仓比例为 40%。

（5）当上证指数市盈率为 35 倍以上时，上证指数的持仓比例为 20%。

具体结果如表 12-3 所示。结果表明，该策略的总收益从简单策略的 224% 提高到了 411%，将近增加 1 倍，年化收益率达到了 10.7%. 且该策略在股市下跌时，其跌幅更小，在 16 年时间里，最大年度跌幅仅为 6.9%，远低于指数最大 54.6% 的跌幅。

表 12–3　上证指数与加强版动态平衡组合比较

日　期	上证 PE	上证配比	债券配比	上证涨幅	组合市值	组合涨幅
1999/1/1	34	40%	60%	0.0%	100	0.0%
2000/1/1	42	20%	80%	35.4%	117	17.1%
2001/1/1	59	20%	80%	27.8%	128	9.6%
2002/1/1	34	40%	60%	−24.0%	127	−0.8%
2003/1/1	37	20%	80%	0.5%	131	3.2%
2004/1/1	38	20%	80%	6.1%	138	5.2%
2005/1/1	15	60%	40%	−25.1%	137	−1.0%
2006/1/1	20	50%	50%	5.6%	144	5.4%
2007/1/1	19	50%	50%	121.5%	235	63.2%
2008/1/1	49	20%	80%	57.3%	309	31.2%
2009/1/1	15	60%	40%	−54.6%	287	−6.9%
2010/1/1	28	40%	60%	50.2%	380	32.1%
2011/1/1	21	50%	50%	−6.7%	381	0.3%

续表

日　期	上证 PE	上证配比	债券配比	上证涨幅	组合市值	组合涨幅
2012/1/1	14	60%	40%	−17.8%	356	−6.4%
2013/1/1	12	60%	40%	4.1%	372	4.4%
2014/1/1	10	80%	20%	−14.8%	347	−6.9%
2014/12/31	15	60%	40%	57.9%	511	47.3%
合计	—	—	—	183%	—	411%

加强版股债动态平衡策略

加强版策略是在升级版策略规则的基础上增加了如下两条：

（1）当上证指数市盈率在 15 倍以下时，上证指数的持仓只增不减。

（2）当上证指数市盈率在 25 倍以上时，上证指数的持仓只减不增。

在增加上述两条规则之后，加强版策略的收益上升到了 458%，年化收益率为 11.3%，收益进一步得到了提高。

通过上述讨论，可以看出股债动态平衡的策略是简单有效的。相比起满仓持有指数基金，策略的收益率高，且市值的波动性更小。值得广大投资者采用。

小结

懂得几个行之有效的投资策略很有必要。每个人应该根据自身情况构建适合自己的投资策略。

投资大盘指数基金，可以轻松获得 10% 以上的年化收益率，是一种值得推荐的投资策略。投资指数基金时，要注意选择宽基指数，如沪深 300、上证综指、恒生指数、恒生国企指数、道琼斯指数、纳斯达克指数、标普 500 指数等。买入这些宽基指数时，注意不要在估值过高时买入。对于宽基指数，一般 15 倍市盈率以下是低估，15 倍以上是高估。

通过买入市场中最低估值的股票，也能获得超越市场的表现。一种只买入低估值股票的傻瓜组合，在过去的实际投资验证中，超越了大盘指数的表现。该策略使用起来也非常简单。

股市神奇公式是根据长期持有优质低价公司一定能战胜市场的原理，在全市场上选取具有好公司且好价格的公司进行投资。历史回测数据表明，这种投资策略是可以大幅跑赢市场的。

股债动态平衡策略是指将总投资资金按一定的比例，分别买入股票和债券，然后根据市值的变化做动态调整。这个策略也是行之有效的。

第 13 章

股票衍生品及其投资方法

在股票投资和交易过程中，会衍生出很多新的需求。有人希望放大自己的投资杠杆，有人希望在股票下跌时别人为其兜底，有人希望在特定期限内交割。有了上述需求就产生了为满足这些需求而设计的衍生产品。衍生品是一把双刃剑，可以增加投资收益，也会加大投资风险。另外，天下没有免费的午餐，衍生品在满足需求的同时，也会增加投资成本。

认识可转债

可转债是一个混合型融资工具，全称为可转换公司债券，是上市公司发行的，在一定期限内以一定的约定条款可以转换成公司股份的债券。可转债可以理解为普通债权 + 看涨期权的综合体，它具有债券和股权双重特性。换句话说，如果你买了一张可转债，那么实际上是买了一个约定时间和利率的债券和一张看涨期权。因此在衡量一张可转债的价值时应该分成两个部分来衡量：一个是债券价值；另一个是期权价值。

可转债的核心条款：

发行价格：每张可转债的面值为 100 元。

发行期限：可转债的发行期限一般为 6 年，以过去的统计来看，仅有极少数发行期限低于 6 年。

票面利率：可转债发行票面利率通常远低于普通债券利率，票面初始利率集中于 0.2%~0.5%，以后会逐渐累加，但末期最高利率一般不会超过 2%，到期赎回价格集中在 105%~108% 之间。

初始转股价：可转债初期的转股价格设定为不低于募集说明书公告日前 20 个交易日的均价和前一个交易日的均价，为防止国有资产流失，转股价一般也不低于净资产。初始转股价的溢价率绝大多数设置在 10% 以内。

转股价调整：当发行可转债公司的正股价格持续低于当期转股价格且尚未触发回售条款时，发行公司可以向下调整转股价格。该条款一般设置为：当公司股票在任意连续 20 个交易日中至少有 10 个交易日的收盘价低于当期转股价的 80%~90% 时（具体条款会明确），公司董事会有权提出转股价格向下修正方案并提交股东大会审议。

提前赎回：在转股期内，如果公司的正股在任意连续 30 个交易日中的至少 15 个交易日的收盘价高于当期转股价格的 130%，或本次发行的可转债未转股余额低于 3000 万元，那么公司有权按债券票面价格加应计票面利息的价格全部或部分赎回未转股的债券。

末期回售：该条款一般设置为：最后两个计息年度，如果公司正股在连续 30 个交易日的收盘价格低于当期转股价的 70%，那么可转债持有人有权将持有的可转债按债券面值加当期应计利息的价格回售给公司。

可转债真的“进可攻，退可守”吗

通常认为，可转债“进可攻，退可守”。在股票价格下跌时，可转债具有债券的保本付息功能，使得投资者免受损失。在股票价格上涨时，它是一张股票看涨期权，可以随着股票价格的上涨而上涨。这看起来是一个完美的投资品种。人们往往会被这种完美迷惑，而忽视了可转债的不足，在这里对此进行探讨。主要缺点如下：

（1）可转债的票面利率低。可转债初始年利率在 0.2%~0.5% 之间，末期最高也在 2% 以内。如果是普通债券，那么平均年利率可以达到 5% 左右。可转债作为债券使用时，是不如普通债券的。

（2）盈利有封顶。可转债一般有当股票现价高于转股价的 130% 时的提前赎回条款，这限定了可转债的最高收益。根据过去的统计，可转债强制赎回时的平均价格在 135 元左右，在 6 年的时间里，期待一个平均最高为 35% 的收益的上涨，这并不具有很大的吸引力。

（3）期权费并不便宜。上文讲过，可转债是普通债券 + 股票看涨期权，那么在买入可转债时，付出的代价肯定隐含期权费。期权费到底是多少呢？在这里可以做一下计算。若按 5% 的贴现率来算，则面值 100 元的 6 年期到期一次性还本付息债券其现值仅为 74 元。若可转债 6 年后到期值为 108 元，按 5% 的贴现率来算，则其现值为 80.6 元。可转债通常是按面值发行的，如果花 100 元的现金买入一个现值为 80.6 元的债券，那么其中就有 19.4 元花在了看涨期权上。这 19.4 元的期权费是会随时间花出去的，到期后，这个期权就作废了。另外，用一个 19.4% 的代价，去博一个最多平均 6 年总收益不超过 35% 收益的看涨期权，也并不一定是一个很划算的买卖。

（4）可转债的价值也会波动。可转债的市场价值不是固定的，它会随着正股的价格上下波动，甚至会跌破面值。只不过它主要是债券，波动幅度会小于股票。

（5）**投资操作相对复杂。**可转债比买卖股票复杂很多，需要比投资正股花费更多的时间和精力。

如果从要获得较高的投资收益这个角度来考虑，那么买可转债其实不如买正股。如果从价值和收益的稳定性来考虑，那么买可转债不如买普通债券。其实，可转债是介于股票和普通债券之间的一个投资品种，投资者应该理性对待。另外，用普通债券和购股期权的组合也可以构造出可转债类似的功能，这种组合的灵活性要优于可转债。

港股权证

目前市场上流行的港股权证以衍生认股证为主，发行主体主要是投资银行，其发行的目的是给投资者提供一种杠杆工具。港股权证可以在交易所场内买卖，香港权证的买卖和股票买卖的方法类似。权证行权时，不是以股票实物进行交割，而是以现金的方式进行结算，权证与正股之间的价差收益由发行人负责派发，与权证对应的正股公司无关。

港股权证分为两种类型，即涡轮和牛熊证。从产品结构看，它们的区别在于涡轮没有提前回收条款，而牛熊证都有一个明确的回收价条款，价格达到约定值时会进行强制回收，所以，涡轮有价内和价外之分，所有的牛熊证都是价内证。

涡轮

涡轮是一种欧式期权，有认购证和认沽证两种，其主要条款如下：

行权日期。每一只涡轮都有明确的行权日期，在行权日期之前只能持有或卖出，行权日后权利作废。

最后交易日。最后交易日有时候和行权日是不一样的，在最后交易日之后不可以再进行交易，只能等待到期行权。

行权价格。每一只都有一个关联正股的行权价格，到期根据该行权价格与正股之间的差额来结算收益。

行权比例。每一只涡轮的行权比例是不一样的，有的是 1∶1，有的是 10∶1，甚至还有的是 100∶1。也就是说，对于 100∶1 的权证，需要 100 张涡轮才能对应获得一个正股收益权利。

行权方式。涡轮是直接以现金进行结算的。在到期日，涡轮行权价与正股之间的价差收益，由发行方直接以现金的形式给予涡轮持有人。

牛熊证

牛熊证分为牛证和熊证两种。牛熊证的主要条款和涡轮相似，但是牛熊证增加了一个强制回收条款。当正股的价格等于回收价时，牛熊证会被发行商回收，持有人按回收价享用收益权，回收后牛熊证作废。

涡轮与牛熊证中容易忽视的陷阱

（1）涡轮在结算时，选取的正股价格不是结算日前一天的收盘价，而是到期日前 5 天的平均价。这一条款看似是为了避免行权日前后股价大幅波动带来的影响，实际上也让操控股价的难度加大，看似是一个有利于涡轮投资者的条款。但是，仔细想想，这是一个有利于卖方的条款。为什么呢？因为 5 日的平均价肯定会低于 5 日中的最高价，也会高于 5 日中的最低价。对涡轮购买者来说，其目的是通过正股的上涨或下跌来获得盈利，如果买了用来看涨的认购证，那么由于 5 日平均值的波动肯定会小于每日价格的波动，所以这降低了看涨期权的时间效用。这个道理对于认沽证也同样适用。

（2）涡轮最后交易日不是行权日。这使得在最后交易日后，涡轮投资者就失去了主动权，只能被动等待最后结果。

（3）分红不会做相应调整。投资正股的投资收益由分红和股价上涨两部分组成，但是涡轮和牛熊证仅仅能享受股价上涨带来的收益，分红会拉低股价的涨幅，这样就会使得买权证的收益比投资正股少了一块。

（4）牛熊证的强制回收条款，对投资者来说是一个潜在的劣势。权证的价值包含两个部分：一个是内涵价值；另一个是时间价值。如果在到期日前被强制回收，那么该牛熊证的剩余时间价值就归零了。这对牛熊证的持有人来说是一个损失。

美式期权 call 与 put

在美国市场中的美式期权有 call 和 put 两种，call 对应的是看涨期权，put 对应的是看跌期权。美式期权和欧式期权在行权时间上是不同的，美式期权在到期日前的任何一个时刻都可以进行行权，而欧式期权只能在到期日行权。

美股期权可以进行双向操作，不管你是否持有，投资者都可以对该期权进行买入或卖出。这就衍生出了 4 种投资方式，分别如下：

（1）买入 call。当你看好正股未来会上涨时，可以买入 call 做多。买方向期权的卖方支付一定数额的权利金后，即拥有在期权合约的有效期内，按事先约定的价格向期权卖方买入对应数量正股的权利，但不负有必须买进的义务。

（2）买入 put。当你认为正股未来会下跌时，可以买入 put 做空。买方向期权的卖方支付一定数额的权利金后，即拥有在期权合约的有效期内，按事先约定的价格向期权卖方卖出对应数量正股的权利，但不负有必须卖出的义务。

（3）卖出 call。这是相对于买 call 的反向操作。当你认为正股未来会下跌时，可以通过卖出 call 来实现做空。作为期权卖方有义务在期权规定的有效期内，应期权买方的要求，以期权合约事先规定的价格卖出对应数量的正股。

（4）卖出 put。这是相对于买 put 的反向操作，当你认为正股未来会上涨时，可以通过卖出 put 来实现做多。作为期权卖方有义务在期权规定的有效期内，应期权买方的要求，以期权合约事先规定的价格买入对应数量的正股。

买入 call 或 put 时，是向交易对手买了一个权利，需要付出权利金。而卖出 call 或 put 时，是卖给对手一个保证，此时获得权利金。call 跟随正股的价格正向波动，正股涨，call 会跟随上涨，正股跌，call 跟着跌。put 跟随正股的价格反向波动，正股涨时 put 跌，正股跌时 put 涨。

期权的成本与收益计算

买卖期权是为了获得更高的投资收益。如果投资者在买卖期权时，算不清楚其成本与收益，那么无异于在做一个瞎蒙瞎猜的投资操作。下面就以 call 和 put

为例，计算其成本和收益。

例：假设美股 MG 当前的股价为 59 美元，行权价为 50 美元，6 个月后到期的call和put现价分别为13.5美元和3.1美元，若选择做多，则可以通过购买正股、购买 call、卖出 put 这 3 种方式进行，分别计算 6 个月后，正股价格为 70 美元和 50 美元两种不同情况，计算结果如下。

对于买入正股：

购买成本 = 当前股价 = 59 美元

到期日股价为 70 美元时收益 = 到期日股价 − 当前股价 = 70 − 59 = 11 美元

到期日股价为 70 美元时年化收益率 = 投资收益率 ×12 个月 ÷ 投资期≈ 37.3%

到期日股价为 50 美元时收益 = 到期日股价 − 当前股价 = 50 − 59 = −9 美元

到期日股价为 50 美元时年化收益率 = − 30.5%

对于买入 call：

杠杆倍数 = 正股价格 ÷call 的现价 = 59÷13.5 ≈ 4.4 倍

内涵价值 = 当前股价 − 行权价 = 59 − 50 = 9 美元

时间价值 = call 的现价 − 内涵价值 = 13.5 − 9 = 4.5 美元

到期日股价为 70 美元时收益 = 到期股价 − 行权价 − 购买成本 = 70 − 50 − 13.5 = 6.5 美元

到期日股价为 70 美元时年化投资收益率 = 96.3%

到期日股价为 50 美元时收益 = − 13.5 美元（期权作废，损失全部权利金）

到期日股价为 50 美元时年化投资收益率 = − 200%

对于卖出 put：

由于行权价低于正股现价，所以：

内涵价值 = 0

时间价值 = put 的现价 − 内涵价值 = 3.1 − 0 = 3.1 美元

这里需要注意的是，卖出 put，实际上类似于卖出了一份保险。卖出一份 put 时，可以收到一份现金，但同时需要准备一定的保证金以备股价跌破行权价时买方行权。以盈透证券为例：

卖出 put 的保证金 = 看跌期权价格 + 最大值 [（20% × 底层证券价格 − 价

外金额），（10%× 行使价）]

对于本例，卖出 put 需要准备的保证金为：

当前保证金 = 3.1+ 最大值 [20%×59 － 9，10%×50]=8.1 元

我们都知道，在合约期内股价不会是一成不变的，有可能涨，也有可能下跌，在股价下跌时，put 卖出方要追加保证金，这就要求 put 的卖方要事先准备好更多的资金，否则就会爆仓。这里假定两种情况，分别为股价跌到 40 美元和股价跌到 20 美元。下面分别计算出现这两种情况所需要的保证金。

跌到 40 美元时，保证金 =13（假定的 put 价格）+ 最大 [20%×20，10%×50] = 18 美元

跌到 20 美元时，保证金 =30（假定的 put 价格）+ 最大 [20%×20，10%×50] = 35 美元

到期日收益 = put 卖价 = 3.1 美元

（1）不预备股价下跌

到期日股价为 70 美元时年化投资收益率 = 到期日收益 ÷（保证金 − put 卖价）×12÷6=3.1÷（8.5 － 3.1）×12÷6 ≈ 114.8%

注：由于卖出 put 时，会收到一笔现金，所以实际占用资金需要减去这笔收到的现金。

到期日股价为 50 美元时年化投资收益率≈ 114.8%

（2）预备股价最多跌到 40 美元

到期日股价为 70 美元时年化投资收益率 = 3.1÷（18 － 3.1）×12÷6 ≈ 41.6%

到期日股价为 50 美元时年化投资收益率 = 到期日股价为 70 美元时年化投资收益率 =10.4%

（3）预备股价最多跌到 20 美元

到期日股价为 70 美元时年化投资收益率 = 3.1÷（35 － 3.1）×12÷6 ≈ 19.4%

到期日股价为 50 美元时年化投资收益率 = 到期日股价为 70 美元时年化投资收益率 = 4.8%

卖 put 时，至少要预备到股价跌到 40 美元的保证金，否则就会爆仓。从上

述计算来看，卖 put 的收益不会高于年化 10.4%，这个收益不算是一个好收益。

买正股、买 call 和卖 put 的比较

通过上述计算，可以看出，3 种做多的方法得到的收益和风险是不相同的。如果能算出达到不同股价的概率，就可以通过计算它们盈利的期望值来具体衡量最佳的方案。对做多而言，买 call 的进攻性是最强的，正股次之，卖 put 最弱。但是，如果叠加上时间来看，那么买正股由于企业的盈利性其股价会不断地随时间增值，买 call 可以享受正股股价随时间的增值，但是要减去期权的时间价值，卖 put 享受的是随时间的股价增值和期权时间价值双份收益，但卖 put 的最大收益是收到的权利金，股价上涨时其资金收益率会小于买正股和 call，股价下跌时卖 put 对保证金的要求又会成倍数地增加。

好公司价值一定会增长，这是确定的，但是股价什么时候涨，能涨到什么位置，具有非常大的不确定性。然而权利金一定会随时间灭失，这是确定的。对买 call 而言，权利金是一个固定成本，如果预期收益不能覆盖成本，那么这个 call 就是不值得投资的。

同时，需要注意的是，call 与 put 的买卖价差是很大的，通常价差在 10% 左右，一买一卖就要损失 10% 的摩擦成本。所以，这些期权不适合用来频繁交易。也有很多人发明很多期权套利的算法，其实在买卖价差如此巨大的情况下，这些套利只是空谈，实际上是行不通的。

特别要注意的是，卖 put 对资金的要求很高，类似开保险公司赚保费。如果有雄厚的资金，那么卖 put 可以比较稳妥地赚得权益金，但是，如果股价下跌，而自己的保证金又不足以覆盖券商的保证金要求，就有被低价平仓的风险。

根据上述讨论，可以总结出如下几点。

（1）在股价大幅上涨时：买 call 的收益最大，其次是买正股，卖 put 的收益最低。

（2）在股价涨幅不大时：卖 put 的收益最大，其次是正股，买 call 可能面临亏损。

（3）在股价不涨或小幅下跌时：卖 put 仍然会有所收益，买正股会保本或有小幅亏损，买 call 损失最大。

（4）在股价大幅下跌时：卖 put 的损失最大，买 call 的损失最小。当股价大幅下跌时，卖 put 的风险会被放大，买 call 的风险最小，

差价合约（CFD）

股票差价合约是由发行商发行的一种股票衍生金融产品，不同发行商发行的差价合约会有所不同，如下内容是摘自盈透证券网站关于盈透公司发行的差价合约描述。

盈透证券股票差价合约概述

差价合约属于复杂金融产品，其交易存在高风险，由于杠杆的作用，可能会出现迅速亏损。在通过盈透证券（英国）交易差价合约时，有 67% 的零售投资者账户出现了亏损。

盈透证券差价合约是场外交易合约，提供底层股票的收益，包括股息与公司行动。换句话说，这是买家与盈透证券进行对赌。如果投资者买入了差价合约，正股价涨了，那么盈透证券会付钱给投资者。如果正股价跌了，那么投资者应向盈透证券付钱。

盈透证券股票差价合约通过投资者的保证金账户进行交易，因此投资者可建立多头以及空头头寸。差价合约的价格即底层股票的交易所报价。实际上，盈透证券差价合约报价与股票的智能传递报价相同，且盈透证券提供直接市场接入。与股票类似，投资者可以下单以正股的买价买入差价合约或以正股的卖价卖出差价合约。

差价合约与底层股票的比较

差价合约相对于股票有着许多优势，但也存在一些不足之处，如表 13-1 所示。

表 13–1　盈透证券差价合约与正股的优缺点对比

盈透证券差价合约的优势	盈透证券差价合约的缺点
无印花税和金融交易税（英国、法国、比利时）	无股权
佣金和保证金利率通常比股票低	复杂公司行动并不总能完全复制
股息享受税务协定税率，无须重新申请	收益的征税可能与股票有所不同
不受即日交易规则限制	

成本与保证金

差价合约的保证金要求比股票低。具体如表 13–2 所示。

表 13–2　盈透证券差价合约与股票保证金要求

品　　种	差价合约	股　　票	
类别	所有	标准	投资组合保证金
维持保证金要求	10%	25% ~ 50%	15%

范例

下面看一个例子。假设联合利华在阿姆斯特丹的挂牌股票在过去一个月回报率为3.2%，投资者认为其会继续有良好表现，想建立20万欧元的仓位，并持仓5天，以 10 笔交易建仓并以 10 笔交易平仓，直接成本如表 13–3 所示。

表 13–3　差价合约与股票的成本对比（单位：欧元）

投资品种	差价合约	股　　票	
200000 欧元头寸	—	标准	投资组合保证金
保证金要求	20000	100000	30000
佣金（双向）	200.00	400.00	400.00
利率（简化）	1.50%	1.50%	1.50%
融资金额	200000	100,000	170000
融资天数	5	5	5
利息支出（1.5% 的简化利率）	41.67	20.83	35.42
总计直接成本（佣金 + 利息）	241.67	420.83	435.42
成本差额	—	高 74%	高 80%

如果股价上涨

假设投资者只有 2 万欧元可用来作为保证金。如果联合利华继续上月的表现，那么潜在盈利比较如表 13-4 所示。

表 13–4　投资差价合约与股票的收益比较（单位：欧元）

杠杆回报	差价合约	股　票	
可用保证金	20000	20000	20000
总投入资金	200000	40000	133333
总收益（5 天）	1600	320	1066.66
佣金	200.00	80.00	266.67
利息支出（1.5% 的简化利率）	41.67	4.17	23.61
总计直接成本（佣金 + 利息）	241.67	84.17	290.28
净收益（总收益减去直接成本）	1358.33	235.83	776.39
保证金投资金额回报率	7%	1%	4%

如果股价下跌

假设投资者只有 2 万欧元可用来作为保证金。如果联合利华表现刚好相反，那么潜在亏损如表 13-5 所示。

表 13–5　投资差价合约与股票的亏损比较（单位：欧元）

杠杆风险	差价合约	股票	
可用保证金	20000	20000	20000
总投入	200000	40000	133333
总收益（5 天）	−1,600	−320	−1066.66
佣金	200.00	80.00	266.67
利息支出（1.5% 的简化利率）	41.67	4.17	23.61
总计直接成本（佣金 + 利息）	241.67	84.17	290.28
净收益（总收益减去直接成本）	−1841.67	−404.17	−1356.94
保证金投资金额回报率	−9.2%	−2%	−6.8%

特别注意

从表 13-4 和表 13-5 的最后一行投资回报率来看，对于同样的正股涨跌幅，差价合约的盈亏比要高于购买正股的盈亏比。不过，这里要注意的是，虽然初始投入的保证金是一样的，但是，当正股下跌时，需要追加的保证金数额是不一样的。

做这笔投资时只准备 2 万美元的保证金是不够的，还应该做好股价下跌时的资金准备，否则就会爆仓。如果做好股价下跌 20% 的防备，投资差价合约连同保证金需要准备的资金为 8 万美元，而投资股票按 50% 和 15% 保证金要求分别要准备 48000 和 66666 美元，那么对应的资金收益率如表 13-6 所示。当所做的下跌准备越多时，投资差价合约和投资股票的收益率会越接近。当股价下跌时，差价合约所需要增加的保证金数量会远大于股票，这说明，差价合约在放大收益的同时也放大了风险。

在本例中，在买入时，差价合约仅需要准备 2 万美元保证金，但是当股价下跌 20% 时，保证金要求增加到 8 万美元，是初始保证金的 4 倍。投资者面对如此巨额的保证金增加要求时，往往无能为力，只能眼睁睁看着爆仓。所以，在股价大幅波动时，差价合约的风险往往会超出投资者的承受范围，在投资实践中应特别引起重视。

表 13–6　做 20% 下跌准备时的收益率对比（单位：美元）

投资品种	差价合约	股　票	
保证金类型	—	标准	投资组合
做 20% 下跌准备时的资金	80000	48000	66666
股价上涨时资金收益率	1.7%	0.49%	1.16%
股价下跌时资金收益率	−2.30%	−0.84%	−2.03%

小结

衍生品的投资比正股复杂，因此投资衍生品要在收益上获得一定优势，这样投资它才有意义，否则就不如直接投资正股。

可转债的优点是有一个保底收益，价格波动的幅度会小于正股，杠杆倍数接近于1但小于1。如果正股上涨，那么可转债的收益小于正股涨幅；如果正股下跌，那么其收益小于普通债券。对一个对收益要求高且对市值波动不敏感的投资者，投资可转债并不是一个明智的选择。

港股涡轮和牛熊证可以有较大的投资杠杆，但是也会有不小的时间价值成本。涡轮和牛熊证都是与发行商对赌，通常情况下，买的人不如卖的人精，涡轮和牛熊证都是发行商精心设计的，其条款会有利于发行方多一些，尤其是要注意如下几点。

（1）涡轮的实际时间价值有效周期是会小于标称周期的。

（2）涡轮最后交易日不是行权日。这使得在最后交易日后，涡轮投资者就失去了主动权，只能被动等待最后结果。

（3）分红会降低看涨权证的收益。

（4）牛熊的强制回收条款，限制了收益且大大降低了其时间价值。

关于美股期权call和put：对做多而言，买call的进攻性是最强的，正股次之，卖put最弱。但是，如果叠加上时间来看，那么买正股由于企业的盈利性其股价会不断地随时间增值，买call可以享受股价随时间的增值，但是要减去期权的时间价值，卖put享受的是随时间的股价增值和期权时间价值双份收益，但是期权的最大收益有一个封顶值，就是收到的权利金，股价大幅上涨时其资金收益率会小于买正股和call。

特别要注意的是，卖put在股价下跌时会大幅增加保证金要求。在股价大幅下跌时，卖put很容易带来爆仓的风险。

差价合约在放大收益的同时也放大了风险，做差价合约投资时应主要做好风险防范，适度地进行投资，避免因保证金不足而爆仓。

最后，在这里要特别提醒广大投资者，股票衍生品的投资相对复杂，风险较高，投资衍生品需要有较高的投资水平，在没有做好充分的知识准备之前，千万不要轻易尝试。

第14章

风险识别与控制

股市有风险，入市须谨慎！股市投资如带兵打仗。打仗时，既要会攻，出其不意夺下城池，又要会守，以防万一。投资股票时，既要会抓住机会适时进取，又要防范风险以免资本金的大幅亏损。有句话叫“初生牛犊不怕虎”，很多新股民没有风险意识，眼里只有利润。不顾风险地往前冲，用不了多久就会葬身虎口。

股市的风险往往不会那么直观，有时候风险还会伪装成机会来诱惑投资者，这就需要投资者能真正地识别什么是风险，什么是机会。有的风险是不可避免的，只要在股市，就一定会遇到，这就要求投资者能够防范和化解风险。

很多投资者的失败，往往就是输在风险控制上。对于风险控制，要特别引起重视。

几种常见的股市风险

常见的股市风险有：股价波动风险；公司经营风险；融资杠杆风险；系统性风险；判断失误风险。

股价波动风险

从长期的角度看，股票的投资收益率大于债券、货币基金和定期存款。那么为什么人们情愿配置收益低的品种，而不愿意配置股票这种相对收益高的品种呢？其中原因之一就在于股票的价格是波动的。只要一开市，股票的价格就会不断地变化，而且有时候它的变化幅度会超出人们的想象。大部分股票每年的最低价和最高价的价差会超过最低价格的一倍。假设一只股票一年中的最高价是40元，那么它这一年的最低价可能会低于20元。其实对一个公司的经营状况而言，这一年中的变化不会太大。

当然，如果投资者不需要做股票买卖，且能够理性看待股价涨跌，那么股价的波动并不是真正的风险。但是，事情并没有那么简单。股票价格的变动，往往会影响投资者（尤其是初级投资者）的情绪。投资者容易随着股票价格的涨跌而买卖，看到股价涨了，会大量地买入，看到股价跌了会大量地卖出。这种追涨杀跌就会随着股价的一次次波动而给投资者带来实际的亏损。

如果投资者认为某只股票的价格会上涨而买入了，且股价在买入后真的上涨了，就会给投资者的信心带来极大的鼓舞，也容易使投资者信心发生膨胀，要么会在高价时更多地买入，要么会期待一个不切实际的更高价格卖出，这就给投资埋下了巨大的风险隐患。

另外，如果股价的变化和自己预期的方向相反，就会动摇投资者的决策，放弃原本低买高卖的策略，反倒为了止损的理由在低价把股票卖了。

还有一件值得注意的事情是，股价的上涨会让人相信一些所谓的“利好”消息。在一些概念出来时，比如“5G”之类，有些想操控股价的人（也被称为庄家），往往会借机拉升股价，然后让其他投资者相信这些概念，从而让散户高价接走他们手中的股票。庄家在想买入股票时，也经常会利用各种方法故意打压股价，让股价跌破投资者的一个个心理防线，如果这时再配合一些负面消息，一些意志不坚定的投资者就会纷纷交出自己的“带血”筹码，将自己手中优质的股票低价贱卖给他人。一次又一次的股价波动中，伴随着的是一茬又一茬的韭菜被收割。

股票的价格有正反馈的自激效应。李佛摩尔曾经说过一句经典的话：“让股价上涨的最好方法是让它上涨。”股价的变化是投资者最容易感知的，也最直接地刺激着投资者的神经。赚钱效应会驱使投资者更多地买入股票，当这种刺激让人们头脑发热时，股票的价格就会创出一个个新的奇迹。

同样，股价下跌时，股票持仓者的市值会不断地缩水，亏钱的痛也会让投资者不再坚定地持有优质股票，开始怀疑自己持有的是不是一只好股票，于是开始考虑是否要卖出股票，以避免更大的损失。大家都抢着卖出，这又会导致股价进一步下跌。

另外，如果买股票时用了融资，股价的大幅波动就会给投资者带来实质的巨大风险。通常股票融资是以持仓的市值给予额度的，持仓市值高时，可以借到较多的钱。市值不断增高时，可以借到的钱会不断地增加。但是，当持仓市值下跌时，不仅可融资的资金变少，还有可能被要求追加保证金。若没有更多的资金来追加保证金，则会被迫低价卖出股票以偿还融资款。所以，如果没有事先做好准备，股价的大幅波动就有可能造成实质性的损失，严重的甚至会让投资者倾家荡产。

当然，对于股价的波动，如果处理得好，也可以使其成为机会。我们可以在股价大幅下跌时买入，在股价大幅上涨时卖出，这样，股价的波动就是为自己创造利润的机会。真正的投资高手一般善于利用股价的波动。

公司经营风险

公司经营不会是一帆风顺的，不管多么优秀的公司都会面临各种各样的风险。对一个不参与具体经营的股市投资者而言，公司的经营问题很容易被忽视。有的投资者买入股票却不知道公司是干什么的，等发现公司经营不善、大幅亏损时才追悔莫及。无知是最大的风险。要能真正地识别公司的经营风险，就必须对公司进行深入的基本面研究。对公司的经营情况了然于胸之后，才会知道公司真正的问题在哪里，才会知道哪些因素会真正影响公司的业绩，才会知道怎样去规避这些风险。

公司的经营风险主要有：整体行业的风险、公司经营决策的风险和管理层道德风险。

大势不可逆。公司的经营状况往往会随着整个行业的景气度的变化而变化，若脱离行业看公司，则很容易会只见树木不见森林。当年巴菲特买入纺织公司伯克希尔哈撒韦时，就犯了这个错误。纺织行业在当时的美国已经是一个没落的行业，但巴菲特贪图便宜，也认为自己能将它起死回生，所以把它买了下来。

实际上，不管管理层多么努力和优秀，这家纺织公司最终还是只剩下了一个名字。行业是有肥有瘦的，有的行业整体就不赚钱，有的行业也会随着时代的变迁而没落，作为股市的投资者应该避免投资这些行业。股市投资者要充分利用好有选择权的优势，只选最好的行业，挑最好的公司，等最低的价格。

好行业中也有不赚钱的公司，即使是优秀的公司也可能会被昏庸的经营决策拖垮，诺基亚公司就是最好的例子。诺基亚曾经是手机行业的霸主，但是一连串的经营决策失误，将诺基亚送入了万劫不复的深渊。作为股市投资人，如果当时投资了诺基亚公司，并能够识别管理层的错误决策，就可以卖出股票，从而避免出现重大的损失。

但是，投资者如果对公司重大经营决策一无所知，对重大方向性问题也没有判断能力，那么对这种公司的经营决策风险就没法避免。作为一个二级市场的小股东，我们不需要知道公司经营管理的每一个细节，但是，对公司的重大经营决策一定要有一个好的预判，要知道这些决策对未来业绩会产生好的影响还是坏的影响，并能够事先评估这些影响的大小。

永远不要与坑蒙拐骗的人合伙。买入公司股票，就是和其他股东一起合伙做生意，如果公司的大股东或核心管理层是骗子，那么公司能为投资者赚钱的可能性就很小了。不道德的人，我们惹不起，但是躲得起。有人喜欢与狼共舞，觉得风险越大的地方收获越大。其实这是一个错误的认识，风险大和收获大没有必然联系，对公司而言，反倒是经营风险越小的公司盈利能力越强。在康得新和康美药业坐实了财务造假时，仍然有大量的投资者不顾风险买入它们的股票，这无异于刀口舔血，常抱有这样心态的投资者，迟早要付出代价。

融资杠杆风险

中国股市 2015 年的牛市因场外配资的加杠杆而来，也因去杠杆而去。由于大量场外配资入市，上证指数不到一年时间从不到 2000 点涨到超过 5000 点，在政府严控场外配资后，上证指数又用不到一年的时间出现腰斩，千股跌停、千股停牌、指数熔断等奇特现象层出不穷。

杠杆的作用是巨大的，它能撬动地球，也能让人万劫不复。有人一旦发现好的投资标的，就不顾风险、满仓满融地干进去，结果往往事与愿违，一但股价没能朝着自己预期的方向走，就会以亏损收场。不顾风险地加杠杆，即使一两次成功了，如果不改变这种冒进的投资风格，那么迟早有一天会尝到苦果。

运气不会总偏爱于某一个人，常在河边走，哪有不湿鞋？股市投资过程是一个漫长的过程，除非投资者被股市伤透了心，再也不碰股市，否则，股市投资将会伴随投资者终生。在漫长的投资岁月里，会出现各种各样的极端情况，如果使用了融资杠杆，就必须要对杠杆的风险进行预判。只有这些杠杆能经得起股价的大幅波动，能经得起长时间的股价与预期的背离时才可以使用。

为避免使用杠杆给自己带来负面影响，在使用杠杆前，必须先进行压力测试。如果想使用一天的杠杆，就要考虑一天内所有可能发生的各种极端情况；如果想使用一年的杠杆，就要考虑一年内可能发生的各种极端情况；如果是长期进行融资买股票，那么你的投资就要经得起 10 年不遇、20 年不遇甚至 50 年不遇的风浪冲击。时间周期拉长，一些不常发生的事件出现的概率会变大。投资需要理性，要时刻考虑后果。使用杠杆时，既要能看到丰厚的收益，也要能意识到可能带来的巨大风险。

系统性风险

系统性风险也可以称为宏观风险，包括行政政策、利率调整、国民经济景气度、股市的牛熊等。2015 年的非理性涨跌既是资金杠杆造成的，也与行政政策调整有很大关系。在 5000 点之前，政策上对场外配资睁一只眼闭一只眼，随后又严控场外配资，大量资金的进出造成了股市的大幅波动。系统性风险往往很难提前预判。2007 年全球都在喊着怎么控制经济过热，而到了 2008 年却又出现金融危机，股市一夜入冬，各国政府又在忙着拯救经济。

如果事先不知道风险什么时候来，程度有多么深，那么我们能做的就是时刻做好准备，迎接最大的风险来临。只有做好了风险防范，才能够在风险来临时不至于遭受重大损失。

判断失误风险

人无完人，一个人做不到完全不犯错误。投资者在做投资决策时，有时候得到的信息并不充分，也有可能被错误的信息误导，从而做出错误的决策。在面对错误时，要勇于承认错误，并及时改正错误，最忌讳的是不撞南墙不回头，知道错了也不改。

平时，要注重总结投资的失败经验。当然，并不是所有的投资失败都是决策判断失误造成的，这需要区分开来。对于由判断失误造成的投资失误，要积极总结经验教训，避免以后再犯类似错误。

庞氏骗局

在金融骗局中，庞氏骗局是比较典型的，即捏造投资项目，向投资人许诺高回报，并利用新投资人的钱来向老投资人支付回报，以赚钱效应吸引大量投资，这是一种比较常见的诈骗类型。

“庞氏骗局”一词来源于一个意大利人，名字叫查尔斯－庞兹（Chariles Ponzi），一直做着发财梦的庞兹干过包括油漆工在内的很多工作，曾经在加拿大因伪造罪而被关进监狱，后又在美国因走私人口罪而再次被关进监狱。法律的惩罚没有让庞兹得以改变，依旧想着快速致富，于 1919 年来到波士顿开始了他的庞氏骗局。

庞兹宣称从欧洲购买某种邮政票据，然后在美国转卖，可以赚取巨额的价差。庞兹故意将这一计划描述得很复杂、高深，使普通人根本搞不清楚。同时，他又设计了一个高额回报作为诱饵，声称投入本金后在 45 天内就可以获得 50% 的回报。当将信将疑的第一批人把钱投给了庞兹后，庞兹“信守承诺”地让他们拿到了其所承诺的回报。高利诱惑，加上赚钱效应，让大量投资者跟进，在一年左右的时间里，有约 4 万名波士顿市民成为庞兹投资计划的出资人，庞兹总共获得了 1500 万美元的投资款。这 1500 万美元在当时是一笔巨额的钱款，折算到现在相当于比尔・盖茨的总财富。

实际上，对于他的投资计划，早就有金融专家指出过是根本行不通的，但是在巨大利益的诱惑面前，人们放弃了冷静的思考。庞兹拿到的这 1500 万美元并没有进行实质性的投资，这些钱本来可以用来买几亿张欧洲邮政票据，但他只买过两张。投资人的钱主要用来返还先投资者的投资回报和他自己的个人消费了。庞兹用这些钱买了有 20 个房间的别墅，100 多套昂贵的西服，数十根镶金的拐杖，连烟斗都是镶了钻石的，还给他的妻子买了无数的昂贵首饰。

结果可想而知，一年后，新进入的资金不足以弥补这巨大的窟窿，庞兹玩不动了。庞兹破产并被判处 5 年监禁。出狱后，他又干了一件类似的勾当，因此被判了更长的刑期。

风险与收益的平衡

任何的经济活动都有一定的风险性。我们所做的每一项投资，在期望获得收益的同时，也伴随着要承担一定的风险。那么该如何去平衡风险与收益呢？什么情况值得投资，什么情况不值得投资？

用一个数学的方法来描述：

净收益期望值 = 成功能获得的收益额 × 成功的概率 − 风险造成的亏损额 × 风险出现的概率

当净收益的期望值大于零时，这个投资就是值得做的，否则就是一个失败的投资。从上述公式中可以看出，要想净收益期望值大于零，可以通过如下几个方法来实现：提高成功获得的收益额；提高成功的概率；降低风险造成的亏损额；降低风险出现的概率。

要想获得高的收益，就需要从上述 4 个方面来做工作。在股市投资中，可以通过广泛地寻找投资标的，找出优质低估的股票来做投资，这就提高了潜在收益额。对于潜在的投资标的，要进行认真仔细的分析研究，选取其中确定性较高的来投资，这样就可以提高成功的概率。另外，要认真地分析潜在的风险因素，对有重大风险嫌疑的，应回避，宁可错过，这样就可以降低风险带来的损失。

很多人对市场抱有风险大收益也大的错误思想，故意往风险大的地方钻，却没想过风险大和收益大没有必然的联系。即使冒大风险可以提高收益，风险也是需要成本的，如果收益不足以弥补风险的成本，那么这样的投资长期做下去必定以亏损结局。

高风险和高收益不是一个不可分割的组合。实际上，市场上的投资标的按风险和收益的高低，可以分为如下 4 类：低风险高收益标的、高风险高收益标的、高风险低收益标的、低风险低收益标的。作为理性人，应该选择低风险高收益标的。有的人错误地认为风险高的就一定收益高，所以他们有可能选择高风险高收益标的或者高风险低收益标的，很明显可以看出，这两种都不是明智的选择。

投资杠杆的风险与控制

每个人都期望拥有更多财富，但金钱的效用是会发生改变的。同样多的金钱，对不同财富阶层的人来说，其效用有巨大的差别。拥有 500 万元的人，把他的 500 万元拿走，让他变得一无所有所带来的痛苦，会远远超过给他 500 万元带来的幸福感。对只有 500 万元的人来说，这 500 万元本金就是他不可以失去的财富。

我们不能用不可失去的财富去换取一份可有可无的财富。

史玉柱当年建巨人大厦，就是没有控制好杠杆风险，让他失去了不能失去的财富。在建巨人大厦之前，史玉柱都是一帆风顺的，这让他信心出现了膨胀，巨人大厦从开始设计的 38 层一路加高到 70 层，最后因为负债率过高，出现资金链断裂，让史玉柱从首富变成了“首负”。他后来东山再起时，给其他投资人的建议是：“投资，我觉得杠杆还是要少用。因为成功不是靠赌出来的，杠杆太高就是赌博。负债率低一点，可能赚钱会慢一点，但是会比较安全。所以搞投资，最大的教训就是要控制自己的负债率，控制自己的杠杆。”

如果不借钱炒股，不使用投资杠杆，那么投资者的本金不会亏完。即使在 2007 年 6000 点高位入场，到 2008 年最低的 1664 点时，市值依然还会有 25%，不至于破产，当行情回转时依然还有机会。但是，如果使用了杠杆，可能在股市稍微下跌时就已经破产了。

杠杆在提高收益的同时，可能会给投资者带来重大损失。要想自己的人生不至于过度地跌宕起伏，就要控制好自己的投资节奏，降低投资杠杆。

凯利公式与仓位管理

如果有一个投资机会，成功和失败的概率均为 50%，成功了可以赚取本金的 3 倍，失败了本金亏光，假如你有 100 万元，那么这个项目该不该投呢？投多少合适呢？

首先回答第一个问题。前文说过，如果收益的期望值大于零，这个项目就是可以投资的。假设投 100 万元：

收益期望值 = 100 × 3 × 50% − 100 × 1 × 50% = 100 万元

从数学期望来看，投资该项目的获益有 100 万元，对于 100 万元的本金来说，收益回报率为 100%，是很可观的，说明这是一个值得投资的项目。但是，再仔细想想，虽然盈利可观，但是一旦投资失败就会损失全部本金。如果把 100 万元全部投进去，一旦出现失败就破产了，这显然是不可取的。如果投很少的一部分钱，那么虽然没有破产的可能，但是赚得不够多，浪费一个很好的投资机会。对于这样的情况，该投多少合适呢？著名的凯利公式可以帮上忙。

凯利公式

凯利公式是由贝尔实验室的物理学家约翰·拉里·凯利提出来的，公式如下：

$$F = p \div m - q \div n$$

公式中，F 为投入该项目的资金占总本金比例，p 为项目成功的概率，m 为项目失败后相对于本金的亏损率，q 为项目失败的概率，n 为项目成功后相对于本金的收益率。对于上例，$p = q$=50%，m = 100%，n = 300%，那么上述项目的最佳投资比例为：

$$F = 50\% \div 100\% - 50\% \div 300\% \approx 33\%$$

也就是说，对于这样的投资项目，最佳的投资额不是 100 万元，也不是 10 万元，而是 33 万元。投资比例为 33% 时，风险得到了很好的控制，同时收益又很可观。

仓位管理

在股市投资中，有人说要集中持股，有人说要分散持股，但是，不管集中还是分散，其目的都是提高收益和降低风险。通过凯利公式可以知道，过度的集中和过度的分散都不是最佳选择。

在实际的投资过程中，很难得出凯利公式的 p、q、m、n 这些参数，即使能得出来，也是不准确的，所以在实际投资过程中用凯利公式去做计算意义不大。但是，这可以给我们一个很好的参考。上例中，收益额是损失额的 3 倍，在这种情况下投资 33% 的比例为最佳。在日常投资中，当收益额是损失额的 2 倍甚至更少时就会投，所以，出于综合考虑，单只股票的持仓占总市值的比例要低于 30%。建议普通投资者持仓股票应该不低于 5 只。

持仓多只股票还有一个好处，即可以降低整体持仓的波动性。因为 5 只股票涨跌总会有些时间差，不会同时涨、同时跌。这就可以做些轮动操作，适时地卖出估值高的，买入估值低的，赚一些市场波动的钱。

另外，通常个股之间的价格波动具有一定的相关性。如果始终是满负荷持仓，就没有多余的资金在股市下跌时买入更多股票，这就让投资者无法赚到大市波动的钱。因此要求投资者留有一些资金余地，以便在大市下跌时有资金买入股票。巴菲特始终会留有一些现金也就是出于这个目的。低价时买到了，高价时才有的卖。

安全负债规模测算

过去 30 年，上证综合最大跌幅近 80%，恒生指数最大跌幅近 60%。如果想在未来的 30 年内不会经历爆仓破产，那么你的负债就要经得起市值至少下跌 80% 的考验。

国内券商融资时相对比较安全的融资，目前设置的平仓线为 130%。换句话说，如果借券商 10 万元用来买股票，当你的持仓总市值低于 13 万元时，会被券商强制平仓。下面就以券商融资为例，计算负债多少是安全的。

假设：你有本金 100 万元，加上券商的融资 m 万元，全部买入股票，券商设置的融资平仓线为 130%，如果希望总市值下跌 80% 时不会被强制平仓，那么必须满足：

$$(100+m)\times 20\% > m\times 130\%$$

简化得：$m < 18.18$

也就是说，融资额必须小于 18.18 万元时，才能抵御 30 年一遇的系统性风险。若不想在出现极端情况时破产，日常的融资额就要低于本金的 18%，这样才可以高枕无忧。另外，使用券商融资时要每日支付利息，所以总融资额度还要进一步降低，否则没有钱支付利息。因此，建议融资额度不要超过本金的 15%。

当然，如果在投资过程中，有其他的现金流可以源源不断地进入股市，那么可以适当地提高负债规模。假设有 100 万元本金用于股市投资，每年还有 10 万元的工资收入可以投入股市，那么将负债规模提高到 25% 也是比较安全的。

很多人会不屑于控制融资规模，觉得自己爆仓的风险会很小，认为自己有 100 万元，融资 100 万元，这样股票的市值有 200 万元。心里想着，自己有 200 万元的股票，还 100 万元的债务不会有什么问题，股票不至于会跌到让自己爆仓。如果仔细算一算就不会这么想了。整体下跌 80% 的情况比较少见，但整体下跌 35% 的情况是比较常见的，一两年就会有一次。200 万元的市值下跌 35%，市值就变成 130 万元了，这时就到了券商 130% 的平仓线了，卖出股票还掉券商的 100 万元，自己就只剩下 30 万元，实际亏损 70%。用 30 万元的本金赚回亏损的 70 万元，需要盈利 230% 才行。之前市场只下跌了 35%，即使未来行情转好，回到了之前的高点，自己爆仓损失的钱也是回不来的。

上述算的只是 1:1 的融资杠杆，实际上有不少人使用的融资杠杆比这个高很多，很多人采用的是 3 倍、5 倍，甚至 10 倍的杠杆。对于如此高的杠杆，只要市场一有风吹草动，自己就会“葬身”股市。

小结

股市风险无处不在，投资者如果不能做好风险控制，不仅赚不到钱，还会损失大量本金。常见的股市风险有：股票价格波动风险、公司经营风险、资杠杆风险、系统性风险、判断失误风险。对于这些风险都要有足够的应对措施。

另外，在投资中还会有各种骗局。这要求投资者在投资中要擦亮眼睛，不能只看到收益而看不到风险。有些投资风险是不可避免的，所以要做好风险和收益的平衡，尽量去找风险小收益大的投资项目，而不能盲目地去放大风险。

在投资过程中一定要控制好融资杠杆，不能用不能失去的财富去换可有可无的财富。适当地分散投资可以降低风险，提高收益。建议普通投资者的持仓股票数应该大于 5 只，一来可以降低风险，二来可以适当地进行轮动提高收益。做仓位管理时，要留有适当的余地，以便在市场低迷时有买入的资金，从而赚一些市场波动的钱。

如果没有新的资金可以进入股市，一般情况下，负债规模不要超过 15%。如果有其他的现金流可以源源不断地进入股市，则负债规模可以适当放大。

后篇

财富观与人生观

第 15 章

通往财富自由之路

“生命诚可贵，爱情价更高，若为自由故，两者皆可抛。”财富自由是全面自由的一个方面，大多数人为之向往。什么是财富自由？怎样实现财富自由？该怎么走？需要具有怎么样的心境？

什么是财富自由

每个人都有对美好物质生活的向往。想出去吃点儿好吃的，想买几件好看的衣服，买一款功能强大的手机，想买一辆汽车，还有一所大的房子，最好是面朝大海，春暖花开，还想带自己心爱的人去旅行……

这时候，电话铃响了，是房东打来的。“你的房租还没有交，记得交一下啊！”理想是“丰满”的，无奈现实太过“骨感”。我们对美好生活的向往通常被有限的财富限制，如果能挣脱开这些财务上的限制，就自由了。

每个人对物质的欲望是不一样的，有的人认为有个三居室就满足了，有的人需要有个别墅才满足，有的人希望有个庄园，里面有游泳池，有马场。所以，对每个人来说，定义财富自由的尺度是不一样的。

不过，话说回来，自己富足与否，只有自己知道，但是，社会大众对于富足有一个大概的标准。大众认为的富足有两个定义。

财富自由的定义一

罗伯特·清崎认为，当一个人的被动收入大于能够满足自己幸福感的开销时，这个人就实现了财富自由。这个定义有两个要素：一个是被动收入；另一个是满足自己幸福感的开销。被动收入就是指不用主动地工作也能轻易获得的收入。这些收入包括利息收入、股息收入、房租收入等。对于开销来说，多少能让自己感到满足，则因人而异，也只有自己最清楚。如果你平均每月有 2 万元以上的被动收入，而平均每月开支 2 万元就觉得很开心，那么恭喜你，从这个定义来考量，你已经财富自由了。

这样定义下的财富自由人，通常有资深的股民、成名作家、房东、其他自由职业者，以及有职业经理人打理企业的企业主。

财富自由的定义二

我们通常认为，如果一个人很富足，或者说是个有钱人，那么也可以算作财富自由。对于这个富足，美国政府在 2009 年提出过一个高净值人群的概念：“当一个人的可投资金融净资产超过 100 万美元时，就被称为高净值人。”当时的 100 万美元换算到现在，大约折合人民币 1000 万元。那么，现阶段，拥有 1000 万元人民币的可投资金融净资产的人，就是高净值人员了，也可以认为这群人是拥有财富自由的人。需要注意的是，这里的净资产是可用来投资的金融净资产，自住的房、自用的车等生活必用的财产不能算作可投资资产。

中国一线城市的房价很高，如果一个人只有一套自己住的房子，那么他肯定算不上一个财富自由的人，因为他们还必须要努力地去工作，否则物业管理费都不知道从哪里来。如果一个人平时工作和生活都在小县城，在深圳有一套净值超 1000 万元的投资房产，或者其他投资资产净值超过 1000 万元，那么他在周围人眼中肯定算是一个有钱人，也可以认为他实现了财富自由。

财富自由的实现

第一种定义的财富自由相对比较容易实现。要实现这种财富自由，可以提高自己的被动收入或降低自己的开销。

被动收入系统的打造

每个人都有其擅长的一面，做自己最擅长的事情回报价值会高一些。要有一个被动收入系统，不外乎两种途径：一种是自己打造；另一种是用资金去购买。用资金去购买一个被动收入系统，也可以称为投资。

如果你擅长企业经营，那么你可以创立一个自己的公司或与别人合伙开一个公司，当公司走上正轨之后，请职业经理人来打理，这时企业的利润就是你的被动收入了。当然，企业从自己亲力亲为过渡到职业经理人来管理，需要老板自身管理能力的提升。有些生意可能小到请不起职业经理人，或老板的管理能力不足以驾驭职业经理人，那么对这些老板来说，就只能通过投资这个途径来实现财富自由。

对于投资，这里给出一个定义：用现金买入一个能保值增值的可交易金融资产。购买投资性房产、商品、土地、股票、收藏品等，都可以算得上是投资。但前提是这些买入的资产的首要目的是保值增值。很多小企业主或一些高收入人群，就买入房产、店铺等资产，然后以将这些资产出租的形式来获得被动收入。

之前提到过，以 50~100 年的长期来看，所有大类投资品种中，回报率最高的是股票。如果有能力进行投资，那么可以选择投资股票。如果不考虑赚取股市的波动差价，那么投资股票所耗费的精力会比投资房产少很多。

降低开销标准

在保证幸福感的前提下，如果开销足够小，那么也比较容易实现财富自由。“一箪食，一瓢饮，在陋巷，人不堪其忧，回也不改其乐”，这句话出自《论语·雍也》，意思是孔子的弟子颜回就是一个对物质生活容易满足的人，有口饭吃，有口水喝，住在别人受不了的陋巷里，依然可以过得很快乐。颜回只需要很低的物质生活标准就可以感到幸福，所以他有几亩良田收租就实现财富自由了。一个人对物质生活的要求，也影响其实现财富自由的难度。

如果一个人处在一个永不满足的物欲当中，那么他只会永远是金钱的奴隶，永远不会有自由之身。

金钱带来的幸福感，并不是线性的递增关系。金钱的效用会随数量增加而递减。当更多的金钱只能带来较少的幸福感时，就应该考虑寻找其他的幸福来源。幸福的来源有很多种。比如做一件自己喜欢的事情，给友人打一个电话，不求回报地做一件善事，给家人更多的关爱，做一件对社会有价值的事情，等等，这些都会给自己带来幸福感。如果做这些事情带来的幸福感多过花同样时间赚钱带来的幸福感，那么毫无疑问，赚钱就不应该放在第一位。

对于第二种定义的财富自由实现，实际上就是要变成一个有钱人。创造财富并且要积累财富，这样才能成为有钱人。既要开源，又要节流。

想成为有钱人就必须要努力，懒惰的人永远成不了有钱人。具体途径可以参阅《富爸爸穷爸爸》这本书，书中有一个很好的成为有钱人的观念。观念就是方向。

方向对了，只要坚持不懈地往前走，就能得到自己想要的东西。

不管收入多么高，月光族永远都成不了有钱人。“泰山不拒细壤，故能成其高；江河不择细流，故能成其深。”财富是一点一点积累下来的，不要幻想着一夜暴富。一夜暴富的人，也守不住财富。

我的财富自由之路

穷则思变

我曾经是一个穷小子，穷得连每天吃饭都要算计。中专毕业后，分配到镇政府上班，每月的工资是 200 元左右。按当时的消费水平，比较节俭的吃法是，早餐需要两块钱，中餐和晚餐各两块五，每天吃饭需要至少 7 块钱，一个月下来，光吃饭就要花去 210 元。大家可以想象一下，那样的日子过得该有多么窘迫。

那时我还年轻，只有十七岁，思想还是比较上进的，希望能够在工作中施展拳脚，做一些事情。然而工作到第二年，我精神状态每况愈下，情绪开始低落，几个月都不见一丝笑容。我必须要逃离。

为了改变，我尝试过参军，因指标有限而没能成功。我只能尝试看看是否能通过读书来改变命运。于是借来同学的高中课本，开始了为考大学而努力的学习过程。3 年的中专，以及几年工作下来，原来学的文化知识基本上忘得一干二净。刚拿到数学书时，连一元一次方程都不会解了，英语、化学等课程也基本上要从零开始学习。多亏了我当初的年轻气盛，什么都敢想、敢做，最终通过努力学习，我顺利考上了大学。这成了我通过读书改变命运的开始。

找到了适合自己的发展道路

上大学让我如鱼得水，感觉终于有了施展拳脚的地方，开始各种挑战，各种努力。从早上 5 点多起床，到晚上 11 点多睡觉，一刻都不敢放松自己，像一个陀螺一样不停地忙碌着。课余要么在处理学生会的事务，要么就是在图书馆看书，我一般是图书馆最后一批出来的人。我从加入学生会开始，到后来成为了校学生会主席，课业成绩在班里也是名列前茅，有多门课程成绩是班里的第一名。大学里的拼搏和努力，让我获得了之前不敢想象的成绩，也让我“飘飘然”地活在一个不可一世的自我世界里。我在读大学时写过这样一首诗：

每天，我在编写着我的狂人日记，却不能干出疯狂的事情，真令人苦恼，巧妇怎为无米只炊？希望不再如此！

天、地、宇宙、空气，我都不可以享受，唯有我的意念归我管。可又能如何，又不敢想入非非，哪怕是梦中……

我要增强我的能量，直至突破光速，如此，我就可以为所欲为！

过分的狂妄，很容易让人栽跟头。大三的一次被否定，让我彻底地反省了自己，我必须脚踏实地，我必须活在凡间。在我顺利考上研究生之后，我为自己取了一个新的名字——汪凡，目的是要时刻告诫自己是个凡人。

• 图 15-1　笔者在大学时期的照片

选择考深圳大学的研究生，其实就是冲着深圳有钱去的，我要改变自己贫穷的状况，我要变成有钱人。深圳我是选对了，一到深圳，我就开始寻找各种赚钱机会。做家教，去培训中心做老师，卖考研资料，派传单，卖旧书，甚至买了一辆面包车跑出租，反正什么能来钱就做什么，有的是力气。人生第一辆四轮车就是为了跑“黑的”而买的，东风小康（一辆面包车而已），我还记得车牌是粤 BTE815。刚买来时，我开着它载着一帮研究生同学在滨海大道兜风，有一种《天堂向左，深圳向右》中主人翁肖然的味道，让人备感兴奋与刺激。努力赚钱的结果使自己在经济上渐渐宽裕了，来到深圳第二年后，我去超市买生活用品时，就不用再比较标签上的价格了，实现了日常用品自由。

读研究生的第一学期期末，通过竞选，我获得了校长秘书这一兼职。虽然在当时作为学生来说还是蛮风光的，但是，这让我想起了之前在镇政府的工作，作为校长秘书，每个月 600 元的工资不会让我成为一个有钱人。半年之后，我辞去了这个工作，我不能忘了我来深圳的目的，我来深圳是为了赚钱，我不能偏离这个目的。于是，我开始去外面的企业找工作，企业的收入肯定会高过学校给的这 600 元钱。也确实如此，我去外面企业找到的第一份工作每月工资是 3000 元，几个月后跳槽，工资又加到了 5000 元。

那时我有空就会去看别人的创富故事，天涯经济论坛是我常逛的地方。当时有一位开小店的创业者，每天会在天涯经济论坛分享他的创业故事，这给我很大的启发，也知道了只有创业才是最快的获取财富的手段。于是，我辞去了企业的工程师工作，开始了我的第一次创业。

财富之路上了高速

我的创业从选择做考研培训开始，之所以选择做考研培训，是因为自己在考研时，看到上辅导班的同学非常多，每个培训班的学员动不动就上千人，每期课程下来就有几十万元的学费收入，而开支却不多，租个场地，请个老师，就够了。算一算，应该可以赚很多钱。巨大的诱惑，让我觉得可以试一试。

当时我还是一个在校学生，没有资本，租不起办公室，更请不起人，于是我的学生宿舍就成了我的办公室。感谢我的室友以及宿管对我的宽容与帮助，如果他们阻止，或许这次创业就黄了。男生宿舍的卫生状况向来都是令人不忍直视的，我的培训班学员，有不少人会直接到我的宿舍来报名，当他们看到我的办公室是一个不堪入目的男生宿舍时，都会有些惊讶，或许这与他们想象中的高大上的场景差距太大了。这时，我一般会跟他们解释说，我这里只是一个代理报名点，总部在北京，总部是很有实力的。

做宣传需要印海报传单。我没有钱去印刷厂印，就自己用电脑设计好去文印室打印一些，每次花个十元二十元，印完之后就买来浆糊自己拿着去校园里的宣传栏张贴。刚开始没有自行车，深大的校园很大，几个宣传栏贴下来就要走一两个小时的路程，腿走得酸痛，但是不觉得苦。为了多招到学生，也会跑到其他地方做宣传，最远处跑到了横岗新华书店。深大到横岗，坐公交车单程要两个多小时。那时候深圳的公交车司机个个都是赛车高手，不是急刹就是猛冲，坐这种车，想不晕是很难的。我经常半路晕车了，下来吐一会儿，然后再换另一班车继续赶路。

为了学员上课方便，我会经常“偷”学校教室用。不是我不愿意出钱跟学校租，而是学校根本就不对外出租。这里面的就发生过各种曲折离奇的故事。

● 图 15–2　笔者在研究生创业时期的照片

创业是艰辛的，但让我收获了满意的成果。到我研究生毕业时，已经有了 20 多万元的存款。那时也特别节俭，赚的钱几乎都能存下来。

研究生毕业时，我曾有过一段煎熬期。是要继续我的创业，还是去找一份专业对口的工作？ To be，or not to be，that’s a question. 我内心里知道，经商是获取物质财富的最好方式，但是家族里没有经商的传统，研究生毕业做一份体面的工作才比较容易被家乡人认同。最终我选择了前者。硕士毕业后，我的时间不再需要分配到学业上了，这给了我全身心赚钱的机会，我一心一意地干了起来。我开始到广州、珠海拓展我的业务，这一年也成了我创业以来赚钱最多的一年。

硕士毕业后的第二年，我有了自己的第一台轿车，并拥有了 80 多万元存款（当时南山区 100 平方米的房子价格在 100 万元左右）。那时，深圳的房价开始快速地上涨，这些钱我没敢拿出来买房子，我希望有更大的事业，希望这些钱可以作为我更大事业的资本。于是，我没有选择买房，而是将这些资金存在银行，很多是5年期的定期，那时候5年期的定期年利息有5%。

现在看来，若那时我把手头的现金都拿出来买房子，早就可以实现财富自由了，而且会很轻松。那时两成首付就可以，我的现金如果在深圳南山区用来买3套100平方米的房子，那么持有到现在，价值超过2000万元完全没问题。

虽然知识能改变命运，但是投资意识也会终身影响着自己的命运。好不容易有点钱的我，在当时是怎么也想不通买东西还能赚钱的，也根本不会往这方面去想。当时一位朋友每次见到我都劝我去买房子，说赚了钱要改善生活，还能够通过房子升值来赚钱。每次我回复她的就是我现在还没到享受生活的时候，我需要将这些钱留着做其他事情。朋友被我气得吐血，但我终究不能理解明明是花钱的事情怎么还能赚到钱。

财富路上走弯路

一直在做培训业务，也一直“混迹”在大学校园里，内心里还是更喜欢校园的生活，向往“两耳不闻窗外事，一心只读圣贤书”的宁静与圣洁。我没能专心地去做一个商人，我开始抽出时间来复习准备考博士，这个决定也让我理解了读书改变命运的另外一层含义。

一个人去算命，算命先生摸骨相面掐算八字后，说：“你二十岁恋爱，二十五岁结婚，三十岁生子，一生富贵平安家庭幸福晚年无忧。”此人先惊后怒，道：“我今年三十五岁，博士，光棍，没有恋爱。”先生闻言，略微沉思后说：“年轻人，读书改变命运啊！”

虽然这只是一个笑话，但读书改变命运的道理由此可见一斑。

有了一些闲钱的我，想着怎样通过这些钱来给自己增加财富，开始比较用心地研究起了股票。也由于之前做研发工程师的体验，让我对工学产生了厌恶，于是我便想考经济学的博士。在报考经济学博士时碰到了一个小问题，同时也担心自己考不上。我不想把备考的战线拉得太长，常年备考是很痛苦的，更有一个原因是我想尽快地住上博士生宿舍。

当时有一个博士生宿舍，是一个原来学校老师住的房子，两房一厅，一楼，还带一个院子，院墙上开满了火红的三角梅。这对我有巨大的吸引力，我特别想能够尽早住进去。

● 图 15-3　深大一角

现在，我体验到了什么叫真正的“人穷志短”，为了能一次性考上，也为了能住一间自己喜欢的宿舍，我将我的博士报考专业换成了“信号与信息处理”，一个我并没有兴趣的专业。

我如愿考上了博士，也住上了自己想要住的宿舍，同时也走上了财富之路的第一个大弯路。不知道这是喜还是悲，住在这么舒适的房子里，我根本就没有想到要在深圳买一个自己的房子，永远也不会。另外，那时我一年能赚 50 万元，想象着十年我就会有 500 万元，可以在深大附近买 5 套房子，所以也没有把能在深圳拥有一套房子当成一回事儿。

2009 年下半年，我开始了漫长的读博之路（读了 5 年，真是呕心沥血啊）。博士毕业后，我才真正体会到什么是书读多了。

读博士期间，在经营着原来的培训公司的同时，我想过更多的创业项目。《富爸爸穷爸爸》这本书对我的影响，让我尝试了一下出租房业务。我从别人手上接手了 15 间出租房，转让金花了十几万元。除掉开支，每个月能净赚 1 万多元。我尝到了一些甜头，想去扩大这个业务。那时也正是发展出租房业务的最佳时期。南山区的一些核心地带，一些工厂搬迁到关外，原来的厂房由于地理位置优越，若能将其改造成出租房，是很赚钱的。我也出去找到过一些合适的厂房，可是当时我正在做培训业务，一边读博士，心思总摇摆不定，精力上也不太够，另外待在大学里的舒适区的我也不愿意为赚更多钱而拼搏，一个非常不错的机会就这样被白白浪费了。

后来还有一次很好的机会，也被我浪费了。那次机会是南山区科技园北区有一栋楼出售，3 层的房子，总共 6 个套间，总价 300 万元。如果把它买下来改造成出租房，那么可以赚不少钱。或者买下来后，什么也不做，房子的升值也会是一笔庞大的财富。

兜兜转转的股市投资路

虽然 1999 年我就开户买过股票，那时是 2500 点左右，但那时我也没几个钱可以用来投资，也根本不懂投资。报纸新闻上说买基金就是委托专家理财，在买过几只股票没赚到钱之后，我将钱都买了股票型基金。买基金我也不消停，每天翻看报纸上的基金净值，以 1~2 分钱的净值波动来算自己当天赚了或赔了多少钱。同时，我的持仓也在基金景阳、基金景泰、基金 ×× 之间徘徊，把基金当成股票来炒。折腾几年后，并没有赚到钱，反而有些小亏。读大学时我把最后几百股基金卖掉了，斩断了亏损，开始远离了股市。

读研二时，我觉得腾讯是一个非常好的公司，因为我是 QQ 的第一批用户，也发现 QQ 的用途越来越大了，于是开了港股账户想买腾讯的股票，那时我还在很多朋友面前说过腾讯是一个非常牛的公司，买腾讯一定能赚钱，那时是 2007 年。不幸的是，当时腾讯将一手定为 1000 股，每股要 40 港元，买一手就要 4 万多港元，我的账户中只有 2 万多港元，买不起一手的腾讯。后来就一直看着它往上涨而不敢追，从此，大好的机会就这样溜走了。

当然，既然开通了账户，我自然就不会让自己闲着。一有闲工夫就在各类投资论坛和各类股吧里泡着。我认为 A 股估值太高，并坚定地只投资港股，即使 2007 年 A 股疯涨时我也不为所动。网络上充斥着形形色色的人，有真正的高手，有跳梁小丑，但往往最博人眼球的偏偏是那些半桶水的跳梁小丑。

2007 年 10 月，在股市 5000 多点的时候，我在华为百草园的泳池里告诫我的两个同学，让他们远离股市，我说股市会跌到 2000 点以下。那时正处在冲击万点的狂热下，没有人能听得进我的劝告。必须得承认，我那时的预测并没有很严密的逻辑，只是在网上看了一些文章后自己总结出的一个模糊判断，有半蒙半猜的意思。结果证明，我蒙对了。2008 年 11 月上证指数跌到了 1664 点，可怜我的一个同学，十万元亏到只剩下 2 万元（如果他没有更多隐瞒），以至于后来我总取笑他。

2008 年股市大跌，让我兴奋异常，越跌越兴奋，因为我有大量的现金等着去抄底。可是，谨慎的性格以及菜鸟的投资水平，让我白白浪费了 2009 年的大涨行情，没有赚到多少钱。主要是由两个原因造成的：一个是上涨初期出于谨慎的考虑，不敢投入大资金，总期望一个更低迷的行情出现；另一个是短线思维作祟，在低点买入的几只好股票赚了十几个点甚至几个点的时候就卖掉了。记得那时，2 元买入的金山软件，2.2 元就卖掉了，后来看着它冲到 8 元多。几毛钱买入的凤凰卫视，1 元左右就卖掉了，卖掉后它冲到了 4 元多。还有很多股票几乎都是在股价最低的时候买入的，但是都没有赚到大钱。

细思量当初没有赚到钱的原因，不是我学习投资不够认真，做研究不够仔细，而是我没有跟对人学。网络上谁的文章多，谁的人气高，我就认为谁是大师，就跟谁学。当时在论坛上看到一个帖子，说每次小赢几个点，一年下来积累几十次几个点的小盈利，则总盈利通过复利的魔力，业绩就会靓丽得不得了。我信以为真，没有了长期投资的观念，总希望在快进快出中抓住各种热点，通过各种热点上涨的盈利来堆积自己的财富金山。想象总是美好的，现实却是那么残酷。不断地切换股票，白白放跑了很多大牛股。股票买了不少，指数也涨得凶猛，自己却没能赚到多少钱。

大牛市行情，我都没能赚到钱，我算是认清了我自己的投资水平。开始检讨自己，我赚的钱开始大量地存定期，刚开始存半年或一年的定期，到后来开始存 3 年、5 年的定期。到 2012 年，我在银行存了大量的 5 年期的定期。

2012 年，我的博士学业进入第三年，面临着博士学位到底要不要的问题。若要，则必须开始把赚钱的精力转移到学术研究上来。来深圳，不赚钱而去做学问，脑子“秀逗”了？但是，若不要博士学位，全村就我一个人念到了博士，那可是全村的人的希望啊，就这么让它熄灭了？唉，不纯粹！既不满足于做一个商人，又不甘心做一个学究。正当我犹豫不决时，一个猎头开始锲而不舍地找我，连续几个月打电话给我，要我去广州一家上市公司做研发工程师。我想，如果做研发工作，那么刚好可以让我进行深入的学术研究并可以为撰写博士论文提供帮助。于是，我生生地被说服了，把我深圳的培训公司安排好经理人后，就去了广州做研发。

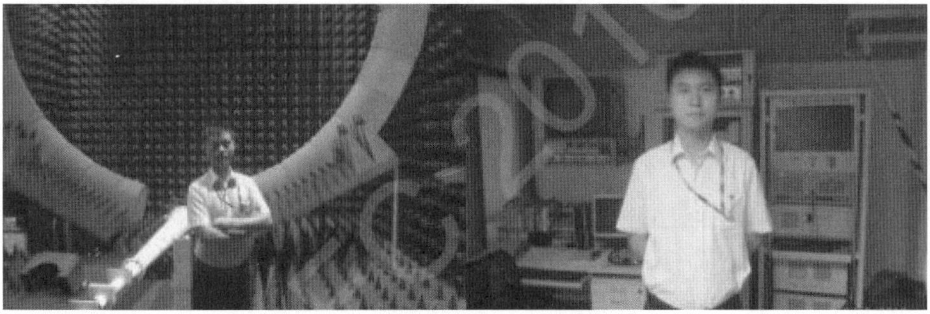

• 图 15-4　笔者作为研发工程师时的照片

赶项目的时候，周末加班根本就不算什么，晚上干通宵才折磨人。通宵！通宵！连续通宵！在广州没工作几个月就加了好多个通宵的班。唉，谁叫我非得去读个工学博士呢？唉，谁叫我连跨专业考博士的冲劲都没有，非得要图个一定要考上，选个信号与信息处理专业的博士呢？

2012 年，我在公司用 360 为我的办公电脑清理杀毒的时候，我认为 360 会是一个伟大的公司，就像当初发现腾讯时那样。于是我开始分析研究 360 公司的股票。那段时间，正好 360 的股票在美国纳斯达克市场被做空，股价从 40 多美元暴跌到 13 美元。为了买 360 的股票，我开通了美股账户，钱转到美股账户后，360 的股价已经反弹到了 26 美元，也是在那时候买入了第一笔 360 的股票。做空的分析被证伪后，360 的股价得到了快速回升。尝到了甜头后，我把定期存款逐步地提前支取了，并在 40 美元和 70 美元附近又分别大量买入了。最后 360 的股价最高时冲过了 120 美元。这让我在股市中第一次赚到了大钱。

2012 年，上证指数再一次跌破 2000 点时，我觉得是时候进入 A 股了，在深发展改为平安银行没多久，我大量地买入了平安银行，这使我第一次在国内股市中赚到了大钱。

这些盈利让我重新恢复了投资股市赚钱的信心。我开始了更深入的研究学习。吸取了以前的教训，我不再什么理论都学，不再谁的文章都看。我只选择跟有成功历史的人学习，我认为经过成功检验的理论才可以被认为是真理，才可以值得学习，否则会走火入魔。对于那些唾沫横飞，却在股市中没赚到一分钱甚至严重亏损的人所说的话，连标点符号都不能相信。成功的投资者有哪些呢?

巴菲特、彼得·林奇、格雷厄姆……对，就跟这些大师学，于是我一本本地买入这些大师的书籍，《巴菲特致股东的信》《彼得·林奇的成功投资》《富爸爸穷爸爸》《生活中的经济学》《金融的逻辑》等。每一次研读这些大师的作品，都会使自己的投资水平得到一次质的提升，感觉自己离财富自由也更近了一步。在那时，真正体会到什么叫“书中自有千钟粟，书中自有黄金屋，书中自有颜如玉”。几十本投资书籍研读下来，我的投资思想发生了质的变化。从此，我相信我可以通过投资股票来实现我的财富自由，并有能力在 20~30 年后拥有自己花不完的钱。

差不多同时期，我以 1.1 港元买入的英皇娱乐酒店开始进入了快速上涨通道，最高峰涨到了 5 元多。不过我没能卖在 5 元多，而是在随后跌到 3 元多的时候大量卖出了，最后在 2 元多的时候清空了持仓。

最刺激的是我在英皇证券上的投资经历。我在 2013 年股价在 0.25 元附近持续地购入英皇证券，理由是该股股价被严重低估，账上现金都高过市值，持续盈利，且大股东杨受成一直在买入。我买入后，该股票曾经几次冲高到 0.5 元，又几次回落下来。眼看着一次次盈利化为泡影，内心总是会有所懊悔，为什么没有在 0.5 元时卖出去呢？庆幸的是，我并没有受到短期股价波动影响而卖出，反而不断地在低点买入，坚信总有一天价值会被人发现。就在 2014 年 12 月 8 日，借着 A 股大涨以及沪港通的东风，英皇证券从 0.41 元涨到了 0.81 元，一天涨了 98%。接下来的几天里，我在 1.2 元附近抛空了该股。投资该股，让我再一次大赚。

后来，有一年，我在股市赚的钱超过了我培训公司赚的钱，于是我放弃了自己一手创办的公司，想过另一种生活。同时，我也选择离开造就了我财富梦想的城市——深圳，来到小城惠州，成为一名大学老师。

2015 年第一次遭遇重大的投资挫折。重仓的美股 BOFI 被空头看中，并被大肆做空，股价从 130 多美元暴跌到最低 50 多美元。自己的其他持仓股，本来认为比较安全的私有化概念 360 和欢聚时代也在 2016 年 1 月出现了暴跌。重仓股的暴跌，导致我的融资仓岌岌可危。这让我内心承受着巨大的压力。对的总是要坚持，没有什么成功会来得那么轻巧。我坚信我的判断，坚持我的判断。在 60

美元附近卖光了 YY，并在 8 月份坚持到了 360 私有化的成功。卖两只股票获得的现金全部都投入 BOFI 上。功夫不负有心人，通过对 BOFI 价值的坚守以及对股价终将跟随价值的信仰，最终在这只股票投资上获得了成功，大赚了超过 200 万元。

这么多年来在股票二级市场的学习和研究，以及在市场上经历的风风雨雨，让我的投资趋于成熟，在股市中赚钱也开始变得简单起来。向成功的投资大师学习，努力发现真理，坚持真理，认清自己，不猖狂，做平凡人，这是我对成功投资的总结。以合伙做生意的心态来投资股市，决策就会变得非常简单，风险也会被控制在可接受的程度。我现在常挂在嘴边的一句话是："只要给我时间，钱一定能赚得到，只是或多或少而已。"

人生的追求不只是金钱

通过多年的努力，我现在基本上实现了财富自由。在大学里教书的工作，也给了我很多自由的时间。之前想过，当自己实现财富自由后就整天游山玩水，不再努力地工作。可当这一目标实现了之后，我发现，除了金钱，自己还有很多欠缺的东西，不能因此而放纵自己。在自己创造财富的同时，也要帮助身边人过上更好的生活。自己的努力，除了满足自我需求，还应该更多地为家人、为社会服务。

● 图 15-5　笔者在休闲娱乐时的照片

小结

财富自由有两种定义：一种是当一个人的被动收入大于能够满足自己幸福感的开销时，那么这个人就实现了财富自由；另一种是，高净值人也可被认为是财富自由之人，所谓的高净值人，现阶段通常是指拥有 1000 万元人民币以上可投资资产的人群。

要想实现第一种定义的财富自由，可以通过降低幸福对物质的依赖以及提高被动收入两方面来实现。要想实现第二种定义的财富自由，则必须开源节流，让自己成为一个有钱人。

财富的分配有时候和选择有很大关系，单纯做一个出卖劳动力的打工者，很难获得身心的自由。

每个人的财富自由之路不尽相同，但是都来之不易。

第16章

投资的社会价值

投资不仅可以为自己赚得财富，还可以有很好的社会价值。投资者要对投资有一个正确的认识，才能做好投资。让社会认识到投资的价值，社会也会给予投资更多的尊重。

每个人都可以成为“资本家”

曾经我们对资本家是咬牙切齿地，觉得他们榨取了工人的剩余价值，是吸血鬼。但是，资本家是社会大生产分工中的一个必不可少的一部分，没有资本的参与，也就没有现代市场经济。资本家不需要提供劳动，只需要提供资本，就可以参与物质财富的分配，有时候这种分配还很丰厚，这也让资本家成为人们羡慕的对象。

其实，每个人都可以成为资本家。把工资收入积累下来，将这些积累的资金投给一些需要资金的企业或个人，接受资金的企业或个人会为这些资金支付利息或分红，这时资金就成了资本，资本会随着时间越滚越大，当大到一定程度时，拥有这些资本的人就是资本家了。

金钱并不一定是资本。当手头的钱都是作为消费之用时，金钱就只是金钱，只能作为一个价值符号。把金钱作为生产要素之一投入社会经济活动中，这时的金钱就变成了资本。

普通人要成为一个资本家，其实很简单，就是分两步走，第一步是把钱变成资本，第二步是让资本保值增值。坚持这两个步骤，日积月累，就能成为资本家，也只有坚持这两个步骤，才能成为资本家。这两步既是充分条件，也是必要条件。

资金变资本

资金一定要投入社会生产经营活动中，成为生产要素的一部分，这时资金才能转变成资本。拿钱去参与赌博等零和游戏，不管是否能带来收入，这个钱只是一个筹码或游戏的道具，并不是资本。将钱参与传销活动或参与庞氏骗局游戏，这个钱只是拿来进行一次再分配而已，也不能成为资本。

将钱拿来做生意或与别人合伙做生意，生意赚钱了，自己可以获取利润，这钱就变成了资本。股份制是现代形式的合伙做生意，用钱买入股票并期待分享公司的经营利润，这时买股票的钱也成了资本。

将钱借贷给别人用于生产经营，并收取一定的利息，这也是将钱变成资本的一种形式。借贷衍生出了债券、优先股等，是新形式的借贷。

让资本保值增值

只有很少的资本算不上“资本家”。这就要求我们必须将小资本积累下来，赚到的钱不能都拿来消费，只有资本多到一定程度才能算“资本家”。如果一个人的收入都拿来消费了，那么其资本不会增加，就永远成不了资本家。

收入总是有限的，消费多了，用来投资的钱就少了，这就要求我们要平衡消费和投资。为什么有钱人会越来越有钱？其实，通过观察富人和一般人的消费支出占总收入的比值可以发现，通常越有钱的人其消费支出占总收入的比重越小。一个低收入者，有可能不仅没有钱结余下来，还会入不敷出。而高收入者由于赚的钱足够多，消费毕竟有个限度，就会有更大比例的收入用来进行投资。

有很多资产，但是不能使资产保值增值的人，成不了“资本家”。那些靠买彩票一夜暴富的人，过不了几年就会回到当初的状态。继承大笔资产的人，如果不会利用这笔资产，通胀和税收很快就会使其返贫。

为什么需要证券市场

证券市场是用来发行和交易各类证券的场所。这些证券包括股票、债券、商品期货、期权等。证券市场是市场经济发展到一定阶段的产物。证券市场能高效地实现筹资与资本的对接，有效地化解资本供求矛盾。

证券市场和菜市场一样不可或缺，现代市场经济离不开证券市场。主要源于以下几点：

（1）股份制是现代企业的主要组织形式。随着社会的进步，企业的规模越来越大，初始投资规模动辄几十万上百万元，有的要上亿元资金才行，独立的个体难以有这个实力。所以，以众多主体参与的，以集股经营的方式自愿结合的股份制企业应运而生。股份制企业可以比较容易地实现将所有权和经营权分离，可以为建立“归属明晰、权责明确、保护严格、流转顺畅”的现代企业制度提供良好的制度基础。随着企业规模的进一步加大，行业的进一步集中，未来的股份制企业会越来越多。

（2）证券市场可以比较有效地配资资本资源。如果没有菜市场，那么买菜会很麻烦。买肉要去肉铺，买鱼要去鱼铺，买鸡要去鸡场，碰到短斤少两的商户还没地方说理。同样，如果没有证券市场，那么想买股票需要自己去散落在全国各地的股东中寻找卖家，要卖股票需要自己去找下家。有了证券市场，可以使得公司发行股票及投资者买卖股票变得更加容易。证券市场可以有效地将资本供需双方连接起来，使得互通有无更加顺畅，成本更加低廉。

（3）证券市场能监督和完善企业治理。若没有证券市场，则发行股票的公司容易出现欺诈行为，且买卖过程中由于缺乏监管，容易出现各种纠纷。有了证券市场后，所有的买卖都可以在市场内进行，加之市场有一定的监管措施，一方面可以监督公司规范经营，另一方面可以监督买卖双方合法交易，这有利于减少公司欺诈和不公平买卖的发生。

（4）新兴产业需要资本的支持才能实现快速发展。传统产业一般是滚动式发展。公司盈利了将利润积累下来，投入扩大再生产，这样公司就可以慢慢做大。但是，新兴产业，尤其是互联网产业，往往是赢家通吃的，要想在市场竞争中取得胜利，就必须快速地抢占市场，以形成规模效应和垄断效应。很多新兴企业，包括腾讯、亚马逊、特斯拉等知名公司在内，在前几年甚至前十来年都无法实现盈利，并且需要不断地加大资金投入，如果在企业发展的过程中，没有资本的支持，那么这些公司很可能会出现夭折。所以，这就需要一个很好的资本市场，为这些前途远大的新兴公司提供资金保障。另外，投资者投资了这些公司，也可以通过公司的快速成长，获得丰厚回报。

（5）可以将社会融资从债权融资向股权融资转变，降低企业经营风险，提高投资收益。在没有股权融资之前，企业想要快速发展，只能通过借贷等方式获得资金。如果负债率过高，或者出于信用考虑，那么企业很可能在真正缺钱时借不到钱，并且，借钱有约定的还款期限，若不能按期归还借款则会使企业出现严重的问题。如果以发行股票的形式向社会募集资金，那么这个资金没有期限限制，也不需要还本付息，这降低了企业债务负担，也加强了企业抗风险的能力。对投资者来说，如果只是投资债券，那么只能收取固定的利息，企业经营得再好也与自己无关，但是，如果是股权投资者，那么可以享受公司发展带来的收益，一方面持有的股权可能会升值，另一方面也有可能获得公司的盈利分红，这有可能增加投资收益。更多的股权融资，对企业和投资者都是有利的。

（6）资本的进出变得方便快捷。创业投资资本，一般是在企业创立初期投资，在企业发展壮大后退出，然后将资金投资到新的创业企业中，因此它们就有退出套现的需求。普通投资者希望投资经营稳定的企业，这时刚好可以承接创投资本的退出。另外，股份持有者和资金持有者之间会有买卖股票的需求，证券交易市场可以很好地满足他们的需求。

证券市场除了交易股票，还可以发行交易债券、期货、期权等。这些证券品种可以很好地为市场经济服务。一个成熟的资本市场，是发达市场经济不可或缺的一部分。

投资的社会价值

如果每个人赚的钱，除了日常的支出，多余的钱不拿出来投资，而是埋在自家的后院里，那么这将会对社会经济造成灾难。把财富埋在自家后院这种行为，对个人来说没有什么问题，看起来也有利于财富的积累，但是这阻断了资金的循环流动，从而会导致社会经济的停滞。

商品有生产方和需求方，在进行商品交易时，需求方把资金给生产方以换取商品，生产方拿到资金后将一部分用于购买原材料继续组织再生产，将剩余部分以利润的形式积累下来。生产方持续地生产，需求方持续地消费，资金会慢慢地以利润的形式转移到生产方，若生产方不将这个资金以消费或投资的形式花出去，则需求方将不会再有资金来购买生产方的产品，社会生产就会出现严重的问题，甚至会因此停滞。

在一定时期内，每个经济主体的收支不一定都能保持平衡，有的资金会增加，有的资金会减少，资金多的一方若不将资金拿出来在社会上流通，就会造成通货紧缩。通货紧缩和通货膨胀一样，超过一定限度，对经济都是有害的。

消费的时候，钱花出去就没有了。投资的时候，钱花出去能换来更多的钱。社会要创造更多财富，光靠消费是不行的，还必须要有投资。投资是将现在的钱投出去，换取未来更多的钱，这能够促进经济的增长。

把钱存在银行也是投资的一种形式。对个人来说，把钱存在银行时，自己只是一个储蓄者，并没有进行投资。但是，银行收到储户的钱，会将这个钱投给需要资金的人，这实现了间接的投资。投资是一件相对风险较高的事情，如果没有投资能力，那么把钱存在银行获取利息，也是一个好办法。

另外，基础设施建设和基础科学研究需要大量的资金投入，并且回报的周期很长，且受益的群体很广，甚至难以区分，这就很难用谁受益谁投资的原则来推动。修好了一条高速公路，既有直接受益者，也有间接受益者。它既可以方便使用公路的人出行，也能带动公路连接各点的经济发展。高速公路的投资者可以以收取通行费的形式向直接受益者收费，但是无法向间接受益者收费。科学基础研究的突破，能带来生产力的提高，甚至能为社会经济带来深刻变革，但是基础科学研究者往往很难获得其研究成果的回报。所以，这就需要国家或政府以及公益机构对这些项目进行投资。

如何通过投资实现社会价值

社会是由个体组成的，每个人的选择组成了社会的潮流。大家都将自己的资金投给能够更多创造社会价值的企业，投资给良心企业，社会价值就会得到更多的创造，社会风气就会变好。如果资金都投给了坑蒙拐骗的公司，那么坑蒙拐骗的力量就会变得强大，社会就会受到损害。

像康美药业、康德新等这样大肆造假的公司，其股票被人抢购，股价不跌反涨，就是对社会正气的极大伤害。

有很多人总喜欢投资庞氏骗局，又有很多人被高利诱惑，或者总以为自己不是最后一个接盘者，这让这些骗局屡禁不止。

每一个做传销的人都知道自己是在做传销，但是为什么他们还愿意出钱出力地去做这种害人且违法的事情呢？其实这是他们投资价值观的扭曲，他们觉得只要自己能赚到钱就行，根本不管做这些事情有没有社会价值，也不管赚的这些钱是不是昧良心的钱。这些人为了钱，谁都可以拉下水。

如果我们都不参与那些不能创造社会价值的赌博、传销、资金盘等零和游戏，这些零和游戏自然就在社会上消失了。如果我们不买康美药业、康德新等这些肆意造假的公司股票，这些公司自然就会在股票市场上消失了。

把钱投资给阿里巴巴，能让我们购物变得更加方便，好的产品更容易被消费者选择到，并且通过这个投资，还能让自己获得丰厚的投资回报，这是一个多方共赢的局面。

把钱投给腾讯，既能让你的财富实现飞跃式增长，又能为全社会的通信交流提供方便，何乐而不为呢？

每个人回报社会的方式有所不同，如果你是一个投资人，那么你的每一笔投资都是你弘扬社会正气、回报社会、实现自我的具体行为。

每个人都是长期投资者

可能有的人觉得自己没有买股票，没有参与其他投资活动，就不是一个投资者。其实不然，每个人都是长期投资者。

从我们的生命开始孕育的那一刻开始，我们的父母就在给我们做投资。父母给我们精心照顾，给我们好的教育，创造好的条件，希望我们有一个更好的未来。这些付出，就是一笔投资，这笔投资的回报期是在我们成年之后，是十年或二十年之后。

我们在成长的过程中，努力学习科学文化知识，提高适应社会的本领，增加职场的竞争力，这是为自己投资，期待自己未来有一个好的发展。

这些投资都是长期的，投入期很长，可以持续几年或几十年，期望的回报期也会很长。从进入学校到学成之后进入社会，要经历十几年甚至二三十年，这些资金投入在就业前几乎是没有回报的，但是我们依然会乐此不疲。同时，人们花上百万元去出国深造，然后回国拿万元的月薪。人们并不会觉得这笔资金花得有什么不妥，因为他们期望的回报周期是终身，一生的收益算下来，这笔投资肯定是值得的。

如果花费 5 万元的学习费用，努力学习以提升工作的能力，会让你每月加薪

1000 元，那么短期来看，好像这 1000 元的加薪不值得那么大的投入，但是如果将时间拉长来看，就不一样了。每月加薪 1000 元，一年就是 1.2 万元，十年就是 12 万元，30 年工作增加 36 万元，比起之前 5 万元的投入，是不是很值得呢？对一个急功近利的人来说，可能会想着投资 5 万元马上就能有回报，拿着资金去参与各种高风险的投资，甚至参与赌博，最终的结果可能是不仅没赚到钱，反而将 5 万元本金败了个精光。这就是长期投资思维和短期投资思维的区别。

从长期的统计数据来看，股市的涨幅是大于楼市的。那么为什么大部分买房的人赚到钱，而大部分买股票的人反倒亏了钱呢？其中一个主要原因就是，股票天天有涨有跌，且分分钟可以交易。投资者看到涨了，有赚钱效应就想更多地买入，看到跌了，亏得心痛，就想斩断亏损，结果总是高买低卖，亏了血本。而房子买卖不会每天报价，也不能每天交易，从买进到卖出，至少要经历好几年时间，这让买房的人被动进行了长期投资，所以买房的人赚钱的多。

另外，如果你手头有 1 万元，现在拿去享受，也就是失去 1 万元。假设你会做投资，那么每年能获得 20% 的平均收益，十年后 1 万元可以变成 6 万元，20 年后变成 36 万元，30 年后变成 216 万元。你现在花的这 1 万元，是未来的 216 万元，你会不会觉得这是一笔昂贵的支出呢？考虑未来长期的潜在收益后，我们就会对现在的每一分钱精打细算，把钱花在刀刃上，让钱的价值得到最大化。

看到这里，有人会说，这光赚钱不花钱，这钱赚得也没有什么意义。其实不是这样的，赚钱的目的不是不花钱，而是有更多的钱花。那 1 万元，忍住现在不花，1 年后就会有 1.2 万元可以花，十年后有 36 万元可以花，30 年后有 216 万元可以花。你是愿意现在花 1 万元呢，还是未来花 200 多万元呢？

长期投资者一定会选择优秀的公司进行投资，不会投资没有未来的公司。投资没有未来的公司的人，肯定都是想着捞一把走人的。但实际上，这样做的人，往往偷鸡不成蚀把米。如果你做的是 5 年或 10 年期的投资，那么肯定不会投资垃圾公司，而是会选择有美好未来的公司，只有这样才能帮我们避开投资损失，获得良好的投资回报，这是长期投资者的优势。

每个人都要为未来考虑，为未来的美好生活做准备。这就要我们积累资金，并利用这些积累的资金进行长期投资。所以，每个人都是长期投资者。如果你拥有复利思维，用现在的资金，做 5 年、10 年、20 年的投资，只投资优秀的公司，只投资有社会价值的公司，想不赚钱都难。

小结

社会分工造就了各种职业，社会生产需要各种要素的投入，这需要各种分配方式。做一个投资人并获得资产性收入，能为自己带来很好的价值回报，也能为社会创造更多的财富。

作为普通人，将自己的资金变成资本，并让资本增值，当资本大到一定程度时，就成为令人羡慕的“资本家”了。

一个国家通过建立良好的证券市场，可以为国民经济带来诸多好处。未来的发展中，资本对经济的促进作用举足轻重。一个良好的经济体离不开证券市场。

投资可以促进社会的发展，促进科技进步。投资能让各个经济主体获得较好的收支平衡，防止经济出现停滞和通货紧缩。投资也能为投资者带来良好的经济回报。

投资者可以通过自身的投资行为对社会产生影响。投资优秀的公司，会让优秀公司更加优秀，投资有利于社会的项目，可以获得较好的社会效应，投资坑蒙拐骗的公司，会让社会价值观发生扭曲。每一个投资者应该珍惜自己的每一次投资，不仅要做有利于个人的投资，也要做有利于社会的投资。

每个人都是长期投资者，用长期的思路进行投资，投资会变得简单，获利也变得容易。

第 17 章

投资者教育

教育可以让人懂得道理，改变人的习性。一个受过良好教育的人，其人生旅程会相对顺畅。投资是一门很大的学问，但是大部分人在做投资之前并没有接受过系统的投资教育，这很容易使人在投资过程中走弯路，甚至会被不良企图的人引入各种各样的骗局。另外，很多人把成功更多地归因于个人努力和运气，往往忽视了教育的重要性。所以，在这里专门聊一聊这个话题。

书中自有黄金屋

崇尚读书，自古就有“书中自有千钟粟，书中自有黄金屋，书中自有颜如玉”，这不是读书人写出来的，而是出自宋朝第三位皇帝赵恒之笔。赵恒为了劝天下百姓认真读书学习，于是在他的文章《励学篇》中写下了这几句话。

不过曾经有一段时期，读书无用论甚嚣尘上。改革开放初期，广州等一批开放城市率先吃到了螃蟹，他们成了第一批先富起来的人。第一批先富起来的人，大多跟学历没有多大关系。正是由于这批先富起来的人没有读过多少书，所以他们骨子里对读书人有一种别样的情感。他们嘴里说着瞧不起读书人的话，但是内心里却有些虚。

时过境迁，没文化、没水平的暴发户再也吃不开了。财富的分配回到了正常的轨道。有文化、有知识的人开始在财富上全面超越没文化、没知识的人。口说无凭，下面先看一组统计数据。

图 17-1 和图 17-2 分别所示为中国人和美国人平均年收入与受教育程度的关系，从这两张图中很明显发现，收入与受教育程度成正比关系，受教育程度越高的人其收入越高。在中国，大学及以上学历的人群收入是高中以下的 3 倍以上，在美国也基本相似。看到上述数据，读者想必不会再怀疑读书能让人富有了。

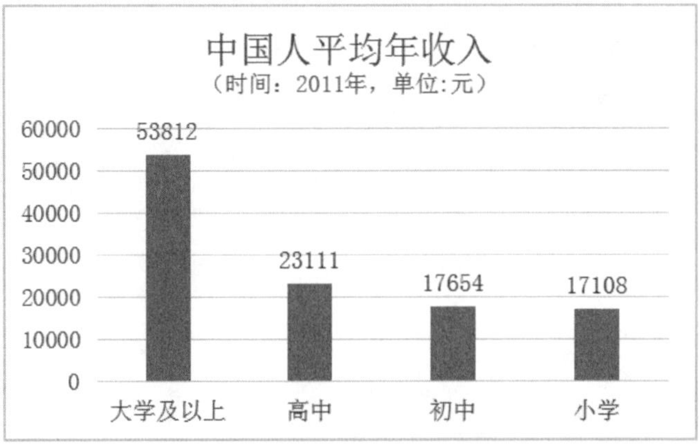

● 图 17-1　中国人平均年收入与教育程度的关系

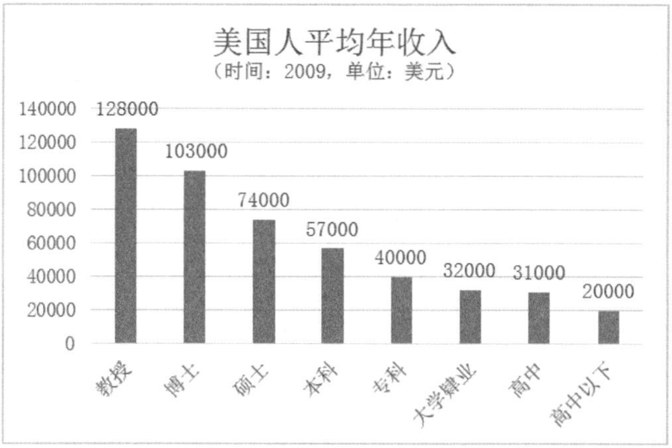

● 图 17-2　美国人平均年收入与教育程度的关系

但是，作为投资人，会考虑投资回报率的问题。如果读书的投资回报率不如做其他投资来得高，那么读书也不是一个最佳的投资。美国密西根大学做过一份研究，比较了在教育上的投资回报与其他投资品种的高低，其研究结果如图 17-3 所示。在图 17-3 中，博士的投资回报率为 18%，而股票的投资回报率仅为 6% 左右，读博士的投资回报率是投资股票的 3 倍。股票作为长期投资回报率最高的投资品种，在教育投资面前也差一大截。这是比较严谨的学术研究成果，或许会有可能出现差错，但是在没有证伪之前，都应该是值得相信的。

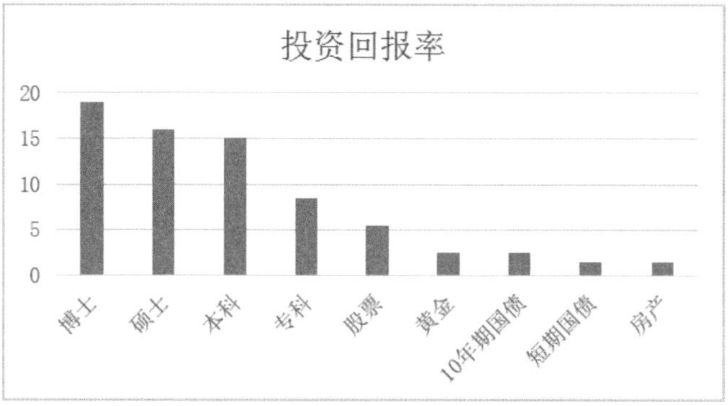

● 图 17-3　不同投资项目的年回报率

数据或许比较枯燥，不够贴近现实，难以让人信服，那么我们来看看当今中国一些在福布斯排上名的富豪，看看他们学历情况怎么样。

王兴，美团创始人，保送进入清华电子工程系，美国特拉华大学博士研究生（学业因回国创业中断）。

史玉柱，巨人创始人，高考状元，浙大本科，深大研究生。

雷军，小米创始人，武汉大学本科，2 年修完大学全部学分。

张一鸣，今日头条创始人，毕业于南开大学。

沈南鹏，红杉资本创始人，毕业于耶鲁大学。

马化腾，腾讯创始人，毕业于深圳大学。

杨惠妍，碧桂园最大股东，毕业于俄亥俄州立大学。

……

还有更多，不胜枚举。对个人而言，如果现在感到迷茫，不知道自己未来如何发展，不知道该走哪条路，或许可以先从读书开始。读书虽然不一定是捷径，但相对来说是一条大路，是一条有较少弯路的宽阔大路。

当然，有人能举出很多没受过高等教育却同样拥有巨额财富的例子。但是，有一点要注意的是，截至 2019 年，我国受过高等教育的人口占总人口的比例为大约 12%。没受过高等教育的人口基数远大于受过高等教育的，在这么大基数的前提下，举出一些例子不足为怪。

投资者教育

每个人都有可能成为一个投资者，但是，在正统的教育体系中却基本没有投资者教育内容。因此，社会上各种投资培训充斥其中，其品质良莠不齐，有的甚至成了各种骗局的温床。

打着资本运作幌子的传销

几乎每个人身边都有亲戚或朋友加入过传销组织，传销犯罪就在我们身边，危害极深。为了掩人耳目，传销有一些别样的名称，例如，“北部湾建设、资本运作、1040 工程、自愿连锁、民间互助理财”，等等。“只需投资 69800 元，两年后就能收入 1000 多万元”，很多传销就是打着资本运作的旗号拉人骗钱。其实，传销就是一种庞氏骗局，并且，很多参与传销的人，在面对亲人的解救时，依然不愿意离开传销组织，依然做着发财梦，可见其毒害之深。

这些传销往往都是先从投资者教育入手。把人骗过去之后，传销组织者就开始对他们进行洗脑式培训教育，反复不断地灌输传销的歪理邪说，直到人相信了为止。

新三板股权投资

曾经有一段时间，新三板股权投资骗局大行其道。这个骗局是将一些不值钱的新三板股票以未来转板可以获得高额回报为诱饵，或以虚假交易的形式抬高股价，从而高价卖给其他投资者。这些骗局的受害者，被骗金额从几十万元到上百万元不等。这些骗局往往以金融知识讲座的名义给投资者灌输错误的投资知识，从而达到他们骗钱的目的。

炒股培训

在众多炒股培训机构中，有一些是认真教授投资知识的，但也有一些是打着培训的幌子引诱人去做接盘侠，或做其他坑害投资者的活动。毫无疑问，这也是一个庞氏骗局。

打着如易经等伪国学旗号的投资管理培训。

很多骗子利用人们对国学的内心认同来行骗，中国传统文化思想被某些不怀好意的人当作敛财工具。这些人利用不成系统甚至错误的理论，套上一个古人智慧的外壳，就开始给一些缺乏判断力的人教授投资管理学知识。一些“易学大师”宣称能通过一个手机号码准确看出一个人的财运、婚姻、事业、个性、身体健康等。四大名著中的一些故事情节，被生拉硬套成为管理学案例。这些既亵渎了国学，也害了学员。

为什么会出现这种局面？

人们有求知的欲望，如果这种欲望不能被正规的教育机构所满足，那么各种大神就会层出不穷，歪理邪说就会大行其道。当人们的大脑被错误的知识占领之后，真理就会无处安放，会出现劣币逐良币的现象。

在股市投资培训领域，真正投资大师的课堂很少，远远不能满足众多投资者的学习需求，并且，真正投资大师的课堂可能比较朴实，没有那些带有欺骗性质的诱人的话语，其课堂吸引力可能不如那些江湖骗子。另外，成功的投资人往往忙于自己的投资事业，对于投资者培训或宣扬正确的投资理念等类似事务，从经济利益上来说对他们没有太多的吸引力，所以他们会很少参与这类事情。我本人在做投资培训的实践中也深深地体会到，做投资者教育物质回报极少，且比做投资本身更要累人。

能做好投资的人，其在投资上获得的收益往往是丰厚的。如果不是出于公益或名誉的考虑，那么他们是没有动力进行投资者教育的。而市场上大多数做股票投资培训的人，往往是在投资上做得不成功，只能通过收学费来混饭吃，所以这些人会投入大量的时间和精力去做投资培训。这就产生了这样一个尴尬的现象，真正的大师很少出来讲课，出来讲课的很少是大师。

如果有很多人能参与反传销教育，让广大民众知道传销的危害，那么传销必将销声匿迹。如果有更多投资大师参与投资者教育，让良好的投资理念深入投资者的内心，更多人懂得正确的投资方法，那么各类投资骗局和陷阱就会慢慢消失。好的东西要广泛传播出去，坏的东西才不会大行其道。

让更多的巴菲特出在中国

中国是一个制造业大国，2010 年已经超越美国，成为全球第一。可是我们不是资本大国，我们很多优秀的企业，外资都是占第一大股。要转型升级，就需要向资本大国迈进。这就需要将我们的资金转变成资本，让全世界优秀的企业都为我们服务。

巴菲特不仅是一个投资大师，他在自己赚钱的同时还宣扬了一种只投资优秀企业的正能量。同时，他拥有的巨额财富绝大部分用来做慈善，其为社会做的贡献是巨大的。如果中国能多出一些像巴菲特这样的人，毫无疑问，对国家的发展是非常有利的。

一个人的成长，需要天赋和努力，也需要环境和土壤，个人的天赋和努力占第一位。但是，对于一群人的成长，环境和土壤排在第一位。要想在中国出一批巴菲特式的投资人物，就必须要在中国营造一个有利于产生巴菲特的环境，让中国这片土壤适合优秀的投资人成长。环境和土壤的构建，就需要大家共同努力。

要让“巴菲特”出在中国，需要良好的宏观经济环境和成熟的股票投资市场，这二者是天时和地利。如果能有很多优秀的投资人，就做到了人和。对于天时、地利普通人难以改变，但是可以通过自己的努力做到人和。这个“人和”就可以通过投资者教育来实现，通过向更多人宣扬正确的投资理念，让更多人懂得投资，学会投资，更多人参与对企业、对自己、对社会三方有利的投资中，我们就做到了“人和”，就会有更多的巴菲特式投资人出在中国。

做好投资者教育，不在一朝一夕，而是一个长期艰巨的过程。若有恒心，愚公可以移走两座大山。从自我做起，从身边着手，一点一滴，时间久了，就会看到效果。“但行好事，莫问前程”，这是“扫地僧”的行事作风。坚持做正确的事情，一定能取得好的回报。

小结

知识可以带来财富。研究资料表明，学历的高低和收入的多少成正比。高学历人群的收入和财富量都会显著高于低学历人群。

目前社会上的投资者教育良莠不齐，有劣币逐良币之势。有很多居心不良的人打着投资者教育的旗号，坑害投资者。因此，投资者要擦亮眼睛，以免受坑害。

如果让更多人拥有良好的投资素养，那么对社会是有利的。如果能有更多的巴菲特式的人物出现在中国，那么中国的资本市场会更加强大，也可以帮助中国从制造业大国走向资本大国。

第 18 章

家族财富的传承

财富的创造来之不易，谁都不希望自己的财富是过眼云烟，来得快去得也快。财富怎样才能很好地传承下去？怎样让自己的资产保值增值？下面来探讨这个话题。

为什么需要懂得财富传承

人只要活着，就有两件事情是躲不开的：一件是通胀；另一件是税收。如果一个人的财富按每年减少 5% 的速度贬值，那么 20 年后只会剩下最初的 35%，50 年后仅会剩下 7.6%。在年轻时自己努力赚来的一大笔财富，如果不能做到将这些财富保值增值，那么当自己年老时，将会所剩无几，更谈不上将财富传承给子孙后代了。

另外，财富如逆水行舟，不进则退。20 世纪 80 年代的万元户还让人记忆犹新。那时能拥有 1 万元就是首屈一指的富翁，可是现在这 1 万元也就是普通人一个月的薪水。随着经济的不断增长，每个人的财富都在相应增加。要想让自己的财富水平在人群中保持一定的标准，就要让自己的财富增速能跟随全社会的平均增速。目前我国 GDP 的年增速为 6.5%，未来也会长期维持在 6% 左右。人均收入的增长速度可以近似与 GDP 的增速相等，那么从这点来看，要想让自己的财富保持在相当水平，就要使自己的财富增速达到 6% 左右的年增长率。

个人的年收入增长 6% 并不能使得个人总财富增长 6%。要想让总财富也增长 6%，则还需要自己的资产也能够增值。

创富不易，守富也不容易，而且创富和守富需要的知识结构是不一样的。有些人前两年还风光无比，如今就被列入“老赖”名单。或许他们还有机会东山再起，但最好的富裕方式是一生只富一次。

财富是长了脚的精灵，如果没有能力掌控它，它就会偷偷地离你而去，甚至离开你的速度让你始料未及。对一个没有掌控财富能力的人来说，即使给他一大笔财富，他也做不稳富翁，用不了多久，他就会回到当初的样子。但是，对善用财富的人来说，即使把他的财富夺走，用不了多久，财富也会回到他的身边。

所以，我们不仅能够创造财富，还要学会如何守住财富和传承财富。只有懂得如何守住财富和传承财富，才能不至于家道中落。

衡量财富的尺度

在奴隶社会，人们会用奴隶的数量来衡量一个人的财富。在封建社会，人们用牲口、土地或稻米的数量来衡量财富。在现代社会我们将财富折算成现金，用这个现金的数量来衡量一个人的财富。这里的现金也称为货币。我们都知道，货币会不断贬值，以一个不断贬值的尺度来衡量财富，往往会不太准确。

这时有人会考虑通过居民消费价格指数来修正货币的尺度。假设去年的居民消费价格指数为上涨 3%，那么去年 100 元的购买力相当于今年 103 元的购买力。是不是去年 100 万元的财富就等价于今年的 103 万元呢？其实，这是有较大偏差的。下面来仔细探讨。

有些物品的价格下跌，使得货币贬值看起来没那么严重。30 年前一辆桑塔纳轿车要 20 万元，现在一辆只要 10 万元，而且性能要比 30 年前的好很多。如果从汽车的价格上来体现，那么经过 30 年，货币的购买力不是下降了，而是提高了一倍。同样，还有很多物品的价格也是随着时间的推移而不断降低的，比如电子产品、机械产品、信息类产品等。这些商品的价格是构成物价指数的一部分，这些价格的走低，必然拉低了物价指数的上涨。所以，用物价指数的上涨来衡量货币的贬值速度是不准确的。

那么用什么指标来衡量比较合理呢？我认为用工资来衡量货币的购买力才是最合理的。衡量财富的最佳尺度是单位劳动时间的薪水，也就是工资。去年你帮人干了 8 小时的活，今年他帮你干 8 小时，这样你才不会吃亏。但是，假设去年你帮人干了 8 小时的活，折算成工钱，人家欠你 200 元，如果此时价格指数每年上涨5%，那么为了让自己不吃亏，你要求该欠款按年计算5% 的利息。等到一年后，对方连本带息还你 210 元，这时你去请人干你去年同样的 8 小时的活，发现工资上涨了，要花 220 元工钱才能请得到人。这时你是不是会发现，你的 8 小时工作量换不回来了？看起来你收了人家 10 元利息，好像能抵过通货膨胀，实际上货币已经贬值了 20 元。

1978 年到现在，物价指数涨了 5.5 倍，但是工资涨了 134 倍。假设以物价指数来修正财富数值，那么 1978 年的 100 元仅相当于现在的 650 元，这显然是大幅失真的。1978 年的 100 元可是相当值钱啊，它相当于很多人一年的工钱。所以，如果以工资上涨的倍数来修正，那么 1978 年的 100 元相当于现在的 13400 元，这就比较合理了。

对于上述桑塔纳轿车，假设 30 年前生产一辆需要 100 万个工时，而现在生产一辆只需要 1 万个工时，如果你持有桑塔纳轿车 30 年，从物品的角度来看并没有变少，但是从劳动时间的角度来看，损失了 99%。

人的劳动时间是有价值的，几百年之内都会保持相对稳定。《资本论》中也明确指出了，劳动是价值的唯一源泉，所以衡量财富多少的最准确尺度是它等价的劳动时间。如果将自己的财富折算成劳动时间，现在值 100 万个工时，20 年后还能值 100 万个工时，那么就说明财富没有贬值。

财富传承的方法和途径

人们为了将自己的财富传承下去，会使用很多不同的方法，下面对这些常见的方法进行分析。财富的传承是 50 年、100 年的事情，所以如下内容都是基于 50 年以上的大周期来分析的。

持有现金

第一代的创富者都有勤俭节约的习惯，有钱就喜欢存在银行吃利息，舍不得把它变成资产或资本，总觉得有钱在银行才是最保险的，不舍得花出去，也不懂得怎样让钱生钱。

现金也称为货币，货币本身并不是财富，只不过可以用它来换得财富。货币是政府发行的一个价值符号，通常情况下要求货币的发行量等于市场上所流通的货物价值量。但是，国家为了刺激经济和增加支出，往往会超发货币，这就会导致货币的贬值。在过去的 40 年中，物价上涨最高的年份达到了 24.1%，最近这几年也稳定在 3% 以上。上文中，我们讨论过，货币的贬值速度要远大于居民消费价格指数上涨的速度。如果守着现金，那么毫无疑问是不明智的。

虽然将现金存在银行有一定的利息，但是利息的收入不能够覆盖贬值的损失。2019 年 5 年期的定期存款利息为 2.75%，而 2019 年全国居民工资性收入名义增长 8.7%。虽然居民可支配收入的增长并不能完全等价于货币对于劳动力购买力的降低，因为劳动时间的增加或劳动效率的提高同样也能导致工资收入的增加，但是，很明显这 8.7% 的增长，大部分是由于货币对于劳动力购买力的下降造成的，因为与 2018 年相比，劳动时间和劳动效率并没有多大变化。由此可见，即使有利息收入，现金及现金类资产仍然也会大幅度贬值。

所以，现金不适合作为财富传承手段。

黄金

有人认为黄金是不会贬值的，所以很多人将自己的资产变成黄金，来让自己的资产保值。黄金有一定的保值作用，是对的，但是说黄金不会贬值，其实是错误的。黄金的价值由开采黄金所需要的社会必要劳动时间决定。科技总是在进步，开采一定数量的黄金所需要的社会必要劳动时间必将减少。因此黄金也会贬值。

但是黄金和纸币相比，它又是升值的。黄金的价格长期来看，都是上涨的。黄金的价格上涨，不是因为黄金保值增值了，而是黄金相对于纸币贬值的速度慢一些，所以黄金相对于纸币是升值的。

曾经，黄金是作为货币流通于世间的，但是现在黄金已经退出了货币的历史舞台。那么从使用价值的角度来看，黄金已经大不如前了。有位投资大师曾经这样评判人们对黄金的投资：“一个外星人来到地球，有一件事情让他一直疑惑不解，就是不知道人们为何努力地把黄金从地里挖出来，然后又认真地把它埋到土里去。”

购买珠宝钻石

珠宝钻石不具有保值增值的功能，它仅仅是首饰或者是艺术品。很多人被钻石的广告词“钻石恒久远，一颗永流传”所迷惑，认为一克拉以上钻石可以保值，且会每年以 5%的速率上涨。但是，事实并非如此。

1970 年，伦敦的一家杂志社突发奇想，想测试一下钻石的投资价值，于是花了 400 英镑在一家珠宝商店买了两颗 1.5 克拉的钻石。到了 1978 年，当杂志的主编戴夫·瓦茨打算出售这两颗钻石时，瓦茨收到的最高的报价是 500 英镑，而且拒绝用现金支付。如果考虑当时的通货膨胀率，那么这个报价相当于 1970 年的 167 镑。很明显，钻石比纸币的贬值速度还快。

荷兰消费者协会也做了一个类似的试验，他们购买了一枚超过 1 克拉的钻石，在 8 个月之后，向阿姆斯特丹 20 家最大珠宝商推销这枚钻石。其中 19 家珠宝商拒绝购买，只有一家肯收购这枚钻石，报价只有购买价格的一小部分。

我的老家在江西省万年县，因人工养殖珍珠而被誉为珍珠之乡。我小的时候，一串珍珠项链的价格从几百元到几千元不等，但是，现在一串相同品质的珍珠项链几十块钱就可以买到，便宜到了人们都不敢相信这是真的珍珠。为什么珍珠会变得如此便宜呢？其实，原因很简单，就是科技进步了，生产珍珠不再像以前那么难了。

从上述分析中可以看出，购买珠宝钻石不是好的财富传承手段。

购买保险

随着汽车保险、养老保险和医疗保险等保险逐渐深入人们的日常生活当中，一种打着财富保值增值幌子的理财险也越来越多地被人购买。有保险的广告语声称：“买保险就是买平安！”但是，不知道买这些保险的人有没有想过保险到底是什么。买保险真的能买到平安吗？买了保险就不会出意外吗？显然不是。买了保险并不能保证不出险，也不会降低出险的概率，只是会在出险之后给你一笔保险赔偿金。而且这保险的赔偿金也不是慈善家捐给你的，而是自己和其他人所交的保费被保险经纪人和保险公司分掉一部分后剩下的。真正理解保险的这些原理之后，就会明白，保险其实是一种消费，或者说是一种支出，是一种可以满足你特种需求的支出。毫无疑问，购买保险是做不到让自己的资产保值增值的。

市面上也有一些可以分红的万年险，很多人认为这样的险种能为自己赚钱。但是，从 2016 年的统计数据来看，寿险公司的平均投资收益率不到 4%，那么对应到产品实际收益率肯定会小于 4%，考虑变现的难度和灵活性，其实买这类保险从财富保值的角度来考虑，还不如买黄金来得好。

另外，保险产品多种多样，保险条款也很复杂，普通人很难算清楚收益情况，一不小心就容易进入不良保险经纪设置的温柔陷阱。

投资土地

土地是财富之母，土地是可以生财的。由于太阳能的存在，土地会吸收太阳能，从而会长出木材、庄稼以及其他各种动植物。土地还会长出石油、煤炭、矿石等各类矿产。土地还会由于人类的劳动，创造出各类财富。人需要在土地上生长，离开土地，人类将无法生存。所以，土地是有价值的。

另外，随着科技的发展，人类对土地的需求量是在增加的。在没有汽车等交通工具时，一个人用不了多少土地，给他几万亩土地，他根本就用不上。在 1626 年荷兰人就用 6 颗玻璃珠从印第安人手上买到了曼哈顿，在那个科技不发达的年代，土地并不值钱。但是，现在有了汽车和飞机，一个人所能管控和可以利用的土地就大幅地增加了。一方面地球人口增加了，另一方面每个人的土地需求量也增加了，所以土地的需求大幅增加，而土地总量并没有增加，根据价格原理，商品的价格是由价值和供求关系决定的，所以土地的价格必定会上涨。

再单独看看国内的土地情况。20 世纪 90 年代末期，我国开始全面实行招挂拍的土地制度，并且城镇建设用地只能由地方政府供应。

根据国家统计局公布的数据，在过去的近 20 年时间里，土地的价格以年化 16.9% 的速度在增长。最近几年，土地的价格增速得到了控制，2018 年 1 月 ~10 月，全国土地出让价格平均增幅同比仅为 4.6%，这说明土地价格的快速上涨得到了遏制。未来土地价格的上涨也应该会控制在 5% 以内，因为土地价格过快上涨不仅仅是经济问题。

房产投资

在过去的十几年或二十年时间里，房产是中国最好的投资品种之一。中国的平均房价在这段时间里上涨了近 10 倍，而且价格回调的时候很少，大部分时间是上涨的。如果在过去，那么用房产来作为财富传承的手段是非常明智的。不过，传承是要面向未来的，未来的房产走势一个什么样子呢？

其实，房产由两个部分构成，一个是土地，另一个是土地上的建筑物，那么它的价格也包含这两个部分的价格。其中，土地价值占房产价值的比重已经有50% 之多，有的甚至达到了 60%~70%。由于政府的垄断供应，土地的价格一直是往上涨的，且是大幅上涨，所以房价就跟随土地价格上涨了。

但是，房子作为一个建筑物本身，是会不断贬值的。因为建筑技术会不断提升，人们建造房屋的成本会不断降低，耗费的时间会不断减少。另外，建筑物会不断地老化，室内的装修和家具也会变得陈旧不能使用，这也会使得房子作为建筑物本身不断地贬值。

未来的新房价格是看土地价格的，所以投资房产应特别关注地价。若未来土地价格的增速低于 5%，则未来新房的价格增速必定会低于 5%。不考虑通胀因素，若以土地价款占房价的 50% 计算，则 5% 的地价增长最多推动房价上涨 2.5%。由于土地垄断的原因，新房市场实际上是一个半垄断市场，但是市场上的二手房达到一定数量之后，房产市场就会由二手房主导。二手房市场是一个完全开放的市场，这时，二手房价就会受到供需的影响。如果二手房的供应量大于需求量，那么二手房的价格必然下跌。

另外，投资房产需要考虑持有成本和交易费用的问题。当然，房子有使用属性，投资性房产除了升值赚钱，还可以拿来出租。当房价上涨收益不再理想时，投资房产就应该考虑租售比。当租金的收入赶不上房子的贬值损耗时，投资房产就是负收益。

与人合伙做生意

与人合伙做生意，如果参与的是初创的项目，那么成功率是蛮低的。曾经有人做过一个统计，VC 项目投资的成功率大概为四十分之一。可见创业失败的概率有多高。

与人合伙，其实不仅需要合伙人人品可靠，还要合伙人善于沟通与合作。若不能够做到很好的沟通与合作，则 1+1 并不会等于 2，而是会小于 2，甚至有可能会小于 1。合伙的生意，对合伙人的组织管理水平是一个很大的考验。合伙的生意能做好，首先就需要立一个很好的规矩，并且所有的合伙人都遵守这个规矩。

中国人对规则的意识不够强烈，立一个冷冷的规矩在亲情和友情之间也较难以实现，但是没有规矩，不成方圆。不守规矩，岂能做得好事情？

同时，与人合伙做生意时，要考虑投入的时间成本，有时候不是仅投些钱就能成功的，可能还需要参与公司的经营管理。公司出现问题时还需要帮忙解决，股东会需要参加，重大经营决策需要参与，还需要考虑公司的财务监督问题等。这些事务会耗费大量的精力。财富传承的目的是让自己或子孙后代不要太劳累，如果为了财富的传承反倒是增加了劳动，那么这就背其道而行了。

当然，如果对自己的合伙人很信任，自己完全不管事，做个甩手掌柜，那么也是可以的。但是对于这样的做法，在投资之前就要做好打水漂的准备，至于成不成自己不做太多期望，就当支持一下亲友创业。不过，对于这样的投资要将投资资金控制在一个自己可承受的范围内，即使全部损失了，自己也不会觉得心疼。

如果从股权投资的角度来考虑，那么投资小型的未成熟的项目是不太明智的。股权投资市场上有一个怪现象，即没上市的公司估值比上市的贵，小公司的估值比大公司贵。对于又好又便宜的东西不买，人们偏偏喜欢舍近求远。其实如果投股权，那么直接投上市公司，即去证券市场买股票，会比投没上市的公司好很多。

智慧传承

会打鱼就一定会有鱼吃，授人以鱼不如授人以渔。才能不够的人，给他再多钱也没有用。俗话说“龙生龙，凤生凤”，其实家族是有基因的。一般来说，父母很强，其子女也不会很弱。其原因在于父母在潜移默化中将自己的智慧传递给子女了。但是，如果没有做好智慧的传承，就会很快出问题。所以智慧的传承至关重要。

我们对于投资知识的学习，实际上就是充实我们的脑袋，是学习、借鉴别人的智慧。脑袋富了自然就会有钱。真正有本事的人是不会穷的。没有本事的人，你给他钱，他也富不起来。身边的这种例子太多了。很多中了大额彩票的人，基本上过不了 3~5 年就会回到中彩票之前的样子，甚至还不如以前。还有一些不是靠本事，仅仅是靠运气赚到钱的暴发户，也长久不了，这些钱来得快，去得也快。

从古至今，那些强盛的家族都很重视教育。只有通过教育，做好智慧的传承，才能让自己的家族永世兴旺发达。

股市投资

很多人对股市是有偏见的，因为大部分人在股市中没有赚到钱，尤其是在 A 股市场。2007 年 6000 多点，到现在还不到 3000 点，十多年过去了，股市不但没有上涨，反倒跌了 50%，这种市况下，想赚钱真的太不容易了。如果只看这十几年，那么毫无疑问，A 股是一个不值得投资的市场。

但实际上，过去十多年在股市亏了钱的，并不都是股市的问题，而是很大一部分是投资者本身的问题。在股市 6000 点的时候，上证指数的市盈率超过 60 倍，从投资的角度来看，如此高的估值是不能去投资的。明明估值这么高还要去买，亏了钱能怪谁呢？ 2014 年，上证指数跌到 1848 点，这时就是买股票的好时候，如果此时买入到现在，那么加上股息收益翻倍没问题。但是，在股市低迷的时候，很多人的选择不是买股票，而是卖股票。

中国石油的股票在港股市场卖得最贵的价格是 12 港元，而同样的东西，放到 A 股市场竟然最高卖到 48 元人民币。在 48 元时，对应的市盈率是 100 倍，并且那时是中国石油的盈利巅峰时期，国际油价超过 130 美元每桶。在公司盈利的巅峰时期都还要 100 年才能回本，这样的投资不亏钱才怪。

再回到股票本身来说，股票对应的是上市公司股权。什么样的人有钱？老板有钱。股东不就是老板嘛？上市公司是所有公司中的佼佼者，是经营相对优秀的公司，是规模相对较大的公司，是管理相对规范的公司，否则它就成不了上市公司。目前国内 GDP 增长是每年 6.5%，未来可以维持在 6% 左右。GDP 是由全国所有的企事业单位和个人创造出来的，总体上能增长 6.5%，那么相对优秀的上市公司超过这个数值是没有问题的。上市公司的增长应该可达到 8%~10%。公司业绩的增长，会推动股价的增长，这就是未来股市能够长期上涨的原动力。

目前上证指数的市盈率低于 15 倍。15 倍是全球股票市场估值中间线，这条线以下表示股市低估，这条线之上表示股市高估。以这个标准来看，目前 A 股是低估的，是值得投资的。

股票是收益率最高的投资品种，是财富传承的最佳手段

表 18-1 所示为几个大类投资品种的长期投资收益率。表 18-1 显示，以 30 年的周期来看，国内除了土地，收益率最高的就是股票。通常我们都认为房产才是国内投资收益率最高的，但是，从国内最年轻、经济最有活力的城市深圳来看，深圳罗湖区海富花园 1990 年的房价为 4500 元，到 2019 年的房价为 40000 元，30 年来，每平方米单价上涨了 7.9 倍，年化上涨收益率为 7.8%。但是中国股市的年化上涨为 12.5%，大幅高于房价的涨幅。虽然房产有租金收入，通过公开数据计算，深圳海富花园的租金收益率为 2.1%，而最近几年上证指数的股息收益率约为 2.5%，超过了房子的租金收益。

国债曾经在 90 年代收益率超过 10%，但是，现在的国债收益率已经降到了 3% 以下，未来长期来看，其收益是会小于黄金的。

虽然过去土地价格涨得很不错，但是，拿几个优秀的个股来比，这个涨幅也不算什么。格力电器上市 23 年涨幅为 386 倍，年化收益率为 29.5%；贵州茅台上市 18 年，年化收益率为 32%；甚至不起眼的涪陵榨菜，上市 9 年，年化收益率为 28%，也胜过了土地的涨幅。现在土地价格上涨已经得到了遏制，如果未来涨幅控制在 5% 以内，其投资价值就没有多少了。

所以，以史为鉴，可以知未来。以 30 年以上的大周期来看，股票将会是投资收益率最高的投资品种。

表 18–1　几个大类投资品种长期收益对比（单位：元）

投资品种	1990	2019	涨幅	年化上涨	其他收益
房产（深圳海富花园）	4500	40000	7.9 倍	7.8%	房租 2.1%
土地	113 万（1999 年）	1721 万（2016 年）	14.2 倍（共 17 年）	16.9%	未知
黄金	1912	7700	3.03 倍	3.9%	无
国债				小于 5%	无
股票（上证指数）	100	3000	29 倍	12.5%	股息 2.5%

还有，持有房产需要交物业管理费，还会有折旧成本，持有黄金需要保管费，但是持有股票不会产生任何费用，而且除了股息，股票的投资收益目前是不需要缴税的。股票的买卖非常便利，变现也很容易。这些优势都是其他投资品种所不可比拟的。

进攻是最好的防守

人们赚钱不容易，在赚得钱之后，害怕会失去，于是把这些钱牢牢地抓在自己手中，就像我当年只会存银行一样。因此采取最保守的策略，存银行定期，购买国债，或做其他近乎无风险的投资。其实这种做法不是明智的，诺贝尔基金的投资就是一个很好的例子。

诺贝尔基金设立于 1900 年，遵照诺贝尔的遗嘱，这笔基金应投资在“安全的证券”上。对于“安全的证券”，当时人们将其理解为“国债与或政府贷款”，股票市场则碰都不能碰，因为它风险太大，弄得不好会“血本无归”。

经过 50 年的“安全稳健”投资和奖金的派发，诺贝尔基金从最初的 3200 万克朗到 1953 年仅剩下约 1200 万克朗。本金消耗了约三分之二。如果诺贝尔基金会继续沿用之前的方法管理下去，那么到今天估计已经见不到诺贝尔奖了。有幸的是，从 1953 年开始，诺贝尔基金改变了投资策略，开始涉足股市投资。从那时开始，诺贝尔基金开始了增值过程。到 2017 年诺贝尔基金拥有了 42 亿克朗，从 1200 万克朗开始增值约 400 倍。2016 年诺贝尔基金的投资组合中，股票占了大头，为 50%，17% 配资在固定收益类资产，剩余的 33% 配资在房地产等其他类型资产。诺贝尔基金前后 50 年的传承过程，差别就是一个没投股票，一个投资了股票，但投资结果却是天壤之别。其实，诺贝尔基金后 50 年的投资收益率也就是 10% 多一些，这个收益率并不算高，但是经过长期的复利，带来的增值就是庞大的。

我本人也有切身经历。2009 年，我手头握有近 100 万元现金，因为来之不易，我不肯将这些现金用于置办房产，也不敢拿出大比例资金来投资股市，而是将大部分现金存银行定期。那时的 100 万元，可以在深圳海岸城附近购买一套约 100

平方米的房子，到现在市值近千万元。不懂投资，而认为投资就是风险的偏执思维，让我错失了房产投资的最佳时机，也让我错失了 2009 年股市投资的最佳时机。幸好，从 2009 年开始，我认真地学习股市投资，并逐步地将大量资金配资于股市。通过这些进取的投资，让我实现了资产的快速增值，也让我实现了基本的财富自由。前几天认真计算了一下从 2013 年到 2019 年 11 月的投资收益，6 年多的时间，我实现了年化收益率 35.5%，也算是弥补了我当年没有买房的遗憾。

普通人怎样才能做好财富传承

投资自己

虽然上述论述了股票是最好的投资品种，是最适合拿来做财富传承的，但是，最好的投资是先投资自己。如果你是公司老板，现在的公司经营得很好，未来也还有前景，那么可以将利润继续投入下去，扩大公司规模，赚取更多的利润。不要总觉得别人的生意才是好生意，总瞧不上自己的生意，总想着要转行。其实每一行都有每一行的难处，跳出自己的能力圈去做事情是不明智的。

如果你想要让自己有所突破，想开拓一个新的领域，那么首先要做的依然是投资自己，进行专业知识的学习，让自己的脑袋先富起来，让自己的知识结构能够满足新领域的要求。千万不可以莽撞做事，好高骛远，或者不懂装懂。人是赚不到自己能力圈之外的钱的。

投资教育、智慧传承、家风传承

人才不是天生的，优秀的子孙也不是靠好的基因就能成长起来的。教育的力量是非常强大，教育能让人从平庸变得卓越，教育能让坏人变成好人，教育能让人过得幸福。当然，这里所说的教育并不单指学校里的教育，还包括家庭教育、社会教育，以及自我学习、自我教育。把自己培养好了，把子女培养好了，就可以做到高枕无忧。

物质财富会被人抢走，但智慧和品德是抢不走的。智慧是人的一种本领，家风是人的一种习惯。拥有好的本领，养成良好的习惯，就会让自己受益匪浅。缺乏大智慧的人，成不了大事。没有厚德的人，承载不了大的财富。在培育后人的时候，既要注重能力的培养，又要注重道德的培养，要让后人做到德才兼备。

真正的大人物，其家族背景都很雄厚。人说三代努力才能出一个贵人。所以我们要有家族意识，在自己富裕的同时，要想办法让整个家族一起富裕，要通过自己身体力行，提高整个家族的财商。有一个强大的家族，传承自然就做好了。

谨慎投资，让资产变成资本，让自己成为“资本家”

当自己懂得一定的投资知识的时候，就可以谨慎地做一些投资，让资产变成资本。这里要注意的是，投资一定要谨慎，小心驶得万年船。有多大能耐做多大事，如果只是风口上的猪，那么风一旦停下来，摔在地上将会很难看。

李兆会在接手父亲创立的海鑫钢铁厂之后，成为了山西的首富。从 2003 年的首富到 2017 年被法院列入失信被执行人名单，李兆会仅仅用了 14 年的时间。李兆会继承的大量财富，怎么那么快就败干净了呢？

在接手父亲的遗产之后，李兆会看不上原来公司的钢铁业务，将主要精力放在了炒股上。2003 年，李兆会花 6 亿元购进了民生银行的股票，如果持有到现在，那么至少值 40 亿元，哪怕钢铁厂倒闭了，有这 40 个亿的民生银行股权自己也可以过得很好。不幸的是，在刚进入股市时，李兆会过得太顺了，股市从 2003 年到 2007 年上证指数涨了 6 倍，那样的市况，谁都可以赚到钱。在股市小试几次取得成功后，其认为这个成功完全是自己能力的验证，而没有想到自己的成功仅仅是因为赶上了一波大牛市。于是，李兆会大举进入股市，并不断地炒卖股票。结果可想而知，潮水退去，发现他其实是在裸泳。

贾跃亭在创办乐视网取得巨大成功之后，也开始不顾风险，大肆扩张。结果没几年就从辉煌跌入了谷底，难有再次翻盘的机会。

投资者一定要小心谨慎，方能让自己的人生过得平顺。这里说的谨慎，不是要大家不思进取，将自己蜷缩起来，而是要一步一个脚印，不要做超越自己能力圈的事情，不可以好高骛远。

人的体力是有限的，过了 35 岁之后，体力就会逐渐地下降。如果一个人只能靠体力赚钱，那么他年龄大了之后，收入只会越来越少。但是如果能靠资本赚钱，就可以永远持续下去。资本是可以无限膨胀的，一百万元，可以变成一千万元，一千万元可以变成一个亿，十亿，百亿，千亿……要想做到财富的永世传承，就应该将资产变成资本，让资本为自己赚钱。

普通人参与股市的最好方法：大盘指数基金 + 定投

前面论述了股票是收益率最高的大类投资品种，既然如此，那么我们就应该找机会参与进去。不过，股市投资看似很简单，在电脑或手机上操作两下就可以完成买卖，但是，要真正地做好股市投资并不是一件容易的事情。不懂股市的人，是不知道如何去避开股市的风险的。对于个股的投资，也需要有很好的商业判断能力，而且要善于估值，并经得起市场波动。股票投资对专业知识的要求，很多人是达不到的。那么，没有个股的投资能力，就不用指望去赚投资个股的钱。

大盘指数基金投资相对简单，价格波动相对于个股也小很多，且大盘指数基金的增值是大于等于整体股市中个股收益平均数的。在估值不超过 15 倍市盈率时，投资大盘指数，长期可以获得 10%~13% 的回报，这是非常可观的回报。建议不要买细分行业的指数基金，因为普通人很难对细分行业有较好的认识。

收益率比较高的大盘指数有沪深 300、恒生指数和纳斯达克指数。沪深 300 是以上海和深圳证券市场中市值最大的 300 只股票作为标的，财富是有马太效应的，公司越大往往盈利能力越强。通过对比上证综指、上证 50 等国内主要指数的长期投资收益也可以验证，沪深 300 指数的长期投资收益率最高，所以建议投资者在国内买沪深 300 指数基金。

定投是一个很好的投资方法，它可以平滑股市价格的波动，能够让投资者逐渐地将自己的闲钱积累下来。通过长年累月的积累，小钱会变成大钱，最终会成为给自己赚大钱的资本。

小结

有形财富是会贬值的，如果不做好财富的保值增值，30 年或 50 年之后财富就会消失殆尽。家族财富的传承都是 50 年、上百年的事情，所以要用长远的眼光来看待财富传承。

衡量财富的最准确尺度是社会一般劳动时间，如果你的 10 年前财富能购买到 100 万个工时，10 年后依然能买到 100 万个工时，那么可以认为自己的财富没有贬值。

财富传承有各种方式，每个人应该根据自身特点选择适合自己的方式。从长期来讲，股票是收益率最高的投资品种，是最好的财富传承方式。

做好教育传承和智慧传承，才能够做好财富传承。在做财富传承时，不要一味地想着怎么去回避风险，不要总采用最保守的方式，实际上进攻是最好的防守。

普通人要做好财富传承，首先要投资自己，因为自己最熟悉自己，投资自己风险也最可控。其次要投资教育，做到智慧传承和家风传承。最后在谨慎投资的基础上可以适当地参与股市投资，以大盘指数基金加定投的方式参与投资股市。

读者意见反馈表

亲爱的读者：

感谢您对中国铁道出版社的支持，您的建议是我们不断改进工作的信息来源，您的需求是我们不断开拓创新的基础。为了更好地服务读者，出版更多的精品图书，希望您能在百忙之中抽出时间填写这份意见反馈表发给我们。随书纸制表格请在填好后剪下寄到：北京市西城区右安门西街8号中国铁道出版社综合编辑部 张亚慧 收（邮编：100054）。或者采用传真（010-63549458）方式发送。此外，读者也可以直接通过电子邮件把意见反馈给我们，E-mail地址是：lampard@vip.163.com。我们将选出意见中肯的热心读者，赠送本社的其他图书作为奖励。同时，我们将充分考虑您的意见和建议，并尽可能地给您满意的答复。谢谢！

所购书名：______________________________

个人资料：

姓名：____________性别：__________年龄：__________文化程度：__________________

职业：____________________电话：________________E-mail：______________________

通信地址：______________________________________邮编：______________________

您是如何得知本书的：

□书店宣传 □网络宣传 □展会促销 □出版社图书目录 □老师指定 □杂志、报纸等的介绍 □别人推荐

□其他（请指明）______________________________

您从何处得到本书的：

□书店 □邮购 □商场、超市等卖场 □图书销售的网站 □培训学校 □其他

影响您购买本书的因素（可多选）：

□内容实用 □价格合理 □装帧设计精美 □带多媒体教学光盘 □优惠促销 □书评广告 □出版社知名度

□作者名气 □工作、生活和学习的需要 □其他

您对本书封面设计的满意程度：

□很满意 □比较满意 □一般 □不满意 □改进建议

您对本书的总体满意程度：

从文字的角度 □很满意 □比较满意 □一般 □不满意

从技术的角度 □很满意 □比较满意 □一般 □不满意

您希望书中图的比例是多少：

□少量的图片辅以大量的文字 □图文比例相当 □大量的图片辅以少量的文字

您希望本书的定价是多少：

本书最令您满意的是：

1.

2.

您在使用本书时遇到哪些困难：

1.

2.

您希望本书在哪些方面进行改进：

1.

2.

您需要购买哪些方面的图书？对我社现有图书有什么好的建议？

您更喜欢阅读哪些类型和层次的计算机书籍（可多选）？

□入门类 □精通类 □综合类 □问答类 □图解类 □查询手册类 □实例教程类

您在学习计算机的过程中有什么困难？

您的其他要求：